金诚同达30周年——创始合伙人寄语

乘风奋楫，笃志超越！

——于洪彬

1992年邓小平南方谈话开启了“春天的故事”，那年我们创办律所。30年，须臾之间，我们也将成为律所发展史中的过客。然而，留下的“金诚同达”（JT&N）律所名称、制度、文化，将伴随律所“做久、做强、做大、做出品牌”，直到永远……

——田予

我一直坚信，人有双手，可取亦可予。从孤独前行到浩浩荡荡，从筚路蓝缕到广大海内，30载朝乾夕惕，半甲子参赞化育，成就了今天的金诚同达。我们在这里奋斗、奉献，也在这里收获、成长。愿以我们这30年的梯山航海，化作一代代金诚同达人英特迈往的灯火航标。最后我想对金诚同达说：浮世三千，吾爱有三，日月与卿，日为朝，月为暮，卿为朝朝暮暮……

——刘红宇

祝贺文集出版！感谢改革开放，给了法律人凭心做事、实现自我并且服务社会的机会。30年，很开心与各位金诚同达人相伴同行。祝福金诚同达！

——[illegible]

祝贺金诚同达30年！百尺竿头更进一步！ ——[illegible]

11位创始合伙人30年不离不弃的坚守，铸就了金诚同达今日的辉煌，也成就了律师业界一段传奇佳话。感恩30年风雨同舟的同仁，感恩改革开放的伟大时代，感恩30年一路同行、共同成长的“衣食父母”！祝愿金诚同达明天会更好！

——

30年前，11位创始合伙人中的大部分人是大学老师；在邓小平南方谈话精神的鼓舞下，大家认为法律的更大价值在于实施，中国未来不缺大学教授，缺的是优秀律师，从而投身于律师行业。30年来，身为法律人，我们一只手擎着客户的信任委托，为维护客户权益和增进客户利益殚精竭虑，另一只手托着宪法法律，为法治中国建设不遗余力。未来日子里，希望金诚同达人仍然保持谦逊谨慎、不骄不躁的优良传统，尊崇“进取、合作、诚信、包容、创新”的核心价值观，永远有担当，永远去争先，永远都靠谱！

——

30年前，我们顺应时代召唤，放弃“铁饭碗”投身律师行业，以钻木取火之心寻安身立命之处。30年弹指一挥间，得益于众同仁拾柴添薪，得益于志同道合，当年的星星之火已呈燎原之势。希冀30年后，金诚同达能成为更多法律人愿意“以身相许”，共同砥砺前行的一座永不熄灭的灯塔。

——

30年恍如瞬间，但它是我们最好的青春创业的30年。有赖于不离不弃的11位创始合伙人和诸位同仁戮力工作，金诚同达持续发展壮大；看到年轻同仁的专业著述、重大案例不断涌现，倍感欣慰。祝愿金诚同达行稳致远！

——

三十年过往，如歌，未忘……
卅年后启程，既往，奋扬！

——梁明

JT&N is not only 30 years old, we are also 30 years stronger, better!
We will be even better and stronger in the next 30 years! ——Lan Lan

JT&N 金诚同达

金诚同达30周年文集

应有的辩护

原 伟◎著

GIVING EVERY MAN HIS DUE

法律出版社 LAW PRESS · CHINA | 北京

图书在版编目(CIP)数据

应有的辩护 / 原伟著. -- 北京:法律出版社,2023
ISBN 978-7-5197-7954-2

Ⅰ. ①应… Ⅱ. ①原… Ⅲ. ①刑事诉讼-辩护-案例-中国 Ⅳ. ①D925.215.05

中国国家版本馆CIP数据核字(2023)第090861号

应有的辩护
YING YOU DE BIANHU

原 伟 著

策划编辑 周 洁 林 蕊
责任编辑 周 洁 林 蕊
装帧设计 汪奇峰

出版发行 法律出版社
编辑统筹 司法实务出版分社
责任校对 王晓萍 王语童
责任印制 胡晓雅
经 销 新华书店

开本 710毫米×1000毫米 1/16
印张 14.75 字数 211千
版本 2023年8月第1版
印次 2023年8月第1次印刷
印刷 固安华明印业有限公司

地址:北京市丰台区莲花池西里7号(100073)
网址:www.lawpress.com.cn
投稿邮箱:info@lawpress.com.cn
举报盗版邮箱:jbwq@lawpress.com.cn
销售电话:010-83938349
客服电话:010-83938350
咨询电话:010-63939796

书号:ISBN 978-7-5197-7954-2
定价:68.00元
凡购买本社图书,如有印装错误,我社负责退换。电话:010-83938349

作 者 简 介

原伟律师，1984年8月毕业于中国政法大学法律系。1984年9月至1986年12月在中国法学会工作，任副会长曹海波先生秘书；1985年起任北京市对外经济律师事务所兼职律师；1988年起执业于司法部直属的天平律师事务所，2000~2005年任该所主任；2006年至今执业于北京金诚同达律师事务所，为事务所高级合伙人。原律师是中国法学会会员、北京市律师协会职务犯罪预防与辩护专业委员会委员、中瑞酒店管理学院客座教授、辽宁大学法学院客座教授。原律师曾出版、发行下列作品：《公司与公司法实务全书》（编委）、《法学辞源》（编委）、《中国饭店集团化发展蓝皮书》（作者之一）、《北京市律师协会行业规范汇编》（编委）、《境外律师行业规范汇编》（副主编）。

原伟律师擅长刑事诉讼、民事诉讼与仲裁及饭店业务。在刑事诉讼领域，原律师办理了许多刑事要案，受到社会的广泛关注，于2011年获得北京市律师协会授予的“百名优秀刑辩律师”称号；在民事诉讼与仲裁领域，办理了很多成功案件，能在关键点上一针见血，出奇制胜；长期为北京中国大饭店、新国贸饭店、北京嘉里大酒店、国贸大酒店、天津香格里拉大酒店、呼和浩特香格里拉大酒店、秦皇岛香格里拉大酒店、日出东方凯宾斯基酒店、雁栖酒店、北京欣燕都酒店连锁有限公司、北京首旅建国酒店管理有限公司等酒店或酒店管理公司提供法律服务。

1992-2022
JT&N 30th ANNIVERSARY

制度为舟，文化扬帆

——30 周年文集代序

2022 年，金诚同达成立 30 周年！

金诚同达过往 30 年的发展可分三个阶段来概括：第一个 10 年谋生存，第二个 10 年求发展，第三个 10 年上台阶。这三个阶段也是中国社会经济发展脉络的真实写照。1992 年，邓小平南方谈话，迎着改革大潮，金诚同达正式创立。进入 21 世纪，中国加入世界贸易组织，成功举办奥运会，社会经济进入高速发展期，包括金诚同达在内的诸多中国律所也进入快速发展轨道，在和世界的接触与碰撞中，不断突破自我。进入第三个 10 年，我国继续强化国内法治与涉外法治建设，中国律师行业亦加速变革以适应社会变化带来的机遇和挑战。在这 10 年间，金诚同达脚步坚实，锐意进取，不仅迈入千人大所行列，也不断夯实律所制度与文化建设，取得越来越多的成绩。

在这 30 年里，未曾改变的是，金诚同达一直在坚持不懈地修炼内功，其中最关键的有两件事情——一是建设完善我们的制度，二是总结弘扬我们的文化。

金诚同达的制度体系有“四梁八柱”，涵盖了合伙人会议以及管理机构批准通过的 100 多项规章制度。我们在制度建设和完善的过程中，始终把制度执行放在一个非常重要的位置，也就是一切以制度为准绳，没有人和事可以超越制度。

制度是硬件，文化是软件，两者相辅相成，主要调整和丰富三方面的关系：一是合伙人之间的关系；二是合伙人和律师、职能人员的关系；三是律所和社会的关系。

金诚同达最值得骄傲的事情之一，就是建所 30 周年了，11 名创始合伙人都还在所里，没有一人离开。据我了解，这在有 30 年历史的综合性中国律所中，可能是唯一的一例。“人和”是合伙文化的基础，深深根植在我们的基因里。“人和”的文化也是靠制度保障的，我们有一套合理的退休制度，其中 3 名创始合伙人已经在事务所正式退休了。

我们在 2019 年做管理体制改革时，制度上明确了合伙人参与事务所管理和决策的权力主要通过合伙人会议行使，在律所日常运营中，合伙人也是律所的全职员工，要服从律所的管理，所以合伙人个体与员工个体之间不是老板和雇员的关系，合伙人、律师和职能人员，都是律所的平等一员。基于这个理念，我们倡导并特别注重建设律所平等的工作氛围，并有计划地促进员工之间的互动交流。比如，我们打造一个品牌活动——“文化周”，新冠肺炎疫情暴发前已经举办了两届。在“文化周”期间，我们会密集组织全国同仁进行专业探讨，也会举办多场文体和公益活动，得到了很多员工以及家属的热烈欢迎。我们的培训活动也是全方位、多层次的，针对初、中、高不同年级的律师，有“金石计划”“金鹰计划”“金牌律师计划”，此外还有专门针对合伙人和职能部门的培训。金诚同达研究院在近 5 年时间里，举办了 200 多场培训，还有很多线上课程。更重要的是，我们的培训会从拓展活动开始，然后再进行专业领域的互动交流，大家都非常喜欢。

作为一家在社会颇有影响力的品牌律所，我们也很注重加强律所和社会的互动交流，这也是我们文化建设的重要组成部分。比如，我们和上海辅读学校进行结对共建后，律所宣传画用了很多辅读学校孩子们的画。我们还把他们的画在律所相关活动中进行义卖，使孩子们能够感受到自己作品的价值。今年我们还和中国非物质文化遗产保护协会、敦煌研究院签署了公益法律服务合作协议，作为我们 30 周年庆祝活动的重要组成部分，所以今年律所的宣传画、节日海报等均以非遗文化作品作为背景进行创作。金诚同达参与的其他公益活动还有许多，我们希望金诚同达发展到30周年之际，除了在律所内部继续完善制度、弘扬文化之外，还能够更多地与社会形成互动，更多地展现一家30年律师事务所的社会责任和担当。

物有甘苦，尝之者识；道有夷险，履之者知。当前全球化与逆全球化激烈交锋、国际局势变幻莫测，中国正面临百年未有之大变局。“坚持统筹推进国内法治和涉外法治”是习近平法治思想“十一个坚持”的重要组成部分。中国在向世界展示深化改革开放、积极参与全球多边经贸治理、构建更高水平的制度型开放体系的信心和决心，中国律师行业也正加速改革以适应变化带来的机遇和挑战，沿着专业化、品牌化、规模化、国际化的方向快速推进。

历史长河中，30年转瞬即逝，生命岁月的30年也是骐骥过隙，但对于一家全国领先的综合性律所而言，三十而立，风华正茂，在磨砺中闪耀，在奋斗中升华。

金诚同达将继续遵循“进取、合作、诚信、包容、创新”的核心价值观，加快业务布局、加大人才引进，为持续高质量发展积聚能量，力求“做久、做强、做大、做出品牌”。

金诚同达也将继续坚持“行稳致远”的发展理念，以制度为舟，文化扬帆，乘风奋楫，笃志超越！

金诚同达律师事务所主任

二〇二二年八月十五日

金诚同达30周年文集序言

一元复始，万象更新，凡是过往，皆为序章。

守望三十载，诗文会今朝

玉筵鸿鹄至，仙音凤凰调

乘风蹈墨海，奋楫动文潮

长歌九万里，月引和青霄

2022年，金诚同达成立30周年。历史长河的30年转瞬即逝，生命岁月的30年也是骐骥过隙。金诚同达，三十而立，经历了中国合伙制律师事务所求生存、谋发展、上台阶的整个历程，从蹒跚学步到意气风发，凝聚着一代人的奋斗与担当。在过去的30年里，金诚同达铸就了自己的文化和底蕴；在未来，文化和底蕴将滋养和成就金诚同达。

金诚同达律师素来重视专业研究和业务探讨，不少律师出版过专著、案例集、文集。为了三十周年所庆，所内专门征集了一批近期完成的新作，统一出版，作为律所知识管理的重头戏——金诚同达30周年文集。

金诚同达在业内有一个故事：创所初期的11位创始合伙人，自1992年至今没有一位离开，其中除了3位已经从所内退休，其他8位还在业务一线。这样一代一代的言传身教，潜移默化地吸引、影响金诚同达人。“进取、合作、诚信、包容、创新”的核心价值观，在金诚同达的文化和制度的相互支持与促进中，得到坚守、传承。

应有的辩护

“争做法律服务行业的领航者。”这是金诚同达人的使命。在“守信金诚，励志同达”理念的坚持下，金诚同达必定会在法律服务市场上不断突破创新、稳健向前。

30 周年，是金诚同达的全新开始。

金诚同达三十周年筹备委员会

2022 年 7 月 6 日

自　序

1984年我从法学院毕业后，第一次以律师名义出庭至今，已近40年。近年一直有把所办相关案件的辩护词集结成书的想法，但碍于办案的脚步始终停不下来，工作节奏日渐快速和事务繁杂，始终没能将这个想法付诸行动。最近，借北京金诚同达律师事务所成立30周年之际，我终于有合适的机会完成被搁置的心愿。

回望几十年的刑辩生涯，我办理过的案件有数百件，有的简单，有的复杂，有一至几个月办结的，也有耗时数年才结案的，有胜诉的，也有败诉的。刑事案件具有特殊性，事关涉案当事人的生命、自由、工作和家庭。经过我的辩护，有很快被批准不逮捕、不起诉而取保候审，最终无罪释放的；有被羁押很长时间后，被撤诉和判决无罪而重获自由的；有一审被判死刑后，二审由我为其辩护而改判免死的；有一审、二审均被定罪判刑，通过再审改判减刑而重获自由的。当然，也有一些被定罪判决甚至被判重刑的。

在这些案件中，有一批我做无罪辩护的案件当事人，多少年过去，还在狱中或刑满释放后始终坚持不懈申诉。对这些案件，我始终记忆犹新，也借此机会让大家看看我作为辩护人是如何辩护的。我选择的案件均是经过公开审理和公开判决的，但为了保护涉案当事人的隐私和个人信息，本书的所有案件有关证人的姓名、住址等信息均做了隐名处理。这本集子的出版，一方面希望与法律同行共同交流和探讨，另一方面也想让这些案件当事人的家属、亲友、后辈对案件的辩护情况有所了解。至于这些案件当初判得是否公正和得当，我想公道自在人心，是非曲直交给时间和历史去验证吧。

这本书名为《应有的辩护》，非常感谢我的友人刘小伟先生的提议，其灵感源于杨忠民所著《什么是最好的辩护》，书中提及的柏拉图和亚里士多德对于“正义判决”的基本阐释——“给予每个人以其应得的东西”。我们将这个阐释移用到现代刑事诉讼中，即坚持和维护司法正义，通过法律的适用，给予控、辩双方各自“应得的东西”。我作为辩护人的职责，即是保障每个犯罪嫌疑人和被告人的基本人权不受侵犯，使其获得“应有的辩护”。由此，我认为这本辩护词精选用此书名，最能体现和表达我对公平正义的理解，也希望每个面临刑事诉讼的人都能获得应有的、最好的辩护。

在此特别感谢北京金诚同达律师事务所品宣部的同事，以及团队成员张垚律师、王秋萍律师、秘书王翊雲对编写该书作出的努力与贡献。

目 录

1　原北京市地方税务局党组书记、局长王某平涉嫌贪污、受贿案

【指控内容】

2010 年 8 月 10 日，王某平因涉嫌受贿罪被北京市公安局崇文分局刑事拘留，经北京市人民检察院第二分院决定于同年 8 月 23 日对其执行逮捕。2011 年 4 月 7 日，北京市东城区人民检察院侦查终结，以王某平涉嫌贪污罪、受贿罪向北京市人民检察院第一分院报送审查起诉。2011 年 7 月 20 日，北京市人民检察院第一分院以京一分检刑诉［2011］91 号起诉书指控被告人王某平犯贪污罪、受贿罪，向北京市第一中级人民法院提起公诉。

【法律意见】

辩　护　词

尊敬的审判长、审判员：

我们是中华人民共和国执业律师，受本案被告人王某平的委托及北京金诚同达律师事务所的指派，依法担任被告人王某平的辩护人，并出庭为他辩护。

在办理本案过程中，我们依法多次会见了被告人王某平，查阅了案卷材料，并出席庭审，在此，我们根据本案的案情、证据和《刑法》及相关司法解释对贪污罪、受贿罪的规定，针对本案公诉人北京市人民检察院第一分院京一分检刑诉［2011］91 号起诉书对本案被告人王某平犯有贪污罪、受贿罪的指控，依法提出如下辩护意见：

一、起诉书指控被告人王某平犯贪污罪缺乏事实和法律依据，指控不能成立

（一）北京钰林天元科贸有限公司收取的税控机密码器加价款不属于公共财产，不是《刑法》规定的贪污罪的犯罪对象

1. 北京钰林天元科贸有限公司收取的加价款不属于北京恒信恒安科技有限公司的财产

本案中，北京钰林天元科贸有限公司（以下简称钰林天元公司）从浪潮电子信息产业股份有限公司（以下简称浪潮公司）购进税控机密码器，进价分别为175元和155元，钰林天元公司二次出售给北京恒信恒安科技有限公司（以下简称恒信恒安公司）时售价分别为260元和240元，每台加价85元，恒信恒安公司在向纳税人最终售出税控机密码器时是以260元或240元进价为定价基础再次加价后售出的，而不是以175元或者155元为基础定价，也就是说，恒信恒安公司的最终售价中已经包括了钰林天元公司的加价款85元，此笔加价款最终被纳税人承担。如果这笔款属于恒信恒安公司所有，则该笔款项被他人占有后恒信恒安公司必然遭受损失，但从本案来看恒信恒安公司并未因钰林天元公司的加价行为而遭受任何损失。

公诉人的逻辑显然是，如果没有钰林天元公司，则每台85元的加价款都应该是恒信恒安公司的，因此公诉人认为占有85元的加价款就是占有了恒信恒安的财产，这一逻辑显然是不能成立的。试想，如果恒信恒安公司直接从浪潮公司购进税控密码器，没有钰林天元公司这一中间环节，没有赵某向浪潮公司的压价，恒信恒安是否能以175元或155元的价格购进税控密码器？即使恒信恒安公司能够争取到175元或155元进货价格，该公司是否必然还会按照330元和350元的价格向最终用户出售税控密码器呢？答案显然是否定的，也就是说，如果没有钰林天元公司，恒信恒安公司不一定会收取每台85元的加价款，这样一种或然存在的财产显然不能当作恒信恒安公司的财产来看待。

2. 北京恒信恒安科技有限公司不是国有公司，其财产不是国有财产

恒信恒安公司由北京市地税局下属事业单位信息中心出资60万元、钰林天元公司出资40万元共同设立，根据最高人民法院《关于在国有资本控股、

参股的股份有限公司中从事管理工作的人员利用职务便利非法占有本公司财物如何定罪问题的批复》《关于如何认定国有控股、参股股份有限公司中的国有公司、企业人员的解释》的规定，该公司不属于国有公司，其财产当然也就不是国有财产，即使加价款 85 元算作该公司财产，该财产也不是国有财产。更何况恒心恒安公司股权中还有 40% 是非国有股权。

3. 加价款不属于刑法规定的“公共财产”

《刑法》第 382 条第 1 款的规定，国家工作人员利用职务上的便利，侵吞、窃取、骗取或者以其他手段非法占有公共财物的，是贪污罪。根据此款规定，贪污罪的犯罪对象必须是公共财物，如果非法占有的不是公共财物，则不能构成贪污罪。根据起诉书的内容，本案中，公诉人指控被告人王某平涉嫌贪污的对象为税控机密码器的加价款，辩护人认为加价款不属于《刑法》规定的公共财物。

《刑法》第 91 条规定，“本法所称公共财产，是指下列财产：（一）国有财产；（二）劳动群众集体所有的财产；（三）用于扶贫和其他公益事业的社会捐助或者专项基金的财产。在国家机关、国有公司、企业、集体企业和人民团体管理、使用或者运输中的私人财产，以公共财产论”。本案中，钰林天元公司收取的每台 85 元的加价款既不是国有财产，也不是劳动群众集体所有的财产，更不是用于扶贫和其他公益事业的社会捐助或专项资金，因此它不属于《刑法》规定的“公共财产”，不属于贪污罪的犯罪对象，根据罪刑法定原则，占有加价款的行为不能认定为贪污罪。

（二）被告人王某平主观上没有占有加价款的故意，客观上没有实施将加价款非法占有的行为，不符合贪污罪的构成要件

本案中，被告人王某平从未收取过加价款，公诉人也没有提供任何证据证明钰林天元公司收取的加价款被被告人王某平部分或全部非法占有，被告人主观上无占有加价款的主观故意，客观上未实施收取加价款的行为，更何况加价款还不是公共财产，因此被告人王某平的行为不符合贪污罪的构成要件，不应当按贪污罪定罪处罚。

（三）被告人王某平与赵某没有共同的犯罪故意，与赵某无共谋，也未通过赵某占有加价款

本案中，被告人王某平虽然知道钰林天元公司从中加价一事，但被告人从未与赵某就占有加价款一事进行共谋，也从未授意赵某占有加价款后给自己。况且，密码器的进入、售价等操作均是地税局局务会议集体确定的，是公开的，并非王某平利用职务便利与赵某私人密谋确定的。事实上，获得加价款的人是钰林天元公司，被告人王某平从未与赵某就加价款的分配事宜进行过讨论，被告人王某平既无获得加价款的想法，也未实际获得加价款。而且，此事发生于2002年（此时王某平刚刚调入地税局一年），直至2010年长达8年的时间，至今没有任何证据证明王某平收过一分钱。

因此，根据上述事实和理由，公诉人指控本案被告人王某平贪污1047万元，缺乏事实和法律依据。

二、公诉人指控被告人王某平的六项受贿行为，事实不清，辩护人分项阐述

（一）起诉书指控被告人王某平通过其弟王某某先后多次收受王某增给予的人民币80万元和王某通给予的人民币10万元，与事实不符，指控不能成立

被告人王某平没有利用职务便利为王某增所在的北京市中原创业建筑工程有限公司（以下简称中原创业公司）谋取利益，虽然王某某向被告人王某平转达了希望王某平帮助中原创业公司承揽通州地税局办公楼项目的想法，但没有证据证明被告人王某平在这件事情上利用职务便利对中原创业公司中标办公楼工程项目提供了帮助。2011年3月10日对杜某某（案卷第16卷第47页）的询问笔录中，杜某某说，“虽然王某某没有给我提过王某平知道这事，但是我知道这事与王某平有关系，我就是看在王某平的面子上，答应把这个工程给王某增的”。侦查人员问：“在盖办公楼的整个过程中，你见了王某平几次？”杜某某说，“后来王某平去了工地两次，我见过他，但是也没有谈到什么”。侦查人员又问，“后来王某平给你提过盖通州区办公楼的事情吗？”杜某某答，“没有”。2011年3月11日对钟某某的询问笔录（案卷第16卷第51页）中，钟某某说：“和我们处长一起（向王某平）汇报过几次

（门头沟档案馆工程），只是在一些法律文书需要王某平签字的时候，王某平有时候会过问一下进度和质量的问题，说质量千万别出事什么的，别的就没有了。”侦查人员问，“单位领导在招投标之前对你交代过什么吗?”钟某某说，“就任某某在招投标之前交代过我尽可能用中原创业这个公司，但是如果他们没有中标，就跟中原创业进行前期工程的结算，再用中标的单位，这个可千万不能错”。上述证人证言证明，被告人王某平在中原创业公司承揽通州地税局办公楼工程和门头沟档案馆工程中均未利用职务便利进行特意安排，中原创业公司可能中标也可能不中标，中原创业公司最后中标与被告人王某平无关。况且，中原创业公司在王某平到任北京市地税局前，就已经成功承揽了通州区地税局家属楼工程，该公司再次中标办公楼工程与被告人王某平没有必然联系。

本案中，虽然北京市中原创业建筑有限公司和北京万通伟业装饰有限公司为承揽工程，通过王某某向被告人王某平请托，并在事后给予王某某钱款；但是，在这一过程中，被告人王某平和王某某并没有事先共谋，本案中的证据证明，被告人王某平未授意王某某向王某增和王某通索取财物，也未授意王某增和王某通将财物给予王某某，不存在起诉书指控的被告人王某平通过王某某收受贿赂的情况。虽然事后王某某将其收受钱款的部分行为告知了被告人王某平，但根据最高人民法院、最高人民检察院《关于办理受贿刑事案件适用法律若干问题的意见》（法发〔2007〕22 号）及其解读，被告人王某平的这种事后知情并不是法律规定的“通谋”行为，因此被告人王某平和王某某没有共同的犯罪故意，被告人王某平客观上也从未收受王某增和王某通给予的或经王某某转来的钱款，其行为不符合受贿罪的构成要件。

（二）起诉书指控被告人王某平通过其子王某某先后多次收受赵某实际控制的恒信恒安科技有限责任公司 13 万元，收受北京威佳启良科技有限公司给予的人民币 70 万元，这一指控缺乏证据，指控不能成立

本案中的证据证明，王某某 2004 年 9 月回国，恒信恒安公司开展的与王某某有关的业务是在 2005 年以后，一共 4 个项目，分别为：北京市地税局安保中心门禁管理系统采购、北京市地税局灾备中心门禁管理系统功能改造、北京市地税局办公大楼车辆管理项目、北京市地税局办公大楼门禁项目。恒

信恒安公司承揽这4个项目后，到底给了王某某多少钱？根据案卷中的证据，恒信恒安公司因门禁系统一共给予王某某的钱只有13万元。2010年5月18日对王某某的讯问笔录（案卷第22卷第5页）中，王某某说，“最终这个项目的利润是17万元左右，赵某、李某某他们扣除了其他一些费用后，给了我13万左右”。2010年3月8日对赵某的调查笔录（案卷第22卷第17页）中，赵某说，“最后的纯利润大概有14万左右，然后王某某以现金的形式从公司取走了”。除了此笔13万元的款项，王某某并未从恒信恒安公司拿过别的钱，本案证据证明，王某某自2005年年底至2007年年初就在恒信恒安公司工作，13万元是王某某按月领取的工资，每个月1万元，即使认定上述行为的性质是受贿，这些工资收入不应计入贿赂款项，应予以扣除。被告人王某平对王某某收取这笔13万元的款项一事毫不知情，也未分得该笔款项，不应计入被告人王某平受贿数额。公诉人指控王某平通过王某某收受上述钱款完全是无中生有，缺乏事实和法律依据！

公诉人提供的证据中，王某某的供述显示，他从威佳启良公司领取的款项大约为57万元，分两次领取，一次为15万元，另一次为42万元，其中15万元是以发票报销的方式取得，另一笔42万元是以现金方式取得。但这笔42万元存在诸多疑点，据查，威佳启良公司账上根本没有这笔42万元钱的记录，2010年5月20日对王某某的讯问笔录（案卷第25卷第8页）中，王某某说，“他（李某某）跟我说可以通过在外面设立的一个公司与威佳启良公司形成做笔业务，然后把威佳启良的利润倒出来再给我，他说先用这个方法从公司倒出一笔40多万元给我”，“后来过了一周左右李某某或者会计闫姐（闫某某）给我打电话让我去公司取钱。我记得是一个下午，我到公司财务室找到闫某某，好像是在财务室外屋，当时闫某某交给我一个钱袋子，让我看了一眼，并说这是李某某给我准备的钱，我看了一眼里面有几捆百元面值的人民币，我现在记得里面装了四十二三万元”。虽然王某某供述他从威佳启良拿过一笔42万元左右的现金，可是从上述口供看，其描述的事实不合常理。既然李某某告诉王某某要用其他公司与威佳启良做业务的形式倒现金出来，那么，在王某某没有这么做的时候，42万元现金是从哪里来的？根据王某某的供述，42万元现金均是装在一个纸袋子里，新版100元人民币的规格为 165×77×0.08（mm），1 万元人民币的体积约是 100 立方厘米，42 万元现金的话要多大一个纸袋子才可以装下，这一点显然不符合常理。在全部证据中，与这件事有关的证据只有王某某的供述和被告人王某平的口供以及其他人的言词证据，但王某平的供述却与王某某的供述互相矛盾，不能印证。2010 年 5 月 20 日对王某某的讯问笔录（案卷第 25 卷第中第 8 页）中，王某某说，“我随后就提着袋子（装有 42 万元现金的纸袋子）离开了公司直接去了我父亲家。当天我母亲也在家，我记得是在客厅单独告诉我父亲李某某从威佳启良公司的利润中给了四十二三万元，问他怎么处理，他当时说让我自己全部留着用……我跟父亲说我现在手里还有结婚收的一些分子钱够用，这笔钱就留在您这里吧，以后用钱的时候再跟家里要，我父亲就同意了，于是我就把装钱的袋子留在家里了”。而在 2010 年 8 月 8 日对王某平的调查笔录（案卷第 4 卷第 32 页）中，王某平却说：“他（王某某）从威佳启良或者是恒信恒安拿过一笔 42 万元，当时他要把钱全给我，但我说，你刚结婚自己多留一些，给我 12 万，你自己留 30 万吧……他具体是怎么拿的我不清楚。”在同一份笔录第 33 页中，当调查人员问王某平“王某某从威佳启良公司拿了多少钱”时，被告人王某平的回答是“我记得他没有从威佳启良公司拿钱”，调查人员问“王某某给过你从威佳启良公司拿的钱吗”时，被告人王某平的回答是，“没有。他没有跟我说过他从威佳启良公司拿钱，赵某也没有跟我说过这件事”。从上述口供不难看出，不但被告人王某平与王某某的口供相矛盾，被告人王某平自己的口供也自相矛盾，口供之间不能相互印证，口供内容不合常理，而且除了口供没有其他任何证据予以佐证，因此关于王某某收取威佳启良公司 42 万元现金一事不能形成完整证据链，无法证明公诉人指控的王某某收取威佳启良公司 42 万元现金一事，其指控不能成立。而且，在对被告人王某平的调查中，我们看到，调查人员采取了诱供、骗供的讯问方式，上述调查笔录（案卷第 4 卷第 33 页）中，调查人员向被告人王某平提问：“王某某说他曾经从威佳启良公司拿了 42 万元，给了你 12 万元，有没有这件事？”翻遍本案证据，我们也没看到王某某有过这样的供述，调查人员为了获得口供明显采用了诱供、骗供的讯问方式，以此种方式取得的证据不能作为证据使用。

关于公诉人指控的被告人王某某收取威佳启良公司15万元人民币一事，辩护人认为这笔款项不是贿赂款。威佳启良公司于2007年3月成立，2007年年初至2008年年初王某某到威佳启良公司工作，威佳启良公司成立前，王某某进行了公司的筹备、成立、人员招聘工作，公司成立后，王某某也经常到威佳启良公司看公司是否运转正常、业务开展是否顺利，他实际参与了公司的管理、经营。2007年年底，王某某从威佳启良公司拿了15万元，这笔钱是威佳启良公司发给王某某的工资。况且，这个15万元及上述13万元（共计28万元），王某某已于2011年4月2日全部退出交给了当时的办案机关崇文区人民检察院。

虽然被告人王某平为威佳启良公司承揽国标税控机业务提供了便利，使威佳启良公司获得了利润，该行为确实违纪，但王某平从没有自己收过或通过王某某收过上述钱款，公诉人指控王某平受贿缺乏事实和法律依据。

（三）起诉书指控被告人王某平通过其子王某某收受赵某给予的钻戒一枚，这一行为不是受贿，不应按照犯罪处理

王某某虽然确实收到了赵某给予的钻戒一枚，但该钻戒是赵某因王某某结婚而赠送的结婚贺礼，是人情而非贿赂，除这枚钻戒外，赵某并未另外再给王某某凑份子钱，这也从侧面证明该戒指的确是结婚贺礼。2010年5月18日对王某某的讯问笔录（案卷第22卷第9页）中，王某某说，“大约2007年10月左右我快要结婚时，有一次我去恒信恒安公司时，赵某单独把我叫到办公室，说因为知道你马上要结婚，送给你一枚钻戒作为结婚礼物”，2010年2月25日对郑某的调查笔录（案卷第19卷第50页）中，郑某说，“在王某某结婚的时候，赵某跟我提过一回，说想把从荷兰带回的这块钻石给王某某做结婚贺礼”。2010年9月7日对被告人王某平的讯问笔录（案卷第3卷第51页）中，王某平说，“我儿子王某某结婚的时候，赵某说我儿子结婚的时候她就不参加了，就想把我为她代买的那枚钻戒作为结婚礼物送给我儿子”。这些供述及证言都证明该钻戒并非贿赂，王某某收取这枚钻戒也未利用被告人王某平的职务便利，被告人王某平也未因收受这枚钻戒而为赵某谋取利益，不符合受贿罪的构成要件，此枚钻戒的收取不应按受贿罪处理。再说，这枚戒指是赵某直接给王某某的，王某某也从未给王某平，而公诉人指

控是王某平通过王某某收受赵某给予的钻戒，也就是说，按照公诉人的说法，是王某平收了这枚钻戒，而事实上，王某平自己没有直接收也没有通过王某某收受这枚钻戒，因此公诉人这种指控不符合事实，指控不能成立。

（四）起诉书指控被告人王某平于2003年至2004年，利用担任北京市地税局局长的职务便利，接受周某某的请托，为周某某所在的北京深思软件股份有限公司承揽北京市地税局计算机设备采购业务提供帮助，为此，王某平通过其妻邓某某收受周某某给予的1万美元，这一指控与事实不符

本案中，周某某虽然确实给予邓某某1万美元，但这1万美元与周某某所在的深思软件股份有限公司承揽北京市地税局计算机设备采购业务没有关系。周某某是被告人王某平妹夫的弟妹，与王某平家有亲戚关系，且周某某和邓某某关系一向都很好，周某某的口供中多次说到，这笔钱就是亲人之间的一种馈赠，如在2010年6月24日的讯问笔录（案卷第18卷第13页）中，周某某说，“我觉得送钱和我做业务没有关系……是我个人拿出钱给的邓某某，说是给他儿子的一点心意，我觉得这就是亲人之间的一种馈赠”。2010年6月25日的讯问笔录（案卷第18卷第23页）中，周某某说，“给邓某某这1万美元时，确实是在做地税局的业务之后……我在心里更多的还是出于亲情考虑，因为邓某某对我很好，我很感激她，也想进一步拉近关系”。2010年6月11日对邓某某的询问笔录（案卷第18卷第46页）中，邓某某说，“（我）问她为什么要给我钱，她说我儿子不是在国外上学吗，这钱就让我拿着用，我当时感觉她是赚到钱了，而且又是亲戚，也没过分推辞就收下了”。上述证据证明，周某某送邓某某1万美元与北京深思软件股份有限公司承揽北京地税局设备采购业务之间没有必然联系，周某某是出于亲情考虑进行的馈赠，并不是行贿。周某某在送钱时被告人王某平并不知情，而且北京地税局在采购IBM服务器时，采用的是邀请招标方式，虽然周某某的公司进入被邀请行列，但周某某及其所在的公司并未串标、围标，在不知道标底的情况下以最低价中标，符合《招标投标法》和政府采购的相关规定，被告人王某平并未利用职务便利使周某某的公司中标，从而为周某某谋取利益，被告人王某平更未谋取不正当利益，其行为不符合受贿罪的构成要件，因此此笔1万美元不应按照受贿罪处理。

2010 年 6 月 17 日对周某某的询问笔录（案卷第 18 卷第 5 页）中，周某某说，“我通过王某平的关系拿到了北京市地税局的一项业务，为了表示感谢，我送给过王某平的爱人邓某某 1 万美元”。根据本案的书面证据，周某某的公司获得北京市地税局设备采购订单是在 2003 年 10 月，而其向邓某某赠送美金是在 2003 年 7 月，因此周某某不是在拿到业务后送的钱款，上述证言明显和书证不符，证明力明显低于书证，应不予采信。2010 年 9 月 9 日对王某平的讯问笔录（案卷第 3 卷第 74 页）中，王某平说，“大概在 2004 年或 2005 年年底，周某某一次性给了我两三万美金”。“大概 2004 年的一天，具体哪天记不清了，设备采购已经完成了，周某某一个人到我家，当时就我和我爱人邓某某在家……后来周某某走后，我爱人跟我说，周某某为了感谢我购买 IBM 机器的事给了两三万美元。”王某平的这一供述在款项金额、交付地点、过程等显然与周某某、邓某某的证言不符，不应作为证据使用。经调查，被告人王某平年轻时曾罹患精神分裂症，虽时隔多年，但精神分裂症是一种持续、通常慢性的重大精神疾病，在受到强烈的精神刺激时很容易复发，出现幻听、幻觉或妄想，从被告人王某平的口供来看，很多口供均与事实不符，自相矛盾、没有条理，请法庭考虑这一情节对被告人口供仔细甄别，只有被告人王某平口供、没有其他证据予以佐证的证据均应予以排除。

（五）起诉书指控被告人王某平于 2003 年至 2009 年 1 月，利用担任北京市地方税务局局长的职务便利，接受钟某某的请托，为钟某某担任负责人的公司承揽北京市地税局部分工程项目的装饰装修工程提供帮助，为此收受钟某某 62 万元，这一指控与事实不符

本案中的证据证明，钟某某确实曾给过被告人王某平 62 万元，第一笔 12 万元是在 2007 年上半年，第二笔 50 万元是在 2009 年年初，而被告人王某平在 2008 年 12 月 3 日就已经退休，也就是说，钟某某在给被告人王某平 50 万元时，被告人王某平已经不再具有国家工作人员身份。

最高人民法院《关于国家工作人员利用职务上的便利为他人谋取利益离退休后收受财物行为如何处理问题的批复》明确规定：“国家工作人员利用职务上的便利为请托人谋取利益，并与请托人事先约定在其离退休后收受请托人财物，构成犯罪的，以受贿罪处罚。”从这个规定可以看出，在这种情

形下，事先有约定的，按受贿罪定罪处罚，事先没有约定，则不能按受贿罪处理。最高人民法院、最高人民检察院《关于办理受贿刑事案件适用法律若干问题的意见》第10条第1款规定，国家工作人员利用职务上的便利为请托人谋取利益之前或者之后，约定在其离职后收受请托人财物，并在离职后收受的，以受贿论处。根据上述规定，国家工作人员离职后收受财物构成受贿罪的必备要件是与请托人有离职后给予财物的事先约定，没有这一约定，就不构成受贿罪。本案中，没有证据证明被告人王某平在离职前与钟某某有过离职后给予财物的事先约定，被告人王某平离职后收受钟某某50万元款项的行为不应作为受贿处理。

上述《意见》第10条第2款规定，国家工作人员利用职务上的便利为请托人谋取利益，离职前后连续收受请托人财物的，离职前后收受部分均应计入受贿数额。本案中，钟某某两次给予被告人王某平财物的时间为2007年和2009年，不属于连续收受的情况，因此50万元不应计入受贿数额。况且，王某平也没有利用职务的便利为钟某某谋取利益。

此外，被告人王某平在钟某某给予其50万元人民币后，先后多次给予钟某某多幅字画，这些字画的价值远远高于50万元，这同时说明王某平与钟某某之间有经济往来，而且对于这些钱，王某平也多次表示让家人凑钱退交给司法机关，被告人王某平有积极主动的悔过表现。

（六）起诉书指控被告人王某平于2005年至2006年10月，利用担任北京市地方税务局局长的职务便利，接受赵某转达山东浪潮商用系统有限公司的请托，为该公司下属的北京通软科技有限公司承揽北京市地方税务局及各区、县局采购微软软件产品提供帮助，为此，王某平通过其子王某某收受山东浪潮商用系统有限公司通过赵某等人转来的人民币76万余元，辩护人对王某某收受人民币76万元这一事实没有异议，但辩护人认为被告人王某平并没有利用职务便利为山东浪潮商用系统有限公司谋取利益

本案证据证明，北京通软科技有限公司是以每套低于政府采购参考价5元的价格向北京市地税局及各区县局出售微软正版软件的，既然各个公司被授权出售的微软正版软件产品都是相同的，而北京通软科技有限公司售价低，那么当然选择北京通软科技有限公司来供货，在这一点上，被告人王某平并

没有利用职务便利为北京通软科技有限公司谋取利益或损害北京市地税局的利益，虽然被告人王某平的儿子客观上收受了76万元人民币，但这76万元人民币王某某在2008年被告人王某平未被调查时就已全部主动退还，恳请法庭在对本案审理和认定上酌情考虑上述情节。

（七）起诉书指控被告人王某平于2006年至2009年，利用担任北京是地方税务局局长的职务便利，接受毕某某的请托，为毕某某之子毕某的工作调动提供帮助，为此，王某平收受毕某某给予的“伯乐相马”玉雕件一套（价值人民币120万元）。辩护人对被告人王某平收受玉雕“伯乐相马”这一事实没有异议，但对该行为的性质有异议，辩护人认为被告人王某平的行为不构成受贿罪

1. 被告人王某平主观上没有收取贿赂的故意。

本案中，毕某某为某市地税局局长，和被告人王某平同属地税系统，二人年龄相当，且都当过军人，有相似的人生经历，因此二人认识后关系很好，毕某某之子毕某夫妻两地分居，确实存在生活上的困难，被告人王某平是出于朋友之间的情谊才在毕某工作调动问题上提供了一些帮助，被告人王某平主观上并没有受贿的犯罪故意，这一点从毕某某向其赠送财物的过程就可以得到证实。本案证据证明，在毕某某向被告人王某平赠送财物的过程中，毕某某曾送给被告人王某平一笔10万元现金，被告人王某平拒绝收取，在毕某某第一次送玉雕时，被告人王某平曾派人将玉雕退回鞍山，毕某某第二次送玉雕时被告人王某平也推辞不要，这些情节都说明被告人王某平在帮助毕某调动工作一事上，主观上并没有收取贿赂的故意，他之所以帮助毕某解决工作调动问题是出于朋友帮忙，主观上并没有通过此事收取贿赂的想法，毕某某也没有行贿的想法。2010年4月29日对毕某某的调查笔录（案卷第13卷第9页）中，调查人员问毕某某“为什么送玉雕给王某平？”毕某某说，“我想快过年了，我今年在北京过年，来看看他，给他带了点土特产盘锦大米和河蟹，还有一块玉雕。王某平推辞不要这玉雕，我说我这么老远从老家把这玉雕拉来，这块玉雕的题材叫‘伯乐相马’，寓意很好，你喜欢就收下，不喜欢就送人”。同一份笔录第10页中，毕某某还说到，“我送王某平玉雕，是觉得王局长这人不错，值得交朋友，他退休了，身体又不好，我应当去看

望一下他，安慰一下他”，这些证言都证明，毕某某送被告人王某平玉雕是出于朋友情谊，是朋友间的人情往来，而非行贿。而且，这件玉雕是毕某某找了两个保安抬到被告人王某平家中的，被告人王某平是无奈之下接受的，而非主动接受的。这些证据都说明，被告人王某平主观上并没有收受毕某某贿赂的故意。

2. 毕某某向被告人王某平赠送玉雕的时间为2009年春节前，此时被告人王某平已经退休，不再具有国家工作人员身份，不符合受贿罪的主体要件。被告人王某平退休前也从没和毕某某有过退休后收受毕某某财物的约定，根据人民法院《关于国家工作人员利用职务上的便利为他人谋取利益离退休后收受财物行为如何处理问题的批复》和最高人民法院、最高人民检察院《关于办理受贿刑事案件适用法律若干问题的意见》第10条的规定，被告人王某平收受玉雕的行为不是受贿行为，不应按受贿罪定罪处罚。

3. 辩护人认为公诉人提供的、北京市价格认证中心出具的《价格鉴定结论书》鉴定价格偏高，不应被采信。

“伯乐相马”玉雕为玉石，玉石鉴定属于专业鉴定，玉石的品质和价格的评判标准非常复杂，一般都是鉴定真假，很少鉴定价格，况且，玉石作为一种特殊的艺术品，国际上都没有玉器定价的统一标准，玉器价格是由市场决定的，北京市价格认证中心不是专业的玉石鉴定机构，鉴定该玉雕价格的鉴定人员也不是专业的珠宝玉石鉴定师，因此该证据并不是专业的鉴定结论。鉴定结论之所以可以作为证据就是因为其专业性，如果鉴定结论不是专业的鉴定人员作出的，那么它的证明力与普通人的证言没有任何差别，因此北京市价格认证中心出具的玉石价值鉴定结论不应作为鉴定结论被采信。

本案中的“伯乐相马”玉雕材质为岫岩玉，岫岩玉存储量大，并不是稀有玉料，2010年4月29日对毕某某的调查笔录（案卷第13卷第10页）中，毕某某说，“在2001年左右……当时我一共买了3块石头，这块最大花了2000元左右，又花了1000多元请工匠加工成玉雕”。这一证言证明，“伯乐相马”玉雕的原始价格不过3000多元，2010年5月北京市价格认证中心鉴定该玉雕的价格在2009年1月时为120万元，短短9年间翻了近400倍，鉴定价格过高，应不予采信。并且，该鉴定结论刻意回避玉石的种类，并未提及该玉雕为岫岩玉，而是以“闪石玉”代之。闪石玉是岫岩玉的一种，据了解，2009 年，市场上普通的岫玉价格大约为每千克 200 元，老玉的价格大约为每千克 800 元，岫岩玉里最珍贵的河磨玉在 2009 年的价格大约为每千克 8000 元。本案中的玉雕材质显然不是河磨玉，即使是老玉，价格也不可能高到 120 万元，鉴定价格明显偏高，应不予采信。并且，我们请求法院依法另行委托对珠宝玉石有鉴定、评估资质的机构对上述玉雕“伯乐相马”进行鉴定。

4. 被告人王某平虽然为毕某某之子毕某的工作调动提供了一定的帮助，但这一调动并未违反北京市地税局用人制度，毕某符合调动条件。2010 年 7 月 15 日对苏某某的讯问笔录（案卷第 13 卷第 43 页）中，苏某某说，外地进京人员人事调动的条件是“1. 首先要有北京户口；2. 不安排职务；3. 我们有编制”。2011 年 3 月 10 日对郎某某的询问笔录（案卷第 13 卷第 65 页）中，郎某某说，北京市地税系统调入人员的条件是“一是接受单位有空缺的公务员编制；二是调入人员要有北京市户口；三是调入人员在原单位是公务员编制”。本案中，毕某完全符合上述调入条件，虽然被告人王某平在毕某的工作调动问题上确实说过话，但并未违反用人制度，没有利用职务便利办理此事从而收受毕某某财物的主观故意。

既然毕某是在符合调动条件下进行的调动，毕某某就不可能为此事送被告人王某平价值 120 万元的财物，如果是行贿，毕某某完全没有必要送如此价值的财物，行贿数额与所得利益明显不相符，所以毕某某送被告人王某平玉雕只有两个可能，一是这个玉雕价值并不高，二是毕某某根本不考虑玉雕价值如何，因为他送玉雕并不是行贿，只是出于朋友情谊。

三、被告人王某平的部分行为虽然触犯法律，如法庭认为根据现有证据，仍能对王某平定罪，则请法庭考虑如下情节，对他从轻、减轻处罚

1. 被告人认罪态度好，能如实供述犯罪事实，坦白交代自己的犯罪行为，具有深切的悔罪心理，确有悔改表现。

2. 被告人积极退赃，在其被纪委调查前赃款就已经全部退缴（除与钟某某相关的 62 万元，该笔款项因涉及字画问题不知如何退赃），被告人一再表示要让家人凑钱退还，最高人民法院、最高人民检察院《关于办理职务犯罪案件认定自首、立功等量刑情节若干问题的意见》第4条规定，受贿案件中赃款赃物全部或者大部分追缴的，视具体情况可以酌定从轻处罚。因此，被告人王某平具有法律规定的酌定从轻处罚情节。

3. 被告人王某平在北京市地税局任局长7年间，工作成绩突出，率先在全国建成了“12366”纳税服务系统，实行了发票改革，建立了个人所得税明细申报系统，实现了财税库行横向联网，率先在全国建成了电子政务的同城异地容灾备份中心和高端查询展示平台，使北京市地税收入持续大幅增长。在公诉人指控的几项受贿行为中，虽然他收受了部分钱款，触犯了党纪国法，但他并未利用职务便利为他人谋取不正当利益，如周某某一案中，北京深思软件股份有限公司是以最低价中标，北京通软科技有限公司一案中，该公司以每套软件低于政府采购参考价5元的价格中标，毕某某一案中，毕某符合调入条件，这些都说明，被告人王某平主观恶性不大，并没有利用手中的权力为所欲为，也未因受贿给国家造成损失。请法庭考虑这些情节，对被告人王某平作出从轻处罚。

4. 被告人在职时积极推动北京地税信息化建设，对推动国家信息化进程作出了突出贡献并获“2005年推动中国信息化进程突出贡献奖”。最高人民法院《关于处理自首和立功具体应用法律若干问题的解释》第7条规定，根据《刑法》第68条第1款的规定，（被告人）对国家和社会有其他重大贡献等表现的，应当认定为有重大立功表现。《刑法》第68条第1款规定，犯罪分子有揭发他人犯罪行为，查证属实的，或者提供重要线索，从而得以侦破其他案件等立功表现的，可以从轻或者减轻处罚；有重大立功表现的，可以减轻或者免除处罚。根据上述规定，对被告人王某平依法应当从轻、减轻处罚。

5. 被告人王某平因曾患有精神分裂症，有经常复发的可能性，同时还患有高血压、糖尿病、心脏病等多种严重疾病，不适合长期在监狱中服刑，请酌情从轻处罚。

尊敬的审判长、审判员，本案的发生，引起了强烈的舆论反响和普遍的社会关注，一些媒体纷纷做了报道和评论。这对本案的审判带来了一定的影响。作为辩护人，我们寄希望于法庭能排除一切干扰，既重实体，也重程序，对被告人王某平作出公正的、客观的、经得起历史检验的公正判决。

此致

北京市第一中级人民法院

辩护人：北京金诚同达律师事务所

原 伟 律师

赵 静 律师

2011 年 11 月 28 日

【案件结果】

2012 年 5 月 9 日，北京市第一中级人民法院经审理认为，王某平所犯贪污罪，情节特别严重，论罪应当判处死刑，鉴于其贪污的赃款已经全部追缴，可以不立即执行，缓期 2 年执行。鉴于王某平在侦查阶段主动交代了部分受贿事实，且部分受贿款物已经追缴，可对其所犯受贿罪酌情予以从轻处罚。最终判决被告人王某平犯贪污罪，判处死刑，缓期 2 年执行，剥夺政治权利终身，并处没收个人全部财产；犯受贿罪，判处有期徒刑 15 年，决定执行死刑，缓期 2 年执行，剥夺政治权利终身，并处没收个人全部财产。[来源：北京市第一中级人民法院（2011）一中刑初字第 4271 号刑事判决书]

宣判后，被告人王某平不服一审判决，于 2012 年 5 月 11 日向北京市高级人民法院提出上诉，我继续担任其在二审阶段的辩护人。2012 年 12 月 18 日，北京市高级人民法院经审理后裁定驳回王某平的上诉，维持原判。[来源：北京市高级人民法院（2012）高刑终字第 385 号刑事裁定书]

据悉，目前本案当事人王某平仍在申诉中。

2 原天津市教育卫生委员会副主任兼天津市教育招生中心主任高某林涉嫌贪污案

【指控内容】

1996 年 6 月 22 日，高某林因涉嫌贪污罪被刑事拘留，同年 7 月 2 日被依法逮捕。1996 年 11 月 6 日，天津市和平区人民检察院侦查终结，以高某林涉嫌贪污罪向天津市人民检察院第一分院报送审查起诉。1996 年 12 月 22 日，天津市人民检察院第一分院以（96）津检一院诉字第 232 号起诉书指控被告人高某林犯贪污罪，向天津市第一中级人民法院提起公诉。

天津市第一中级人民法院审理被告人高某林等人贪污、受贿一案，于 1997 年 4 月 17 日作出（1997）一中刑初字第 3 号刑事判决，以贪污罪判处高某林死刑，剥夺政治权利终身，没收财产 20, 000 元，并继续追缴高某林贪污所得的剩余赃款。宣判后，高某林不服一审判决上诉至天津市高级人民法院，我担任其在二审阶段的辩护人。

【法律意见】

辩　护　词

尊敬的审判长、审判员：

我是天平律师事务所律师，受本案上诉人高某林委托和律师事务所指派，依法担任高某林的二审诉讼的辩护人，为其出庭辩护。

接受委托后，我仔细阅读了天津市第一中级人民法院（1997）一中刑初字第3号刑事判决书，多次会见了上诉人高某林，查阅了本案案卷卷宗。在此，作为本案上诉人高某林的辩护人，我依据事实和法律提出如下辩护意见：

1. 一审判决认定本案上诉人高某林侵吞公款人民币739,435.36元，构成贪污罪，并据此判处高某林死刑，经查阅、核对本案上诉人高某林、张某田和张某斌等人的口供等案卷材料，其中高某林否认1994年收到过本案同案被告人张某田给的18万元人民币；而从证据上讲，只有张某田一人称将这18万元分给了高某林，而无其他任何证据或证人证言加以证明，不足以认定高某林贪污了该18万元人民币。因此，认定上诉人高某林贪污公款的数额为739,435.36元的事实不清，证据不足。

2. 本案上诉人高某林能够如实交代犯罪事实，尤其是在二审期间，对二审法院明确表示，上述未曾收到的18万元人民币，如从法律上能够认定，他亦表示服从判决；并一再表示对不起人民，对不起党的培养，足见其悔罪表现。

3. 二审期间，上诉人高某林的家人、亲属已集资凑款人民币43万元上交二审法院，代被告人赔偿了高某林给国家造成的经济损失，加上已追缴的款、物共计人民币73万余元，已全部归案。

4. 本案上诉人高某林系初犯，无犯罪前科，且为党、为国家工作40多年，对国家建设是有一定贡献的。刑罚的目的在于通过对犯罪行为人定罪量刑达到惩治犯罪、教育本人、教育社会的目的，而不是对行为人的人身肉体进行惩罚。在本案中，希望人民法院能够根据本案案情、犯罪行为的后果、高某林的悔罪表现，高某林40多年为党为国家服务的表现、功过等综合因素给予量刑，以达到惩罚犯罪、治病救人、教育人民的目的。

根据上述事实和理由，辩护人请求人民法院根据《刑法》第48条的规定，减轻对本案上诉人高某林的处罚。

辩护人：天平律师事务所

原　伟　律师

1997年10月23日

【案件结果】

1997 年 12 月 10 日，天津市高级人民法院经审理认为，上诉人高某林的行为已构成贪污罪，其在共同犯罪中提议并指示私分公款，起主要作用，系主犯，应依法从重处罚。但鉴于上诉人高某林在二审期间认罪态度较好，能坦白交代其罪行，并主动提出让其家属代为退清全部赃款，其所得的赃款、赃物已全部追回，未给国家造成严重损失等具体情节，对其判处死刑，可不立即执行。其辩护人请求对其从轻处罚的辩护意见，法院予以采纳。最终判决撤销原审判决中对被告人高某林的量刑部分和继续追缴被告人高某林贪污所得剩余赃款部分；判决上诉人高某林犯贪污罪，处死刑缓期 2 年执行，剥夺政治权利终身，没收财产 20,000 元。［来源：天津市高级人民法院（1997）高刑终字第 77 号刑事判决书］

3　原齐齐哈尔市公安局富拉尔基分局局长李某君涉嫌贪污、枉法追诉案

【指控内容】

2001年6月28日，李某君因涉嫌贪污、枉法追诉被齐齐哈尔市公安局刑事拘留，同年7月4日，经齐齐哈尔市人民检察院批准对其执行逮捕。齐齐哈尔市人民检察院侦查终结后交由齐齐哈尔市建华区人民检察院审查起诉。2001年11月16日，齐齐哈尔市建华区人民检察院以齐建检刑诉（2001）133号起诉书指控被告人李某君犯贪污罪、枉法追诉罪，向齐齐哈尔市建华区人民法院提起公诉。

【法律意见】

辩　护　词

尊敬的审判长、审判员：

我们是北京市天平律师事务所律师，受本案被告人李某君的委托和律师事务所的指派，依法担任李某君的辩护律师，出庭为李某君辩护。庭审前，我们详阅了本案的全部卷宗材料，依法会见了被告人李某君，并进行了必要的调查。现发表辩护意见如下：

一、我们认为公诉机关齐齐哈尔市建华区人民检察院指控被告人李某君犯有贪污罪证据不足，事实不清，不能认定

（一）主观方面

李某君与富某某用假发票多报出10万元人民币的本意不是合谋占有，而是为单位用钱方便，查账方便，可以充白条。对此，李某君的口供为“富某

某说咱们单位白条子查不了账，多填钱以后用方便。我也有这种想法”。富某某的口供为“我俩也都商量了，要张空白票子，回去多填点报销，以后查账方便”。由此可以认定，李某君、富某某二人的本意不是个人占有，不具备构成贪污罪的主观要件。

（二）客观方面

富某某将10万元中的5万元给了李某君，因富某某关于此的口供多有矛盾，而且给钱的方式也违背常理，特别是延期审理以后，公诉机关补充了所谓的新证据，而这些新证据（实际上只是富某某对原口供的修改）又与原证据有许多差异，所以根本不能以此认定富某某给了李某君5万元钱。富某某的口供为在广州时“我给他（指李某君）拿了1万元钱”。报销完以后“我到李某君办公室给李某君5万元”。由此可以看出，富某某所讲的矛盾之处，即在广州已给了李某君1万元钱，之后又给了5万元，相加应是6万元。富某某究竟给没给李某君钱、给了多少无法认定，因为富某某自己也无法确定。关于给5万元钱的过程，富某某在开始时讲，是在报销完后，“财务又退给我3万元现金”。“我到李某君办公室给李某君5万元，是上班时间，上午下午我忘了，当时我就用手拿着，也没包，都是百元面值的，都是成沓的，是5沓。”庭审中，我们提出这一给钱过程不合常理。因为财务室在一楼，而李某君的办公室在二楼，而且富某某在报销时手里没有拿着钱。所以，富某某不可能用手拿着5万元钱，也没有包，就从一楼走到二楼李某君的办公室将钱交给李某君（如此肆无忌惮）。特别是在这过程中怎么就又多出2万元。对此，在延期审理后，公诉机关又询问了富某某，富某某的身份在此变成证人，口供在此变成了证言，富某某的证言为“从财务室处理完账目，拿着报销的3万元钱，回到我的办公室，拿着处理完账剩的2万元钱，共是5万元钱，到李某君的办公室给李某君送去的”，票面额“肯定有100元的，有没有50元的记不清了”。通过对富某某的新旧口供的对照可以看出，富某某的所谓新证言，完全是对旧口供的修正，将不合理的地方尽量调整到合理了。对此我们认为，这一切完全是公诉机关将庭审中律师的异议告诉富某某之后才产生的。因为公诉机关的所作所为导致这一结果的出现，我们认为富某某关于给李某君钱的所谓证言根本不能采信，不能作为定案依据。本案李某君的贪污行为，因缺少客观构成要件而不能认定。

（三）关于客体

在此要讲的是李某君、富某某当初合意多报出10万元钱是否是根据二人合意使用的。从另一个角度，也可以理解为是否有10万元可供李某君、富某某二人贪污。通过我们调查，李某君在龙江公安局初上任的时候，账上有10余万元的白条是前任局长留下的，而这些白条在李某君当局长时都用发票充抵了，而发票的取得是要通过消费完成的。由此可以看出，李某君、富某某多报10万元的初衷在这里实现了。由于初衷的实现，使可供李某君、富某某贪污的10万元实际上就不存在了。

二、对于公诉机关指控李某君犯有“枉法追诉罪”的辩护意见

这里首先我们要明确一点，根据我国现行《刑法》和最高人民法院《关于执行〈中华人民共和国刑法〉确定罪名的规定》，只有“徇私枉法罪”和“枉法裁判罪”，而无“枉法追诉罪”，所谓“枉法追诉罪”完全是公诉机关在法律之外编造出来的罪名。

下面我们就公诉机关指控被告人李某君徇私枉法的两项犯罪分别提出如下辩护意见：

1. 起诉书指控李某君“为徇私情指令办案人员将正在查处的涉嫌盗窃、销赃汽车的犯罪嫌疑人徐某某、李某、战某某取保候审，并无正当理由中断侦查，致使徐某某、李某逃跑，三名犯罪嫌疑人至今逃避刑事追诉”，从而触犯了《刑法》，构成所谓“枉法追诉罪”。我们认为，构成徇私枉法罪的关键即主观要件，是要确定行为人是否为了徇私情和是否徇了私情，然后再看行为人的行为是否枉法了。本案中，公诉机关的证据主要有两份，一份为郑某某的证言，另一份为王某某的证言。公诉机关使用郑某某的证言，是想说明李某君徇情的对象为郑某某的父亲，原甘南县交通局局长。而实际情况是（郑某某证言）其父早已在“82年或83年就退休了”。在1982年或1983年的时候，李某君只是甘南县公安局第一或第二派出所的一个民警。二人之间既不相识更无来往，所以根本不能认定李某君徇的是一个已退休十余年的交通局局长的情。如果说李某君徇的是郑某某的情，这就更不能成立，因为二人根本无情可言。特别是郑某某在另一份证言中讲“这件事我挺感谢李某君的，人放了，我给他钱他又不要，而且在对他俩罚款时，罚得我们又少。所以我心里一直挺感激李某君的”。我们在此可以看出李某君与郑某某之间根本无情可言。否则，郑某某就不会因李某君未收5000元和罚款少而感激李某君了。郑某某在此感激李某君完全是因为“给他钱他又不要，而且在对他俩罚款时，罚的我们又少”。通过郑某某的证言，我们可以看出李某君在办此案时根本没有“徇私情”。至于王某某的证言，我们认为纯属落井下石。在2001年7月23日的证言中，王某某讲郑某某找过他“有3到4次”，“主要是问案件的情况，后两次是问能否取保，我讲我决定不了，要由主管局长定”。根据王某某的这段证言，我们得出的结论是，此案应该取保，只是王某某的权力有限决定不了。而在延期审理后，王某某的证言又变为，当初他就认为此案不应取保。可见王某某的证言不一致，根本不能采信。根据上述证据，我们认为李某君对此案的处理没有徇私情之处，公诉机关也没有举出证明李某君在办理此案过程中有徇私情的任何证据。

2. 起诉书指控李某君“为徇私情指令办案人员将正在查处的犯罪嫌疑人陈某波、张某某、陈某龙涉嫌过失致人死亡一案，以交通事故调解处理，使上述三名犯罪嫌疑人免受刑事追诉”，因而触犯了《刑法》，构成“枉法追诉罪”。我们认为公诉机关的指控根本不能成立（犯罪构成的基本理论在此不再赘述），公诉机关所使用的证据，纯系捕风捉影。如县委书记给李某君打过电话，犯罪嫌疑人中有县领导亲属，但这些说法最后都不能落实。所以，我们认为公诉机关的此项指控是根据结果推导原因，本末倒置，欲加之罪，不值得多费笔墨。况且，对本案而言，富某某证明是“王某某找我说定不了伤害致死，应由交通部门处理，我告诉刑警、交警、法制科都到我办公室开会，王某某介绍的整个案情，大家发表意见，倾向于定交通事故，这样把案子交给交警队了”。可见，公诉机关的指控根本不能成立。

三、公诉机关在口供和证词等证据的选择和使用上采用双重标准，证据不具一致性，证据之间不能形成证明犯罪的证据链

从公诉机关使用的全部证据看，公诉机关是在执着地要追究李某君的刑事责任。所以，对可以认定李某君无罪的证据不仅不采信，而且根本不记录、不使用。而对似是而非的证据却任意地采信和使用，如李某君在庭审中否认接受过 5 万元钱，公诉机关播放补充侦查前的视听资料，以证明李某君曾承认过接受了 5 万元钱。而对富某某的所谓证言则播放补充侦查后的视听资料，以此证明富某某给了李某君 5 万元钱。在这里我们可以看出，李某君的口供变了，公诉机关不做笔录、不做录像，却只采信旧的，而富某某的口供变了则采信新的。我们认为应该一致，或都采信新的，或都采信旧的，不应采用双重标准，不应仅根据主观认定和需要使用证据。另外，对于郑某某、王某某的证言也只采信补充侦查后的，对李某君的口供却采信补充侦查前的。所以，这些所谓的证据根本不能使用，特别是超过法定补充侦查期限后取得的所谓证据更加不能使用。

四、公诉机关的检察官及齐齐哈尔市检察院检察官在办理本案过程中，在侦查、取证、证据的使用等诸多方面实施了许多违反《刑事诉讼法》的行为

1. 《刑事诉讼法》第 43 条规定，“审判人员、检察人员、侦查人员必须依照法定程序，收集能够证实犯罪嫌疑人、被告人有罪或者无罪、犯罪情节轻重的各种证据”。可是，公诉机关却没有如实向法庭提供被告人李某君在羁押期间的全部口供笔录，而只是将其供认有罪的笔录提交给法庭。在延期审理期间，公诉机关对同案犯富某某的改变原口供内容的新“证词”如获至宝，既制作笔录，又制作录像，而对李某君改变口供的变化却不做任何补充侦查，不制作笔录，不进行录像。

2. 《刑事诉讼法》第 46 条规定，“对一切案件的判处都要重证据，重调查研究，不轻信口供。只有被告人供述，没有其他证据的，不能认定被告人有罪和处以刑罚”。而在本案中，公诉机关仅根据被告人李某君和共犯富某某的口供及未经证实的、似是而非的、不确定的甚至是伪证等所谓证据，就指控李某君犯有贪污罪和徇私枉法罪，甚至把李某君和富某某两位共犯的分别不同时间的口供、录像作为证明李某君犯罪的视听资料证据当庭播放，这是典型的以口供认定犯罪，要知道“口供”本身不能作为证明其所认犯罪的证据。

3. 《刑事诉讼法》第 42 条规定，“……证据必须经过查证属实，才能作为定案的根据”。可是，公诉机关指控李某君所依据的口供和有关证词未经查证属实，有些甚至已查明是伪证，不能作为认定李某君犯罪的证据。

4.《刑事诉讼法》第47条规定，“证人证言必须在法庭上经过公诉人、被害人和被告人、辩护人双方讯问、质证，听取各方证人的证言并且经过查实以后，才能作为定案的根据”。最高人民法院《关于执行〈中华人民共和国刑事诉讼法〉若干问题的解释》第14条规定，“证人应当出庭作证”，可是本案作为控方的公诉机关向法庭提供和宣读的证言材料，其证人均未到庭，证言没有经过质证（这些证人也不属于可以不出庭作证的范围）。

5.《刑事诉讼法》第43条规定：“严禁刑讯逼供和以威胁、引诱、欺骗以及其他非法的方法收集证据。”最高人民法院、最高人民检察院、公安部、国家安全部、司法部、全国人大常委会法制工作委员会《关于刑事诉讼法实施中若干问题的规定》第17条规定，“侦查人员询问证人，应当依照刑事诉讼法第97条的规定进行，不得另行指定其他地点”。在本案中，证人金某证实，她的证言笔录是在她被非法带离住所地，被异地非法限制人身自由的情况下被迫无奈所作的。她亲笔书写的“证实材料”是办案检察官事先写好，由她照抄的，其内容不是她的真实意思表示（检察官起草的证实材料原件已当庭提交法庭作为证据存卷）。对于公诉机关的其他违法取证行为，这里不再一一列举。

6.《刑事诉讼法》第95条规定：“犯罪嫌疑人承认笔录没有错误后，应当签名或者盖章。侦查人员也应当在笔录上签名……”可是我们发现，在本案中，公诉机关提交法庭和当庭宣读的所有讯问笔录上均无侦查人员的签名。

7.《刑事诉讼法》第141条规定：“人民检察院认为犯罪嫌疑人的犯罪事实已经查清，证据确实、充分，依法应当追究刑事责任的，应当作出起诉决定，按照审判管辖的规定，向人民法院提起公诉。”而在本案中，公诉机关未能举出任何证实李某君犯罪的证据，仅根据未经查证属实的口供，甚至有些是检察机关迫使证人作的伪证，就对李某君提起公诉，这显然是违反《刑事诉讼法》规定的。

8.《刑事诉讼法》第42条规定：“证明案件真实情况的一切事实，都是证据。”视听资料是《刑事诉讼法》规定的七种证据之一，也就是说，视听资料如作为证据使用应是证明犯罪行为确已发生的视听资料。而公诉机关在法庭上播放的记录讯问李某君、富某某过程的视听资料，不是刑事诉讼法意义上的视听资料，因为这些录像视听资料就如同口供笔录一样，本身需要查证，需要其他证据加以证实，该录像视听资料播放的内容只能证明李某君和富某某曾供述过（且无法证明其是在何种情况下供述的），并不能证明李某君犯有公诉机关所指控的罪行。

9. 本案在2001年12月13日第一次开庭过程中，公诉机关根据《刑事诉讼法》第165条第2项的规定，以案件需要补充侦查为由，请求延期审理，法庭同意延期审理。

《刑事诉讼法》第166条规定："依照本法第一百六十五条第二项的规定延期审理的案件，人民检察院应当在一个月以内补充侦查完毕。"而在本案中公诉机关有关补充侦查行为和所谓补充侦查材料并未在法定期限内进行和制作。因此，我们认为公诉机关于2002年1月15日、16日制作的笔录和录像在程序上不合法，不能作为本案证据使用。

10.《刑事诉讼法》第36条规定，辩护律师"可以同在押的犯罪嫌疑人会见和通信"，"可以同在押的被告人会见和通信"。可是，本案被告人李某君反映，公诉机关已要求看守所不得向李某君提供任何纸和笔，使李某君无法行使与律师的通信权。我们建议法庭对此事依法查实并追究公诉机关这一严重违反《刑事诉讼法》、侵犯在押被告人合法权益的违法行为。

综上，我们认为，公诉机关指控李某君犯有贪污罪的事实不清、证据不足，其指控不能成立。公诉机关指控李某君犯有两项徇私枉法罪，其一，犯罪事实不能认定，李某君的行为不构成犯罪；其二，事实不清，证据不足，指控的犯罪不能成立。请求法庭根据《刑事诉讼法》第162条第2项、第3项之规定，宣告本案被告人李某君无罪。

此致

齐齐哈尔市建华区人民法院

辩护人：北京市天平律师事务所

原　伟　律师

苏保森　律师

2002年1月24日

【案件结果】

2002年1月24日，黑龙江省齐齐哈尔市建华区人民法院经审理认为，检察机关指控被告人李某君身为国家机关工作人员，利用职务上的便利，骗取、侵吞公款5万元已构成贪污罪的事实不清，证据不足，指控的犯罪不能成立；指控被告人李某君任甘南县公安局副局长期间，在处理徐某某等人盗窃、销赃一案中，利用职权徇私、徇情枉法的事实不能成立，被告人李某君的行为不构成枉法追诉罪；指控被告人李某君任龙江县公安局局长期间，利用职权徇私、徇情枉法，事实不清，证据不足，指控的犯罪不能成立。最终判决宣告被告人李某君无罪。李某君被羁押共211天后重获自由。[来源：黑龙江省齐齐哈尔市建华区人民法院（2002）建刑初字第2号刑事判决书]

据悉，本案一审宣判后，公诉机关齐齐哈尔市建华区人民检察院对本案提起了抗诉，由于我未继续担任李某君在二审阶段的辩护人，后续进展不详。

4 原大连海运（集团）公司驻北京联络处主任、北京柯瑞莎商贸中心法定代表人高某涉嫌贪污、挪用公款案

【指控内容】

2008 年 3 月 1 日，高某因涉嫌贪污罪被上海市公安局虹口分局刑事拘留，同年 3 月 14 日经上海市虹口区人民检察院批准对其执行逮捕。2008 年 8 月 7 日，虹口区人民检察院反贪污贿赂局侦查终结，以高某涉嫌挪用公款罪、贪污罪移送至虹口区人民检察院公诉科审查起诉。2008 年 12 月 25 日，上海市虹口区人民检察院以沪虹检刑诉〔2008〕771 号起诉书指控被告人高某犯贪污罪、挪用公款罪，向上海市虹口区人民法院提起公诉。

2009 年 6 月 24 日，上海市虹口区人民法院经审理作出（2009）虹刑初字第 38 号刑事判决书，以贪污罪判处高某有期徒刑 10 年，并处没收其位于海南省海口市滨海大道南洋大厦 508、509 房产，以及赃款予以追缴发还被害单位。宣判后，高某不服一审判决上诉至上海市第二中级人民法院，我继续担任其在二审阶段的辩护人。

【法律意见】

辩　护　词*

尊敬的审判长、审判员：

我们是中华人民共和国执业律师，受本案上诉人（原审被告人）高某的

---

* 本案经历了一审、二审，发回重审后一审、二审，我均担任高某在各阶段的辩护人，在此，我摘录了其中精彩的一篇辩护词，以供交流探讨。

委托及北京市金诚同达律师事务所和上海市华天平律师事务所的指派，依法担任上诉人高某一审、二审的辩护人，并出庭为他辩护。

在办理本案过程中，我们依法多次会见了本案上诉人高某，查阅了上海市虹口区人民检察院提起公诉向上海市虹口区人民法院提交的案卷材料，出席了本案一审和二审庭审，详细阅读了本案一审法院对高某作出的一审判决。在此，我们根据本案的案情及本案中的讯问笔录、询问笔录、调查笔录、证人证言和《刑事诉讼法》对证据、讯问笔录、证人证言等方面的规定及《刑法》对贪污罪的规定，针对本案公诉人上海市虹口区人民检察院沪虹检刑诉〔2008〕771号起诉书对本案上诉人高某犯有贪污罪和挪用公款罪的指控和上海市虹口区人民法院（2009）虹刑初字第38号刑事判决书作出的高某犯有贪污罪的有罪判决，依法提出如下辩护意见：

一、本案的侦查、公诉均严重违反法定程序，本案依法不属上海市虹口区人民检察院管辖

根据《人民检察院刑事诉讼规则》第13条的规定，对于人民检察院直接受理的刑事案件，省、直辖市、自治区人民检察院负责管辖省、直辖市、自治区刑事犯罪案件，基层人民检察院管辖本辖区内的刑事犯罪案件。

而本案中高某涉嫌的挪用公款罪、贪污罪两项罪名涉嫌犯罪地均为北京，高某的居住地、户籍所在地均在北京，高某的工作单位大连海运（集团）公司北京联络处和北京柯瑞莎商贸中心也都在北京。因此，根据我国现行法律的规定，上海市虹口区人民检察院无权对本案进行立案、侦查和提起公诉。

经过查阅本案卷宗材料，我们发现本案举报人中海客轮有限公司和大连海运（集团）公司错误认为只要高某是上海的中海客轮有限公司的员工，上海的检察院就有管辖权，从而向上海市虹口区人民检察院提供了虚假的证明文件，案卷证据资料显示上海虹口区人民检察院是在明知本案不属其管辖的情况下，受理和侦查了本案。

从《自侦检察卷》第五卷证据材料可以看到，中海客轮有限公司于2008年1月31日已向上海市虹口区人民检察院反贪局举报高某，该局于2008年2月3日已开展初查，2月21日立案侦查，2月29日高某已被传唤到案，次日被刑事拘留。这一事件的发展过程证实，大连海运（集团）公司提供的上述关于高某于2008 年 2 月调入其上海分公司工作的证明是一个货真价实的伪证。

上海市虹口区人民检察院《自侦检察卷》第五卷第 2 页“案件请示”和第 30 页“侦查终结报告”显示，虹口区人民检察院反贪局是 2008 年 1 月 31 日收到中海客轮有限公司对高某的举报材料的。而大连海运（集团）公司证实高某 2008 年 2 月调入其上海分公司中海客轮有限公司的证明文件于 2008 年 7 月 28 日才行文盖章，这充分证明，上海市虹口区人民检察院是在明知本案不属其管辖的情况下对本案违法立案和侦查的。

二、公诉人沪虹检刑诉〔2008〕771 号起诉书中指控高某犯有贪污所认定的“犯罪事实”与实际情况严重不符，其事实认定错误且证据不足，指控不能成立，而一审判决对公诉人这种指控进行更正后作出判决，更是一种法律上的错误

公诉人在起诉书中认为海南中海南方实业有限公司是上诉人高某个人成立的公司，但是本案证据海口工商企业登记资料显示，南方公司是柯瑞莎商贸中心在海口申报、投资组建的，并非高某个人所有的公司，高某只是南方公司的法定代表人。公诉人指控的 95 万元公款始终在国有企业柯瑞莎商贸中心和柯瑞莎商贸中心设立的国有控股中海南方实业公司账内，高某并未将这些钱据为己有，高某的行为不符合贪污罪的所必需的客观要件。

起诉书所指控的事实和适用法律因错误而未被一审判决认同，一审判决称“本院认为”，“海南中海南方实业有限公司虽然是虚假出资注册成立、并由被告人高某一人在操作的公司，但是从法律层面不能认定该公司为被告人高某私人的公司，即使高某本人错误的认为。被告人高某利用职务便利，采用做假账的方法将北京柯瑞莎商贸中心的 95 万元转入海南中海南方实业有限公司尚不能认定该款已经为其非法占有”。即一审判决认定海南中海南方实业有限公司并非上诉人高某所有的公司，而是柯瑞莎商贸中心投资组建的公司，该判决已经对公诉人在起诉书中对高某犯有贪污罪的指控予以了更正和否定。但是，一审判决又称“经审理查明”，被告人高某“将上述款项中的

95 万元分 3 次电汇至海南中海南方实业有限公司，又通过变换银行户头，最后将其中 10 万元通过中国银行海口龙珠分行以支票转入海南瑞龙实业开发公司，用于购买该公司所有的海南省海口市滨海大道南洋大厦 508、509 房产。为购买该房产，被告人高某分别以海南中海南方实业有限公司和本人为主体，在同日与海南瑞龙实业开发公司签订了二份购买合同。2001 年 12 月，被告人高某将该房产登记至自己名下”，据此“认定被告人高某用于购买房产的 10 万元为贪污款”。

辩护人认为，一审法院对公诉人认定上诉人高某贪污的错误指控不予驳回，而是对其进行更正后作出判决，是违反我国《刑事诉讼法》的有关规定的，这一判决应予以撤销。

三、一审判决关于被告人高某将 95 万元中的 10 万元通过中国银行海口龙珠支行以支票转入海南瑞龙实业开发公司用于购买房产的认定与事实不符，认定错误

根据我国《刑法》第 382 条的规定，贪污罪是指国家工作人员利用职务上的便利，侵吞、窃取、骗取或者其他手段非法占有公共财物的行为。构成贪污罪必须具备以下条件：（1）犯贪污罪的人必须是国家工作人员，包括在国家机关中从事公务的人员，国有公司、企业、事业单位、人民团体从事公务的人员和受国家机关、国有公司、企业、事业单位、人民团体委托管理、经营国有财产的人员。（2）贪污罪所贪污的必须是公共财物。（3）贪污罪在客观上必须有利用职务上的便利，侵吞、窃取、骗取或者以其他手段非法占有公共财物的行为。

在本案中，无论从各个方面讲，被告人高某的行为均不构成贪污罪。一审判决认定上诉人高某贪污 10 万元构成贪污罪，我们认为是错误的。

（一）柯瑞莎商贸中心的财产不完全是“国有财产”，高某在承包柯瑞莎时是带资承包，柯瑞莎有高某个人出资的私人财产，高某用于购房的 10 万元是高某的私款而非公款

柯瑞莎商贸中心在高某承包期间，承包协议第 3.5 条明确约定，“乙方自筹装饰费用，购车款，流动资金，甲方不再投入”。（见卷三第 20 页）

大连海运集团公司审监部部长雷某某的证词内容："第一次审计中，我们发现高某曾在1997年10月将北京柯瑞莎商贸中心的资金10万元转入海口市中海南方实业公司。据高某解释该公司为高某本人的私人公司，这笔10万元是向柯瑞莎商贸中心借款。在审计时，高某解释筹建柯瑞莎自己也借了一部分私款，所以审计时就让这10万元充抵他个人的私款，故这笔款没有追究高某。"（见卷二第122～123页）

1998年9月2日大连公司第二次审计报告第3条第2项负债情况之4确认"其他私人投入或借款79万元"。（见卷三第116页）

变更协议的第5条："北京柯瑞莎中心负债只限于8月31日高某提供并认可的现有负债：欠大连海运（集团）公司782万元，银行贷款300万元，欠工程尾款125万元，欠私人款79万元。欠债超出此数额全部由高某个人负责偿还，大连海运（集团）公司（含柯瑞莎商贸中心）不再负任何责任。"

以上在卷宗里明文记载的证据事实反映，高某与大连公司之间存在承包关系；承包合同里有要求乙方自筹资金的约定；承包过程中也确实有高某自筹的资金存在；被认定为贪污款的10万元，显然是高某个人承包经营期间带入柯瑞莎的个人私款；高某用已经带入柯瑞莎承包经营的私款为自己购房不能认定为"非法占为己有"，作为承包合同发包方的大连公司，当时经手审计、本案作证时任监审部长的雷某某明确证明：审计时认可"抵充他的私款"，且上级公司就"这笔款没有追究高某"的意思。因此，这笔款在承包企业内不属于公款性质，发包方大连公司和承包方高某对此是有共识的。只要高某使用的款项没有超过他承包经营时带入柯瑞莎的资金数额，他就不是贪污公款，这部分资金就不能成为贪污罪被侵害的客体。一审判决仅根据高某在承包期间用过公司的支票支付部分购房款就以此认定高某贪污，显然是不实事求是的客观归罪，该认定与事实不符在法律上是站不住脚的。

（二）高某不符合贪污罪的主体要件

上诉人高某确实是柯瑞莎和南方公司的法定代表人，但高某同时也是柯瑞莎承包合同的乙方，且因为他是柯瑞莎的带资承包经营者，他才成为柯瑞莎的法定代表人，依承包合同第4.6条约定"享有法人的全部责任、权利和义务”。（见卷三第21页）因此，本案的承包就不能简单地视为高某是“受委托管理、经营国有财产的国家工作人员”。鉴于高某与大连公司之间的承包关系应该是平等的，这与全民企业上级委派到下属或所属单位行使职权有本质区别。而高某履行承包合同约定自筹资金带来的部分款项，是不属于全民性质的，应该是高某的私人资金。高某作为柯瑞莎的承包人，有权决定如何使用这部分资金，此时他的身份是承包人，是不能作为贪污罪的主体的。

（三）上诉人高某主观上没有贪污公款的犯罪故意

一审判决认定高某贪污的10万元，由于确系高某带入承包经营的个人资金部分，这甚至在大连公司领导那里，也具体地确认为可以充抵他个人的私款，因此当高某将这10万元用于购买房产时，主观上当然不会有贪污公款的犯罪故意，这是显而易见的。

（四）起诉书和一审判决认定事实错误

大连公司第一次审计报告记载：“1997年10月商贸中心在海口投资组建了海口中海南方实业公司，并从商贸中心银行户拨款10万元汇入海口，作为中海南方实业公司银行开户资金，另带7万元人民币作为周转备用金。目前账面反映海口投资17万元人民币。”也就是说，从柯瑞莎汇入南方公司的不仅仅是起诉书所述的95万元，而应该是112万元。一审判决认定“该95万元不能全部认定为贪污金额，仅认定被告人高某用于购买房产的10万元为贪污款”。起诉书和一审判决对曾汇入南方公司的17万元都予以回避，其中10万元是高某个人私款这一重要事实也被回避，大连公司第二次审计涉及的“79万元个人投入或借款”，更是不被起诉书和一审判决所提及。为此我们需要强调指出的是，上诉人高某承包经营带入柯瑞莎的资金数额远远大于被指控贪污的10万元。高某用汇入南方公司款项中的10万元购房，这10万元不是公款，而是大连公司认可充抵高某个人出资的私款。

综上，根据上述事实和理由，辩护人认为，本案公诉人虹口区人民检察院对本案的立案、侦查和提起公诉均违法。上海市虹口区人民法院（2009）虹刑初字第38号刑事判决书证据采信不当，认定事实不清，上诉人高某的贪污罪名不能成立。为此，特请求二审法院撤销原判，依法宣告上诉人高某无罪。

此致

上海市第二中级人民法院

辩护人：北京市金诚同达律师事务所

原　伟　律师

上海市华天平律师事务所

杨亚津　律师

2009 年 8 月 7 日

【案件结果】

2010 年 1 月 19 日，上海市第二中级人民法院经审理后以原审判决对本案无管辖权为由裁定撤销原判，发回重审。［来源：上海市第二中级人民法院（2009）沪二中刑终字第 488 号刑事裁定书］

诉讼过程中，本案由最高人民检察院指定虹口区人民检察院审查起诉，虹口区人民检察院于 2010 年 3 月 19 日以高某犯贪污罪，再次向上海市虹口区人民法院提起公诉。上海市虹口区人民法院于 2010 年 7 月 23 日作出（2010）虹刑初字第 256 号刑事判决书，仍然以贪污罪判处被告人高某有期徒刑 10 年，并处没收其位于海南省海口市滨海大道南洋大厦 508、509 房产，以及追缴尚未退出的赃款发还被害单位。宣判后，高某仍然不服一审判决再次上诉至上海市第二中级人民法院。

2010 年 11 月 18 日，上海市第二中级人民法院经审理后判决撤销原审判决中“追缴尚未退出的赃款发还被害单位”部分和“没收其位于海南省海口市滨海大道南洋大厦 508、509 房产”部分，判决上诉人高某犯贪污罪，判处有期徒刑 10 年，并处没收财产人民币 50 万元。［来源：上海市第二中级人民法院（2010）沪二中刑终字第 521 号刑事判决书］

5　原北京天翼鼎立会展有限公司实际控制人陆某（加拿大籍）涉嫌贪污案

【指控内容】

2010年9月18日，陆某因涉嫌贪污罪被中华人民共和国北京市公安局刑事拘留，经中华人民共和国北京市人民检察院决定于同年9月30日对其执行逮捕。2011年9月13日，中华人民共和国北京市人民检察院第一分院以京一分检刑诉［2011］49、50、51号起诉书指控被告人陆某犯贪污罪，向中华人民共和国北京市第一中级人民法院提起公诉。

【法律意见】

辩　护　词

尊敬的审判长、审判员、人民陪审员：

我们是中华人民共和国执业律师，受本案被告人陆某的委托及北京金诚同达律师事务所的指派，依法担任被告人陆某的辩护人，并出庭为她辩护。

在办理本案过程中，我们依法多次会见了被告人陆某，查阅了案卷材料，并出席了庭审，在此，我们根据本案的案情、证据和《刑法》对贪污罪的规定，针对本案公诉人北京市人民检察院第一分院京一分检刑诉［2011］49、50、51号起诉书对本案被告人陆某犯有贪污罪的指控，依法提出如下辩护意见：

一、起诉书对被告人陆某犯有贪污罪的指控缺乏事实和法律依据，指控不能成立

（一）全国地理信息产业峰会结余资金不是公款，本案中无贪污罪的犯罪对象

2009年6月，国家测绘局、北京天翼鼎立会展有限公司（以下简称天翼公司）、远大国际展览有限公司（以下简称远大公司）三方签订《全国地理信息产业峰会、全国地理信息应用成果及地图展览会承办协议书》，协议约定，国家测绘局作为主办方，委托天翼公司和远大公司承办全国地理信息产业峰会、全国地理信息应用成果及地图展览会，其中，天翼公司承办峰会，远大公司承办展览会。合同约定会议采用商业运作的方式取得经费支持，天翼公司负责峰会代表注册费、展览会展位费的收取和管理，远大公司负责会展活动赞助和支持经费的收取和管理，会展活动成果（包括参展参会单位和个人信息）归甲方所有。

1. 会展活动结余资金的来源不是公款。

上述会展活动中，国家测绘局（现名国家测绘地理信息局）作为主办方，只是峰会和展览会的发起者，并没有对会展活动投入一分钱。会展活动所需资金全部由承办方天翼公司和远大公司通过招商收取峰会注册费、展览会站位租用费及企业赞助费的方式自行筹集，筹集到的这些资金也都是根据协议约定汇入承办方天翼公司和远大公司的账户，并由天翼公司和远大公司管理。因此，结余资金来自天翼公司和远大公司自行筹集的展会收入，而非来自国家测绘局的拨款，结余资金的来源不是公款。而且，截至本案案发，国家机关事务管理局和国家测绘局对向社会募集的经费、会议费没有统一明确的规定，公诉人当庭诉称，之所以认定会议结余资金归国家测绘局所有是基于合同双方达成的口头协议，公诉人这一诉称毫无事实和法律依据，被告人陆某、李某某、王某在卷宗中还有相反的供述，不能根据被告人陆某、李某某认为结余资金归国家测绘局所有就认定国家测绘局与天翼公司达成了关于结余资金归属的口头协议。本案中，没有国家测绘局与天翼鼎立公司另行签订的书面协议，被告人供述也不能与书面证据及其他证据相互印证。刑事诉讼中，对待证事实的证明标准要远远高于民事诉讼，刑事诉讼要求证据确

实、充分，并且排除一切合理怀疑，本案中，公诉人的上述诉称及其提供的证据根本达不到这一证明标准，不能据此认定会展结余资金归国家测绘局所有。

2. 国家测绘局作为国家机关，依法不得从事营利性活动，不得收取赞助费。

国家测绘局是国土资源部管理的国家局，其性质为国家机关，为中央财政全额拨款单位，不得从事营利性活动，如果行政机关可以从事营利性活动或其他行为，得到除法定财政拨款以外的其他收入，不管通过何种手段，都必将带来严重后果。国家机关的开支只能来源于财政拨款。即使是国家投资，也限于社会公益性质的诸如道路、公交、教育等方面，其目的在于为公民的经济与社会生活提供服务，而不是以营利为目的。中共中央、国务院《关于坚决制止乱收费、乱罚款和各种摊派的决定》（中发〔1990〕16号）第3条规定："国家行政机关应在其职责范围内办理公务，除国家法律、法规有专门规定者外，不准收费。"第4条规定，"任何地方、部门和单位都不准收取《禁止向企业摊派暂行条例》和《关于切实减轻农民负担的通知》所禁止的费用，不得以赞助、捐赠等为名变相向行政事业单位、企业和个人摊派"。《中央国家机关会议费管理办法》第10条规定，召开会议的单位不得以任何方式转嫁或摊派会议费，也不得挤占其他经费。2006年12月至2007年3月，审计署对国家发展和改革委员会2006年度预算执行和其他财政收支进行审计发现，发改委在举办大型会议、展览会时，向企业收取赞助费1340万元。这一行为被认为是违规行为，发改委表示，今后将申请相关经费，并严格执行国家规定，不再向企业收取有关费用。因此，国家测绘局不能向参会单位收取费用，更不能收取赞助费，展会收取的费用也不应属于国家测绘局所有。本案中，所有费用的收取均是以承办方即天翼公司和远大公司名义和账户收取和对外开具发票，与国家测绘局无关，不能将会展活动结余资金作为国家测绘局的财产。

3. 天翼公司与国家测绘局签署的协议中并没有约定会展结余资金归国家测绘局所有。

协议中明确约定，天翼公司和远大公司负责展会收入的收取和管理，但协议并未约定展会收入如有结余，归谁所有，如有亏损，由谁承担。本案中，主办方国家测绘局并不出钱，所有会展开支均由承办方天翼公司和远大公司自筹，国家测绘局也未向天翼公司和远大公司支付费用，国家测绘局和会展收入没有关系，它也不承担会展活动亏损的风险，会展活动无论盈利还是亏损，都与国家测绘局无关。会展的所有收入均由天翼公司和远大公司收取，天翼公司获得的收入均由天翼公司向相关单位开具发票，相关营业税等税收也都由天翼公司缴纳，国家测绘局从未为会展收入缴纳过任何税项。同时，我们还注意到，三被告人均称，上述三方在签订上述协议后还签订了一份《补充协议》，但我们在本案卷宗中没看到这份《补充协议》，三被告人均称这份补充协议对资金分配进行了约定，但公诉人也未提供这份重要证据，我们有理由怀疑国家测绘局没有如实提供证据，没有提供反映案件全貌的全部证据材料。

4. 从双方的合同目的来看，结余资金也不应划归国家测绘局所有。

协议附件二明确约定，国家测绘局发起全国地理信息产业峰会、全国地理信息应用成果及地图展览会的目的是，加强行业间的交流，提高产业的整体水平和竞争力，进一步扩大地理信息产业的社会影响力和地理信息科技知识的普及，进一步强化测绘行政主管部门对地理信息产业发展的引导与监管力度，为我国地理信息产业发展与应用领域的技术开发、生产企业和科研单位提供更为广阔的交流与合作平台。因此，国家测绘局发起会展的目的是履行其行政职能，而非营利。而天翼公司和远大公司作为市场主体，其承办会展的主要目的是营利。正因如此，被告人陆某在承办会展的过程中一直秉持节俭的原则，如机票尽量使用自己的积分兑换，出租车费也都自付，在京期间的住宿标准为汉庭快捷酒店，从这些行为都可以看出，天翼公司的主要目的是营利并且是自负盈亏，如果天翼公司无须自负盈亏，只收取固定管理费，那么被告人陆某没有必要自掏腰包、自付费用、节省开支，因为展会是否盈亏均不影响天翼公司的收益，但事实恰恰相反，会展活动预算支出 1100 多万元，而主办方国家测绘局一分钱不出，所有支出均需天翼公司和远大公司自行筹集，国家测绘局显然也不承担亏损，因此此次会展虽然是由国家测绘局发起，但采用的是商业运作模式，国家测绘局作为行政机关，显然不会为商业活动的亏损埋单，所以会展活动亏损的压力就都要由承办方天翼公司和远大公司承担，正因如此，被告人陆某才会如此节俭，其目的就是希望结余资金能多一些，亏损的压力能小一些！根据合同法的平等原则，民事合同当事人双方法律地位平等，权利义务也应该对等，如果天翼公司只承担亏损、国家测绘局只享受盈利，这明显违背了合同法的平等和公平原则，从这个角度上说，天翼公司既然承担了亏损的风险，盈利的好处当然也应当由天翼公司享有。

在此，我们还注意到，本案被告人李某某在法庭调查时，明确表示国家测绘局对以往主办会议募集的结余资金也都是挂在承办公司账上，国家测绘局自己有需要时，都到这些公司挂账，国家测绘局对这些没有上到本单位财务账、在他人公司账上的资金却能使用，这是明显违法的！国家测绘局利用承办单位有求于测绘局而强行花不属于他们的钱，国家测绘局主办会议，亏了与自己无关，赚了全是自己的。而且，我们注意到，国家测绘局强行要求天翼公司退出280万余元，也并不是正常入账，而是用于审计署对其违法使用账外资金的罚款。

5. 从结果上看，在会展结束后，国家测绘局从未与天翼公司进行过结算，从未要求天翼公司将结余资金打入国家测绘局账户，国家测绘局也没有向天翼公司支付管理费，这也说明，国家测绘局在会展活动中只是出“名”，因此，在会展结束后，对会展的亏损、盈利情况毫不关心，因为其已经达到了其发起会展的目的，至于会展是否盈利或者亏损都与国家测绘局完全没有关系，自有承办方天翼公司和远大公司来处理这些事情。况且，如果国家测绘局在履行《全国地理信息产业峰会、全国地理信息应用成果及地图展览会承办协议书》过程中认为天翼公司或远大公司违约侵害其利益，完全可以通过民事诉讼行为主张权利，而不应通过动用公权力、利用刑事手段来处理本案。

《刑法》第382条规定，国家工作人员利用职务上的便利，侵吞、窃取、骗取或者以其他手段非法占有公共财物的，是贪污罪。受国家机关、国有公司、企业、事业单位、人民团体委托管理、经营国有财产的人员，利用职务上的便利，侵吞、窃取、骗取或者以其他手段非法占有国有财物的，以贪污论。根据上述规定，贪污罪的犯罪对象为公共财物或国有财物。《刑法》第91条规定，本法所称公共财产，是指下列财产：（1）国有财产；（2）劳动群众集体所有的财产；（3）用于扶贫和其他公益事业的社会捐助或者专项基金的财产。在国家机关、国有公司、企业、集体企业和人民团体管理、使用或者运输中的私人财产，以公共财产论。本案中，会展收入和支出均不是财政拨款，国家测绘局在会展活动中未出资，所有收入均是承办方天翼公司和远大公司自行筹集，国家测绘局亦不承担亏损风险，因此，峰会收入属于天翼公司所有，是天翼公司的商业利润，而不是属于国家测绘局所有的公款，不是公共财物和国有财物，因此本案中没有贪污罪的犯罪对象，也无侵犯公共财物所有权的贪污罪犯罪客体。

（二）被告人陆某没有实施将公款非法占为己有的行为，不符合贪污罪的犯罪构成

起诉书指控，被告人陆某"采取使用虚假发票平账等手段，先后将上述活动结余资金共计480余万元，非法占有"。这一指控与事实不符。首先，天翼鼎立公司和远大公司是两个独立的公司，远大公司在展览会之后的结余资金是多少、怎么用，被告人陆某不知晓，被告人陆某也从未控制或使用远大公司收取的展览会收入。用于购房的440余万元中，被告人陆某仅提供280余万元，剩余160余万元系同案被告人王某提供，本案中没有任何证据证明被告人陆某知道该笔160万元是远大公司会展结余资金。对于该160万元，被告人陆某既无控制权，也无支配权，她不可能占有和使用。其次，由于天翼鼎立公司是陆某实际控制的私人公司，故在会展活动举办过程中，陆某就开始将天翼鼎立公司账户上的招商收入转到其个人账户。进行这种转账，是为了应对会展过程中的不可预见开支，为工作方便。展会结束后，陆某将天翼鼎立公司账户资金转到其个人账户上，是因为她觉得钱放在公司账户中无法增值，而在个人账户中便于投资，使资金增值。至于使用虚假合同及发票平账，是为了应对审计署的审计而采取的行为，而不是为了非法占有公款。

（三）被告人陆某主观上没有非法占有公款的犯罪故意

被告人陆某很早出国留学，在外资企业工作过，具有中英文沟通能力，

熟悉相关行业。在2010年9月18日讯问笔录中（第6页），陆某陈述了自己举办展会进行创业的初衷和意图。陆某对同案被告人李某某和王某说，我自己有公司，花费方面大家可以潇洒一下，所谓“潇洒一下”就是说，如果天翼鼎立公司有盈利的话，日常消费由天翼鼎立公司负担比较方便。而同案被告李某某说：“先把活干好，其他的事情以后再说。”陆某对这句话的理解是：公司挣得的具体利润怎么分配以后再说。由此可见，陆某开公司办展会的唯一目的是让公司盈利，而不是配合他人去贪污公款。在陆某的认知当中，她一直把天翼鼎立账户结余看作公司的盈利，并希望进行投资，让资金升值。其实，同案被告人的供词能够佐证。李某某笔录卷第23页记载了李某某的如下供述：检察人员问，测绘局2006年开始举办展会的惯例是什么？李某某说，预算内资金如果有结余的话进行商议后再决定如何处理，以激励办会公司的积极性。我们再看看测绘局为了举办展会而下达的一系列文件，所有的文件都强调本次展会的运作方式是“商业运作”，目标是以会养会，也就是说通过商业运作的方式募集资金，确保国家财政不出钱。在李某某案卷《测绘局文件资料卷》第19页还有一份2009年2月的《展览会工作方案（审计稿）》，该方案有关“收支情况”的结论是尚有100万元的资金缺口，需要加大招商力度。由此可见，在筹备和举办展会期间，从测绘局到天翼公司，从李某某到陆某，没有一个人不在想“商业运作”，也没有一个人把“商业运作”的钱当作公款。

被告人陆某一直认为其承办峰会的结余资金为天翼公司所有，不是公款，而且，在加拿大，将私人公司账户资金转入个人账户支付个人支出是很常见的现象，因此，在峰会举办过程中，被告人陆某也多次使用此种方式支付展会支出，她主观上并没有通过此种方式将展会收入占为己有的想法和故意。在展会结束后，被告人陆某将结余资金全部用于以李某某之子李某的名义买房，并没有占有该笔资金的想法，更何况，该笔资金根本不是公款，被告人陆某作为天翼公司的实际控制人，有权支配和使用该笔资金，用不着非法占有。

二、被告人陆某不是贪污罪的犯罪主体，也没有与被告人王某、李某某共同贪污，公诉人的指控不能成立

天翼公司承办国家测绘局发起的会展活动，与国家测绘局签署了民事合同，双方之间是平等的民事法律关系。被告人陆某为加拿大籍，没有我国《刑法》规定的国家工作人员身份，不是《刑法》规定的贪污罪的犯罪主体，不能单独构成贪污罪。

现在公诉人指控被告人陆某犯有贪污罪，只能是与国家机关工作人员共同贪污。最高人民法院《关于审理贪污、职务侵占案件如何认定共同犯罪几个问题的解释》（法释〔2000〕15 号）第 1 条规定，行为人与国家工作人员勾结，利用国家工作人员的职务便利，共同侵吞、窃取、骗取或者以其他手段非法占有公共财物的，以贪污罪共犯论处。本案中，被告人陆某将天翼公司承办峰会的结余资金 280 余万元转入个人账户并用于买房，这一行为不需要利用被告人王某、李某某的职务便利，被告人王某、李某某实际也未提供职务上的便利，这一行为与被告人王某、李某某的职务毫无关系，被告人陆某也没有必要勾结国家工作人员“贪污”自己实际控制的公司名下的金钱，因此，被告人陆某的行为不符合上述规定中构成贪污罪共犯的情形，不具备构成贪污罪共犯的构成要件。

因此，本案中，被告人陆某不能单独构成贪污罪，也不能构成贪污罪共犯，公诉人指控被告人陆某犯有贪污罪，缺乏事实和法律依据，指控不能成立。

三、如法庭认为根据现有证据，仍能对被告人陆某定罪，则请法庭考虑如下情节，对她从轻、减轻处罚

1. 被告人陆某认罪态度好，能如实供述犯罪事实，坦白交代自己的犯罪行为，具有深切的悔罪心理，确有悔改表现。

2. 被告人陆某早在案发前就积极退缴了本案中所有涉案款项，已经将钱款全部退缴，最高人民法院、最高人民检察院《关于办理职务犯罪案件认定自首、立功等量刑情节若干问题的意见》第 4 条规定，贪污案件中赃款赃物全部或者大部分追缴的，一般应当考虑从轻处罚。因此，被告人陆某具有法律规定的酌定从轻处罚情节。

3. 被告人陆某并没有将会展结余资金据为己有，没有用于个人使用，没有造成严重后果。

4. 被告人陆某因患有子宫肌瘤等多种疾病，需要定期检查并服药，并需手术治疗，如不及时手术会迅速向癌症转移，不适合长期在监狱中服刑，请酌情从轻处罚。

综上所述，被告人陆某主观上没有非法占有公款的故意，客观上未实施也未勾结他人实施非法占有公款的行为，也未实际取得公款，不符合贪污罪的犯罪构成，公诉人的指控不能成立，请求法庭以事实为依据，以事实为准绳，依法宣告被告人陆某无罪，从而作出一个经得起历史考验的公正判决。

此致

北京市第一中级人民法院

辩护人：北京金诚同达律师事务所

原　伟　律师

王世兵　律师

2011 年 11 月 15 日

【案件结果】

2011 年 12 月 20 日，中华人民共和国北京市第一中级人民法院经审理认为，中华人民共和国北京市人民检察院第一分院指控被告人陆某犯贪污罪的事实清楚，证据确实、充分，指控罪名成立。陆某在共同犯罪中起次要作用，是从犯，且赃款及以赃款所购房产已全部退缴，依法可予减轻处罚。最终判决被告人陆某犯贪污罪，判处有期徒刑 7 年，并处驱逐出境。[来源：中华人民共和国北京市第一中级人民法院（2011）一中刑初字第 5073 号刑事判决书]

宣判后，被告人陆某不服一审判决，于 2012 年 11 月 19 日向北京市高级人民法院提出上诉，我继续担任其在二审阶段的辩护人。2012 年 11 月 26 日，北京市高级人民法院经审理后裁定驳回陆某的上诉，维持原判。[来源：北京市高级人民法院（2012）高刑终字第 130 号刑事裁定书]

6 原北京中青联迪科技发展有限公司总经理余某潮（美籍）涉嫌职务侵占案

【指控内容】

2009年6月26日，余某潮因涉嫌职务侵占罪被北京市公安局东城分局刑事拘留；经北京市人民检察院第二分院批准，于同年9月2日被北京市公安局逮捕。2010年1月20日，北京市公安局侦查终结，以余某潮涉嫌职务侵占罪移送北京市人民检察院第二分院审查起诉。2010年8月9日，北京市人民检察院第二分院以京检二分刑诉（2010）0196号起诉书指控被告人余某潮犯职务侵占罪，向北京市第二中级人民法院提起公诉。

【法律意见】

辩 护 词

尊敬的审判长、审判员：

我是中华人民共和国执业律师，受本案被告人余某潮的委托及北京市金诚同达律师事务所的指派，依法担任被告人余某潮的辩护人，并出庭为他辩护。

在办理本案过程中，我依法多次会见了被告人余某潮，查阅了案卷材料，并出席了庭审，在此，我根据本案的案情、证据和《刑法》对职务侵占罪的规定，针对本案公诉人北京市人民检察院第二分院京检二分刑诉（2010）0196号起诉书对本案被告人余某潮犯有职务侵占罪的指控，依法提出如下辩护意见。

一、起诉书对被告人余某潮犯有职务侵占罪的指控缺乏事实和法律依据，指控不能成立

（一）被告人余某潮客观上没有实施起诉书中所指控的行为

1. 起诉书指控“被告人余某潮于2008年4月至6月，利用担任北京中青联迪科技发展有限公司总经理负责企业经营的职务便利，将该单位公款160余万元非法占为己有，用于购买广东省佛山市南海区天安数码新城房屋两套”。但从本案的证据看，位于广东省佛山市南海区天安数码新城的两套房屋的房屋所有权证所有人登记为吴某某，该两套房屋的用途也是供北京中青联迪科技发展有限公司南方分公司（以下简称南方分公司）办公使用，产权人和使用人均不是被告人余某潮，余某潮也从未占有该房屋或利用该房屋获利。并且，用于购买该房产的款项均是从北京中青联迪科技发展有限公司直接划拨南方分公司，并未进入余某潮的个人账户，起诉书指控被告人余某潮将该单位公款160万元非法占为己有与事实不符。

2. 起诉书指控“被告人余某潮于2008年4月，利用担任北京中青联迪科技发展有限公司总经理负责企业经营的职务便利，将该单位公款25万余元非法占为己有，用于购买丰田牌轿车一辆”。但从本案证据看，起诉书提到的丰田牌轿车所有权人登记为吴某某，实际使用人是南方分公司总经理，主要是用于南方分公司的经营，产权人和使用人均不是被告人余某潮，用于购买该车辆的款项20余万元也是由北京中青联迪科技发展有限公司直接划拨南方分公司账户的，起诉书指控其将公款25万余元非法占为己有与事实不符。

《物权法》第6条规定，不动产物权的设立、变更、转让和消灭，应当依照法律规定登记。本案中，起诉书中提到的房屋和丰田汽车均未登记在余某潮名下，购买房屋和车辆的相关款项也是由北京中青联迪科技发展有限公司划拨到南方分公司，不存在余某潮将160余万元及25万余元非法占为己有的情形，也无任何证据证明被告人余某潮将上述款项占为己有，起诉书的相关指控缺乏事实和法律依据，其指控不能成立。

（二）被告人余某潮对北京中青联迪科技发展有限公司享有至少80万美元（折合人民币624余万元）的合法债权，其占有部分公司财产的行为不是非法占有，而是在合法债权基础上的偿债行为，不能认定为侵占，起诉书的相关指控证据不足，不能成立

起诉书指控，“被告人余某潮于2008年8月，利用担任北京中青联迪科技发展有限公司总经理负责企业经营的职务便利，将该单位公款140余万元非法占为已有，用于购买梅赛德斯奔驰轿车一辆”。同期，“通过虚假方式将公司款项340余万元转存至个人账户予以侵吞，用于偿还其在香港的个人债务”。起诉书还指控“被告人余某潮于2008年11月至2009年2月，利用担任北京中青联迪科技发展有限公司总经理负责企业经营的职务便利，指使公司财务人员将公司款项135万余元转存至个人账户予以侵吞，用于其个人使用”。对这三项指控，辩护人认为未能如实反映本案关键事实，指控错误。

首先，就通过虚假方式倒换现金一事是北京中青联迪科技发展有限公司的惯例，并不是被告人余某潮为偿还债务预谋为之。本案中，北京中青联迪科技发展有限公司欠举报人于某某的借款100万元和高额利息14余万元均是通过此种方式换出现金偿还给于某某的，于某某对此是知情的。

其次，被告人余某潮在购买此辆车前曾向中青联迪公司打过报告，举报人亦知悉此事，公司也曾有购买意向，因此司机徐某某才去询价，公司副总李某某也曾一起去看车。最初被告人余某潮是要以公司名义买车，并且办好了公司贷款买车的全部手续，但因公司不符合贷款买车的条件，才决定以个人名义办理贷款买车的手续，最初是用司机徐某某或郭某某的名字购买，但二人均因不符合贷款条件不能办理，最后不得已司机徐某某才向被告人余某潮建议以余某潮的名义购买，且购车款是划进财务郭某某的银行卡中，后由司机徐某某拿此卡去交购车款，此笔购车款被告人余某潮自始至终从未经手，此车购买后也用于公司经营和接待。从这一购车过程来看，被告人余某潮主观上没有将该车占为已有的故意，客观上未实施将140万元占为已有的行为，并且将公司购买的车辆登记在个人名下也不是被告人余某潮预谋为之，不是一种故意的侵占行为，而是北京中青联迪科技发展有限公司一贯不规范的做

法，公司所有的奥迪轿车、凯美瑞轿车等也都登记在个人名下，但都不是个人所有，也均是公司使用，做法虽然不规范，但公诉机关不应客观归罪，只根据车辆所有权证就认定被告人余某潮构成职务侵占罪。

再次，被告人余某潮对北京中青联迪科技发展有限公司有80万美元的合法债权，公司倒换340余万元现金是偿还公司对被告人余某潮的债务，而非被被告人侵吞，这与公司倒换现金偿还于某某100万元的行为是一样的，不能认定为职务侵占行为。

北京市公安局预审处刑事侦查案卷第6卷第24页，《北京中青联迪科技发展有限公司专项审计报告》第9条第5项“关于80万美元”记载，经查，2006年12月21日，北京中青联迪科技发展有限公司收到香港联迪集团公司汇入80万美元，折合人民币624万元，存入了北京中青联迪科技发展有限公司中国银行总行营业部账户。本案证人郭某某、李某某、王某等人的证人证言也证实，此时确有一笔80万美元的款项汇入北京中青联迪科技发展有限公司，并且，该笔款项是被告余某潮借用李某某占有股份的香港联迪集团公司汇入。从审计报告来看，北京中青联迪科技发展有限公司与香港联迪集团公司无其他资金往来关系，也无业务关系，结合证人证言，该80万美元就是北京中青联迪科技发展有限公司对香港联迪集团公司的债权，而债权人实际上是余某潮本人。香港联迪集团公司于2007年年底注销，在其注销前也未向北京中青联迪科技发展有限公司主张过该笔债权，这也证明该笔80万美元实际与香港联迪集团公司无关，所有人是被告人余某潮，北京中青联迪科技发展有限公司欠余某潮个人80万美元。

审计报告指出，“此笔款项未反映出与余某潮及其他个人对中青联迪的借款，与余某潮或其他个人无关”。但同是该份审计报告，案卷第19页第6条第3项中在没有实际票据的情况下，却称315万余元人民币“据有关人员提供情况，实际款项被余某潮安排支出了”。在同一份审计报告中，对两笔款项审计人员采用了不同的认定标准，对80万美元是否与余某潮有关的问题上，审计人员以书面借款协议为准，而在315万余元的支出上，审计人员却是向有关人员了解情况。可见，该份审计报告在80万美元是否与余某潮有关这一问题的审计上是缺乏公正性且带有倾向性的，不能被采信。

审计报告还指出，“2008 年 11 月 14 日第 0067 号凭证记录，香港联迪将此笔债权转给了北京联迪科技有限公司，因北京联迪科技有限公司欠中青联迪公司往来款 31,717,578.75 元，因此，将此笔债权冲抵了北京联迪科技有限公司欠中青联迪公司的欠款”。我们注意到，审计结论的依据是 0067 号凭证，但在审计报告中，我们并未见到北京联迪科技有限公司欠中青联迪公司往来款 31,717,578.75 元的记录，对于这么一大笔应收账款，在中青联迪公司的资产负债表及此份审计报告中均未记录，只是在这里提到了这一句，而且，根据证人李某某的证言，香港联迪集团公司于 2007 年年底就已经注销，2008 年 11 月出现的这记账凭证明显是调账的结果，并无真实交易关系。证人郭某某证实，北京中青联迪科技发展有限公司确实进行过调账，该笔 80 万美元的借款并未归还被告人。在 2010 年 6 月 4 日北京市公安局对证人桑某的询问笔录（补充侦查卷第 30 卷）中，桑某证实，2008 年 11 月，北京中青联迪科技发展有限公司想在香港地区融资上市，财务报表要减少负债，做得好看一点，郭某某让她把中青联迪公司欠香港联迪集团公司的一笔 80 万美元做一个调账处理，由北京联迪科技有限公司替中青联迪公司付香港联迪公司的债务，从账上显示是做平了，并且北京联迪科技有限公司没有对应做账。这些证言与证人郭某某所说的一致。此外，补充侦查卷第 29 卷收录的北京安立德会计师事务所于 2010 年 3 月 1 日出具的《专项审计报告》第 9 页也证实，“经向当时经手此笔业务的财务人员了解，‘此笔转账业务是根据领导意见调账的’”。上述证据均证明北京中青联迪公司欠款 80 万美元并未偿还，也未冲抵，北京中青联迪科技发展有限公司仍欠被告人余某潮 80 万美元，折合人民币 624 万余元。

审计报告第 9 条第 6 项也印证了这一点，审计报告指出，“中青联迪公司财务在 2008 年 11 月第 66 号凭证将此笔账转至北京联迪公司名下，一笔不需支付的款项，转成中青联迪欠北京联迪科技有限公司的欠款，未见关于转账事项的说明及三方转款的协议，转账依据不足”。这说明，北京中青联迪科技发展有限公司确实进行了调账，调账不止 67 号凭证一笔。但同时，对 66 号凭证和 67 号凭证的审计，审计人员还是采用了双重标准，对中青联迪的债权审计人员依据转账事项的说明及三方转款协议认定，而对中青联迪对余某潮的债务审计人员却只看记账凭证，明显带有倾向性，只认定对被告人不利的事实，这种认定不应被采信。

本案证人证言及审计报告已经证实，北京中青联迪科技发展有限公司确实欠香港联迪集团公司一笔80万美元的借款，证人证言同时证实，该80万美元的借款实际上是余某潮个人的资产，审计报告虽认为该借款和余某潮无关，但如前所述，审计报告在这一点上使用双重标准且未对相关人员进行调查，审计结果不正确是显而易见的。就该80万美元是否为余某潮个人借款的问题，本案证人证言等相关证据都已证明确系余某潮个人资产，法庭应当对这一事实予以确认。此外，根据2010年3月15日的专项审计报告，自2005年9月至2008年4月北京中青联迪科技发展有限公司累计收到余某潮交来现金993,000.00元，其款项来源无法认定究竟为余某潮个人借款，还是替公司收回的货款，结合本案证人郭某某等人的证言，可以确定，该款项是被告人余某潮借给公司的借款而非替公司收回的货款，从有利于被告人的角度，也应认定为借款。因此，对这99万余元的支出也不能认定为非法占有。

既然北京中青联迪科技发展有限公司欠被告人80万美元，就应当向被告人偿还这一债务，中青联迪公司偿还个人债务的方式就是签订虚假合同倒换现金偿付，这与偿还举报人借款100万元的方式同出一辙，同是偿还个人债务，既然公诉人不认为于某某是侵吞，为何对被告人余某潮就要区别对待，就要指控为侵吞，公司的财产应该保护，个人合法的债权也应该受到保护，在有合法债权的基础上，被告人对起诉书指控的、中青联迪公司所有的所谓共计475万元的占有和使用就不能认定为非法占有和侵占。

最后，起诉书的第4项指控中，认定被告人将公司款项135万余元转存至个人账户予以侵吞，暂且不论行为性质如何，就数额而言，起诉书的指控也是错误的。证人吴某某证实，经其手汇至陈某某和余某某账户的10万美元系用于北京中青联迪科技发展有限公司在香港地区融资一事，并非被被告人余某潮用于其个人使用。因北京中青联迪科技发展有限公司在香港地区融资确有其事，而本案的支出凭单中未见相应报销凭证，即被告人未将就融资一事在香港地区的花费在公司报销，而是由其个人支付，其为融资一事在香港地区的支出不能认定为“个人使用”。

（三）起诉书在对被告人余某潮的每项指控中都提到，余某潮“利用担任北京中青联迪科技发展有限公司总经理负责企业经营的职务便利”，意图套用《刑法》规定的“职务侵占罪”的构成要件，但是，提请法庭注意，本案被告人余某潮并不仅仅是北京中青联迪科技发展有限公司的总经理，他更重要的身份是北京中青联迪科技发展有限公司的董事长和实际控制人。北京中青联迪科技发展有限公司自 2001 年成立至 2008 年孙某某和陈某加入，一直都由余某潮一人经营，他掌握公司的决策权，起诉书避重就轻，频繁提及被告人利用总经理职务之便，造成一个被雇用的总经理利用职务之便侵占公司资产的假象，这与事实不符

根据《刑事诉讼法》的立法精神及相关规定，证明被告人有罪的证明责任由人民检察院承担，其证明所要达到的证明标准为“犯罪事实清楚，证据确实、充分”并且要排除一切合理怀疑，否则就要适用“疑罪从无”的原则，作出对被告人有利的认定，证据之间出现矛盾时应做有利于被告人的解释。本案中，公诉人提供的证据显然没能证明其在起诉书中提到的 4 项指控，大量相反的证据证明了其指控的错误，没能达到《刑事诉讼法》要求的犯罪事实清楚、证据确实充分的证明标准，其指控均不能成立。

二、被告人余某潮并未侵害北京中青联迪科技发展有限公司和公司股东的财产权

职务侵占罪的客体是公司、企业或者其他单位的财产所有权。如上所述，被告人余某潮对北京中青联迪科技发展有限公司享有 80 万美元的合法债权，其购买奔驰车及占用的款项加起来尚不足以清偿该笔债务，并未额外非法侵占公司财产，未损害北京中青联迪科技发展有限公司的财产权。

另外，就北京中青联迪科技发展有限公司的两个股东孙某某和陈某而言，辩护人认为，此二人的股东身份是有问题的。首先，虽然北京网格新通科技有限公司于 2007 年 11 月 14 日与孙某某签订《股权转让协议书》，约定以 1 元价格向孙某某转让北京中青联迪科技发展有限公司 30% 股份，但时至今日，孙某某也未向北京网格新通科技有限公司交付股价款 1 元。并且，虽然股权转让协议是 2007 年 11 月 14 日签订，但孙某某的股东变更登记却是 2008 年 5 月才进行，即使认定其有股东资格，也是 2008 年 5 月才有。而另一个所

谓股东陈某根本未与北京中青联迪科技发展有限公司的股东签订股权转让协议，只是北京中青联迪科技发展有限公司于2007年签署了一份《转让股权确认书》确认其丈夫于某某受让该公司股份15%，后2008年7月北京中青联迪科技发展有限公司修改公司章程，修改为陈某出资300万元，孙某某出资800万元，南海联迪公司货币出资900万元。这一股份转让过程明显违法。股份转让应该由原股东向新股东转让，原股东和新股东签订股权转让协议并由董事会批准，而本案中，陈某受让北京中青联迪科技发展有限公司股份既无股权转让协议，也无董事会决议，仅有公司章程，于某某签署的《股权转让确认书》是北京中青联迪科技发展有限公司出具的，而依据我国《公司法》及相关法律的规定，北京中青联迪科技发展有限公司无权自行将其股东权利转让给他人，这一确认书是无效的。陈某和孙某某受让北京中青联迪科技发展有限公司的股份并进行股东变更登记存在严重的程序瑕疵，其是否具有股东资格都是问题。即使陈某有股东资格，也是在2008年7月后才有。提请法庭注意，孙某某和陈某二人均未向北京中青联迪科技发展有限公司的股东支付任何对价，对公司也没有任何投资，其在本案中的行为可以说是“空手套白狼”。

三、被告人余某潮主观上没有非法占有公司财物的目的和故意

多年来，被告人余某潮一直是北京中青联迪科技发展有限公司的决策人和实际经营人，他本人并未将个人财产和公司财产严格区分，从审计报告也可以看出，他个人多次借款给公司使用，并且每次都不签订借款协议，更未向公司收取利息，他对北京中青联迪科技发展有限公司没有私心和私利。他从公司支取一些款项也是基于他对公司有80万美元合法债权，这些行为没有非法性，更无非法占有的目的和故意。

四、起诉书中对被告人余某潮的身份认定错误

在本案的《起诉意见书》中我们看到，北京市公安局对被告人余某潮的身份认定为美籍华人，并且在侦查过程中，在办案机关的安排下，美国驻华大使馆也曾派员会见过余某潮本人，在余某潮的口供中，他也供述于2003年加入美国国籍，并持有美国护照，根据我国《国籍法》第9条的规定，余某潮已经自动丧失中国国籍。但起诉书却认定被告人余某潮是香港居民，回避了其国籍问题。被告人的身份问题是主要的刑事案件事实问题之一，查明犯罪嫌疑人身份是侦查、审查起诉及诉讼中的首要问题，国籍是身份的重要信息，但本案中公诉人却对被告人余某潮的国籍都不做认定，这种不实事求是、违背事实的公诉行为明显违法。

五、公诉人为指控本案被告人余某潮犯有职务侵占罪而移送法院的部分询问笔录的制作违反《刑事诉讼法》的规定，这些笔录均依法不能作为证据使用

《刑事诉讼法》第 43 条规定，“审判人员、检察人员、侦查人员必须依照法定程序，收集能够证实犯罪嫌疑人、被告人有罪或者无罪、犯罪情节轻重的各种证据，严禁刑讯逼供和以威胁、引诱、欺骗以及其他非法的方法收集证据”。但在本案中，侦查人员在向部分证人调查取证、制作询问笔录过程中存在恐吓证人的情形，因此取得的证据不能作为认定案件事实的依据，依法应当予以排除。

综上，辩护人认为，公诉机关对本案被告人余某潮犯有职务侵占罪的指控，缺乏事实和法律依据，认定事实错误，证据不足，定性不准，指控的罪名不能成立，请求法庭依法驳回公诉人对被告人余某潮的全部犯罪的指控，或根据《刑事诉讼法》第 162 条第 2 款、第 3 款之规定，宣告被告人余某潮无罪。

此致

北京市第二中级人民法院

辩护人：北京市金诚同达律师事务所

原　伟　律师

2010 年 12 月 28 日

【案件结果】

2011 年 7 月 20 日，北京市第二中级人民法院经审理后判决被告人余某潮犯职务侵占罪，判处有期徒刑 12 年。［来源：北京市第二中级人民法院（2010）二中刑初字第 1972 号刑事判决书］

宣判后，被告人余某潮不服一审判决，于 2011 年 7 月 27 日向北京市高级人民法院提出上诉，我继续担任其在二审阶段的辩护人。2012 年 3 月 2 日，北京市高级人民法院经审理认为，一审法院判决认定原审被告人余某潮犯职务侵占罪的事实不清，证据不足，裁定撤销原审判决，将本案发回重审。［来源：北京市高级人民法院（2011）高刑终字第 434 号刑事裁定书］

2013 年 1 月 18 日，北京市第二中级人民法院经审理认为，公诉机关指控被告人余某潮犯职务侵占罪的部分事实清楚，证据确实、充分，指控的罪名成立，但指控余某潮利用职务便利非法占有公司财产 185 万元，用于购买佛山市房产、丰田牌轿车的证据不足，对此不予认定。最终判决被告人余某潮犯职务侵占罪，判处有期徒刑 6 年。［来源：北京市第二中级人民法院（2012）二中刑初字第 1422 号刑事判决书］

重审一审宣判后，被告人余某潮仍然不服一审判决，于 2013 年 1 月 23 日向北京市高级人民法院提出上诉。北京市高级人民法院经审理后于 2013 年 5 月 13 日裁定驳回余某潮的上诉，维持原判。［来源：北京市高级人民法院（2013）高刑终字第 196 号刑事裁定书］

7　原北京市公安局公共信息网络安全监察处副科长张某云涉嫌徇私枉法案

【指控内容】

2008年9月23日，张某云因涉嫌徇私枉法罪被北京市公安局刑事拘留，经北京市人民检察院第一分院批准于同年10月7日对其执行逮捕。因事实不清，证据不足，案件退回侦查机关补充侦查两次，期间延长审查起诉期限三次。2009年6月2日，北京市人民检察院第一分院以京一分检刑诉［2008］251号起诉书指控被告人张某云犯徇私枉法罪，向北京市第一中级人民法院提起公诉。

【法律意见】

辩　护　词

尊敬的审判长、审判员：

我是北京市金诚同达律师事务所律师，受本案被告人张某云的委托和事务所的指派，我依法担任本案被告人张某云的一审辩护人，出庭为他辩护。

接受委托后，我依法多次会见了本案被告人张某云；查阅了本案案卷材料；今天我又参加了本案的庭审，听取了本案的法庭调查。在此，我就北京市人民检察院第一分院京一分检刑诉［2008］251号起诉书指控张某云犯有徇私枉法罪一案，依据事实和我国《刑法》《刑事诉讼法》的相关规定，提出如下辩护意见：

起诉书关于被告人张某云“……为徇私情私利，以追究田某某刑事责任为目的，采取伪造证据等违反法律的手段，对田某某立案侦查，致使田某某因伪造的证据而受到追诉”。犯有徇私枉法罪的指控，缺乏事实和法律依据，其指控不能成立。

一、被告人张某云主观上并无徇私枉法的犯罪故意

（一）被告人张某云无徇私、徇情的犯罪动机

我国《刑法》第399条第1款规定，“司法工作人员徇私枉法、徇情枉法，对明知是无罪的人而使他受追诉、对明知是有罪的人而故意包庇不使他受追诉，或者在刑事审判活动中故意违背事实和法律作枉法裁判的，处五年以下有期徒刑或者拘役；情节严重的，处五年以上十年以下有期徒刑；情节特别严重的，处十年以上有期徒刑”。从《刑法》对徇私枉法罪的定义来看，构成此罪的主观要件是故意犯罪，且要有徇私、徇情的动机。但是，在本案中，被告人张某云与瑞星公司、东方微点公司及田某某无任何利害关系，无任何徇私、徇情的犯罪动机，且其从始至终未收受任何好处或贿赂。

本案中，无任何证据显示被告人张某云在办理田某某涉嫌破坏计算机信息系统和侵犯商业秘密案件中有私情、私利。唐某某的证言（2008年8月11日对唐某某的调查笔录第7页）证明，于某于2003年就与瑞星公司赵某某相识，并且收受过赵某某给予的“好处”，而被告人张某云与瑞星公司及赵某某无任何经济往来，也无任何利害关系，在办理田某某涉嫌破坏计算机信息系统和侵犯商业秘密案件中张某云无任何私情、私利可徇。如果公诉人非要牵强的将“保住工作”“怕下沉”作为被告人张某云的私利，那么这样的私利每个司法工作人员都在徇，“保住工作，保住饭碗”并不是刑法意义上的私利，因为这是每个人的合法权利和义务，张某云保住工作的目的并不违法，此目的的实现也不能使被告人张某云的现有利益增加，而只是不使其现有合法权益减损，其并未非法获取任何利益。因此，本案中，被告人张某云并无《刑法》第399条规定的徇私、徇情的动机，不符合徇私枉法罪的犯罪构成主观要件。

（二）被告人张某云并不知道于某制造假案、迫害东方微点公司的故意，更不明知田某某无罪

在办理田某某涉嫌破坏计算机信息系统和侵犯商业秘密案件中，张某云的所有行为均是按于某要求，在于某的指挥下进行的，可以说张某云在此案的侦查中并无任何完全独立自主的行为，张某云只是个执行者，上述行为均

不是其个人意志积极追求的结果，而是被动的服从和执行领导交办的任务，经济损失证明材料的形成、资产评估机构的委托以及报案材料的形成均是于某已经计划或者安排好的，张某云只是承担了一个取件、联系的功能，张某云只是一颗“棋子”，完全没有独立意志。其不知道于某和瑞星公司及赵某某的关系，如果其对于某的目的明知，那么张某云断不会盲目服从领导，因为其只是为了保住工作，如果与于某一起制造假案，那么无疑违法且会被追究刑事责任，这样的结果和其目的是严重背离的，不但保不住工作还有可能失去人身自由，这样简单的一个权衡张某云肯定是清楚的。

在办理田某某涉嫌破坏计算机信息系统和侵犯商业秘密案件过程中，被告人张某云虽然为承办人，但是并不是每一个办案环节他都参与，对于李某出具病毒同一性鉴定结论为虚假、齐某篡改专家论证意见等重要事件其均不知情。而这两份材料恰恰是田某某涉嫌破坏计算机信息系统罪一案的关键证据，被告人张某云因不知情所以信以为真，并在这两份关键证据的基础上开展了进一步的侦查工作。在田某某案件中，网监处通过对东方微点公司的网络苏境进行的安全检查发现该公司病毒测试网与互联网连接，田某某也确实下载了瑞星公司的病毒库，而且李某出具了病毒同一性的鉴定结论，专家出具了病毒传播唯一性的专家意见，此种情况下对后两份证据信以为真的被告人张某云如何能明知田某某无罪？

二、起诉书指控被告人张某云“在明知北京健桥证券有限公司北京营业部、北京思麦特管理顾问有限公司的计算机没有遭受病毒感染造成损失的情况下，仍按照北京市公安局公共信息网络安全监格处原处长（另案处理）的指示，分别诱使上述公司出具虚假的计算机病毒感染损失证明材料”，此指控证据不足，不能成立

1. 被告人张某云并不明知北京健桥证券有限公司北京营业部（以下简称健桥公司）、北京思麦特管理顾问有限公司（以下简称思麦特公司）的计算机没有遭受病毒感染造成损失。

第一，健桥公司和思麦特公司的计算机于 2005 年确实遭受了病毒感染，这是事实，而不是起诉书中所说的两个公司没有遭受病毒感染。2008 年 8 月 12 日对健桥公司总经理陈某的调查笔录中（第 6 卷第 193 页），陈某陈述

“当时我们公司的电脑用的是诺顿杀毒软件，网监处工作人员调出了诺顿杀毒软件的杀毒记录，并做了截屏取证”。2008 年 8 月 1 日对思麦特公司法定代表人牛某某的调查笔录中（第 6 卷第 213 页），牛某某陈述，“在他们调查过之后，包括现在，我们的电脑也还感染过病毒”，“当时（2005 年 5、6 月）瘫痪的电脑主要有我的电脑、某某的电脑和某某的电脑……当时电脑的表现就是运行速度越来越慢，甚至就是死机导致开不了机”，这些证言证明两个公司的计算机 2005 年确实被病毒感染过。

第二，健桥公司及思麦特公司计算机受到病毒感染后是否造成损失被告人张某云并不知道，因此其才按照于某的指示对健桥公司进行了调查取证工作。对思麦特公司进行调查取证的工作是由齐某进行的，所以对思麦特公司是否有病毒感染、是否有损失在调查结束前其不知情。

第三，在调查取证工作中，健桥公司对“损失”的概念及范围不清楚，在此情况下被告人张某云进行了解释和阐明（第 6 卷第 194 页），这种行为并不是起诉书中所说的“诱使”行为，而只是一种释明行为。况且，计算机感染病毒是否造成损失不是一个主观问题，而是一个事实问题，这一事实不因受害人的主观意志为转移，调查这一事实是侦查机关的法定职责，在无证据证实的情况下，无论是谁对健桥公司计算机受病毒感染是否造成损失都不会明知，而且损失最终由评估机构评估后才能相对确定。因此，起诉书说张某云明知健桥公司、思麦特公司没有遭受病毒感染造成损失既不符合事实，也不符合逻辑。

2. 健桥公司和思麦特公司出具的证明材料并不虚假。

第一，起诉书对被告人张某云和齐某并案起诉，却将二人实施的行为混淆，思麦特公司损失的调查取证工作是由齐某进行，被告人张某云并未参与，更未实施诱使思麦特公司出具虚假的计算机病毒感染损失证明材料，该材料是否虚假张某云也不知情。

第二，健桥公司的损失证明材料系公司自愿出具，签章真实，形式上完全合法，无虚假之处。内容上，健桥公司客观上确实因病毒感染受到了损失，该证明材料在数额上也许有所夸大，但该公司出具损失证明材料上明确写明“目前我公司初步估算损失拾万元，详细损失正在估算中”（补充侦查卷补 4

卷第3页），造成了多少损失这是一个专业性的问题，因此才必须由评估机构来进行评估，受害人自己也说了是初步估算，因此受害人自己出具的损失证明与实际损失有所偏差是正常的，不能因为数额上的偏差就说该证明材料是虚假的。

3. 被告人张某云向健桥公司调查取证的行为是在于某的指示下进行的，而非其主观独立决策的后果，其只是按照领导的交代、根据领导的指示开展工作，且其并不知道于某陷害东方微点公司的意图和目的，只是为了完成工作任务，因此其在调查取证工作中可能有工作方式方法的错误，但绝不是犯罪行为。

三、起诉书指控“被告人张某云于2005年10月明知调取的上述证明材料是虚假的情况下，仍按照于某的指示，委托不具备资产评估资质的中润华会计师事务所为上述公司进行计算机病毒侵害损失的资产评估”，此指控证据不足，与事实严重不符

1. 健桥公司出具的损失证明材料并不虚假，思麦特公司出具的损失证明材料是否虚假张某云不知情。此点上述第二项已做说明，此处不赘述。

2. 中润华会计师事务所具有资产评估资质，其持有北京市财政局颁发的合法的资产评估资格证书（补充侦查卷补4卷第45页），而不是起诉书所说的“不具备资产评估资质”。

3. 被告人张某云虽然按照于某的指示委托中润华会计师事务所进行损失评估，但其并不知晓该事务所不具备司法评估鉴定资质：找中润华会计师事务所做损失评估是于某安排的，2008年8月13日对赵某某的调查笔录中，赵某某陈述“于某给我打电话，让我给他找一个熟一点的会计师事务所，评估田某某盗窃病毒库对我们公司造成了多大损失……”赵某某随后就找到邹某某，“邹某某说给钱就能作（评估）”。由此看出，被告人张某云在委托中润华会计师事务所对健桥公司和思麦特公司进行损失评估之前，该事务所已经根据瑞星公司的委托为瑞星公司做了病毒库价值的评估，张某云是在该事务所已经接受了瑞星公司的委托并进行评估的过程中才介入的（补三卷2009年2月18日对邹某某的询问笔录第1页）。如果不是于某和赵某某的安排，张某云根本不会知道这家会计师事务所。

被告人张某云针对中润华会计师事务所的司法鉴定资质进行了调查，履行了职责。首先，其就此事询问过邹某某，2008 年 8 月 20 日 14：40～17：00 对邹某某的调查笔录中，邹某某陈述“2005 年 7 月……赵某某说是田某某窃取了他们公司的病毒库，公安局现在查这个案子，需要做病毒库的价值鉴定，我们觉得可以做，就准备做进一步接受委托的事情了”。“在我们刚开始工作的时候……张某云问我们单位有没有鉴定资格，我说我们单位有司法会计的鉴定资格”，邹某某的口供证明，在张某云向其询问鉴定资质时其没有明确告知张某云中润华会计师事务所没有司法评估类的鉴定资质，刻意隐瞒了这一事实，并且在张某云询问资质前他就已经接受了瑞星公司的委托进行了病毒库的价值评估，邹某某是故意隐瞒鉴定资质的事实真相。其次，张某云还在司法鉴定人名册中进行了查询，中润华会计师事务所确实在该名册中，但是囿于专业知识的欠缺，其对司法鉴定资质类别未能区分、对司法评估资质和司法会计资质的区别这一专业问题不清楚，因此经询问和查询后，其就认为该事务所有司法评估鉴定资质，这是其主观认识的局限性所致，而非故意为之。再说，张某云将这些从中润华会计师事务所了解的情况如实向市局法制办、市检察院批捕处进行了汇报并提交了中润华会计师事务所的相应证书，对此各审批单位都未提出异议。

四、起诉书指控被告人张某云“于 2005 年 9 月在没有相关报案材料的情况下，按照于某的指示，分别要求北京江民新科技术有限公司、北京金山软件有限公司、北京启明星辰信息技术有限公司出具虚假的报案材料”与事实不符

2008 年 9 月 9 日对张某云的调查笔录中，张某云陈述“于某说王某某给他打电话，告诉他有老病毒爆发，还说齐某那每个月都接到病毒播报，都是老病毒。于某让我找江民公司的严某某要报案材料。严某某写了一份报案材料通过邮件发给我，我给于某看，于某告诉我应该怎么改，我就按他说法改了发给严某某，严某某又给发回来”。

2009 年 1 月 13 日对江民新科技术有限公司副总经理严某某的调查笔录第 4 页，严某某陈述“报告（《关于 2005 年上半年我市爆发病毒情况的汇报》）是我起草的，内容是按照网监处提供的时间段的要求完成的”。“当时是网监处提供了几个地址段，让我们来找，是否有这几个地址段的病毒，我们在我公司技术人员的协助下，找到了上述两个地址段有病毒，于是就起草了上面的话。”

2009年1月13日对齐某的讯问笔录中，关于报案材料齐某供述“于某在分工时吩咐：张某云负责江民公司，让我负责金山公司、启明星辰公司、赛门铁克公司……”“于某说江民公司写的还可以，你到张某云那拷过来……之后我从张某云那拷了江民公司写的报告作为模板，我让赵大鹏给金山公司的李某某、启明星辰公司的蔡某某、赛门铁克公司的黄某发的电子邮件。”赵大鹏、李某某、蔡某某的证言与齐某的供述相符。

从上述内容可以看出：（1）被告人张某云没有要求北京金山软件有限公司、北京启明星辰信息技术有限公司出具报案材料，这两个公司报案材料的取得是由齐某负责的；（2）被告人张某云也未要求江民公司出具虚假的报案材料。严某某的上述证言证明，江民公司出具的报案材料内容是经过了核实的，并且系其公司自愿签章。

五、东方微点案系于某一手炮制，被告人张某云系被蒙蔽、被利用

在本案的卷宗中对北京市公安局网监处的工作人员尤其是干部进行询问的笔录中，几乎从每个网监处领导的证言都能看出于某在网监处的大权独揽和专横霸道，几乎每一个处领导都受到于某排挤、批评或忌恨，在东方微点案件中，几乎每一个干部都迫于于某的势力做了违反程序的事情。

在对网监处办公室副主任李某某的调查笔录中（第6卷第7页），李某某陈述因为于某的批评，其不经审核，在不了解案情、不知道够不够刑事立案条件时就在呈请立案报告书、审批表上签字同意，“于某让干什么就干什么”；在对网监处原副处长张某某的询问笔录中（第5卷第23页），张某某陈述“我当年跟于某有矛盾，基本不让我参加工作，主管案件的赵处长休假了，处里的同志都回避这事不敢接”；在对网监处副处长赵某某的询问笔录中（第5卷第27页），赵某某陈述，“我怕参与到两个病毒公司的利益关系里面，我劝于某他也不听，我就休假躲了……案件前期于某让我签字，我只能签字了，后期我不签字，于某忌恨我”。

“这个案件从来没正式在处里讨论过，这个案件是于某一手抓的，我们这几个处领导都不清楚这个案件”；在对网监处原案件队队长唐某某的询问笔录中（第5卷第31页），唐某某陈述“在办理案件过程中，我跟于某产生分歧，我就休假躲了”，“看到这种情况，我觉得要出大事，就向我们单位网监处的办公室提出辞职”。从这些内容我们可以看出，上述领导对东方微点案件都有自己的看法，并且都知道这起案件中有违反程序的地方，但从来都没有人敢站出来指明东方微点案件是假案，反而人人都求自保、都持放任态度，可见于某的专横与霸道。如果在立案、侦查的任何一个环节，有任何一位领导能顶住压力不进行审批，那么作为一个对立案、拘留、逮捕等环节均无决定权和批准权的普通警察张某云来说，是不可能把案件继续办下去的。被告人张某云在办案过程中可能因缺乏经验、缺乏专业能力等原因而造成错误，但工作失误并不等于犯罪，况且这种失误可以说是集体的失误。

六、被告人张某云的行为符合《人民警察法》的有关规定，不构成犯罪，依法不应被追究刑事责任

《人民警察法》第32条规定，“人民警察必须执行上级的决定和命令。人民警察认为决定和命令有错误的，可以按照规定提出意见，但不得中止或者改变决定和命令的执行；提出的意见不被采纳时，必须服从决定和命令；执行决定和命令的后果由作出决定和命令的上级负责”。本案中，被告人张某云的行为均是在领导于某的指示和命令下作出的，是一种执行决定和命令的职务行为。起诉书对被告人张某云的指控也均认定张某云的各项行为均是“按照于某的指示”，根据上述规定，被告人张某云对上级的决定和命令必须执行，即使认为决定和命令有错误，也不得中止或者改变决定和命令的执行。上述规定也明确指出，被告人张某云执行决定和命令的后果应由于某负责，而不应由具体执行命令的警察张某云负责。被告人张某云的行为不具有刑事违法性，不应作为犯罪处理。

《人民警察法》第33条规定，“人民警察对超越法律、法规规定的人民警察职责范围的指令，有权拒绝执行，并同时向上级机关报告”。也就是说，被告人张某云对超越其职责范围的指令才有权拒绝执行，而本案中，于某指示和命令张某云实施的均是刑事侦查行为，《人民警察法》第6条第1项明确规定预防、制止和侦查违法犯罪活动是人民警察的职权，本案中于某指示被告人张某云实施的刑事侦查行为并未超越其职责范围，被告人张某云无权拒绝执行，只能服从并执行。

因此，被告人张某云执行上级的决定和命令的行为完全符合《人民警察法》的规定，依法不构成犯罪，不应被追究刑事责任。

七、网监处原处长于某是本案关键证人，对于查清案件事实有重要作用，但是本案中缺少于某的口供，缺乏重要证据，依法应当中止审理

起诉书指控被告人张某云实施的各项行为中均诉称各行为是“按照于某的指示”，但本案案卷中无任何对于某的讯问笔录，据了解本案检察官也未见过对于某的讯问笔录，于某如何供述我们完全不知道。作为主犯的于某，虽依法可以另案处理，但其还是本案关键证人，其供述是本案的重要证据。没有于某的供述，本案证据链就缺少了重要一环，被告人口供、证人证言无法相互印证形成完整证据链。网监处原处长于某对本案被告人做了哪些指示、是以何种形式指示、指示的内容是什么、被告人为何接受指示等，这些事实对本案被告人张某云罪与非罪、定罪量刑都至关重要，但是现在我们未看到于某的任何口供，本案的重要事实尚不清楚，依法应当中止审理。

八、如果法庭认为根据目前这些证据仍能认定被告人张某云构成徇私枉法罪，则辩护人请求法庭在对张某云定罪量刑时考量张某云在本案中向检察机关和法庭如实陈述了事实经过，其并未非法获利，并无恶劣的犯罪动机，且张某云无前科，是初犯，均是受上级领导于某指令行为，无恶劣的犯罪恶意，在定罪量刑时酌情予以考虑和定夺，对张某云依法应酌情从轻、从宽处罚

刑罚的目的在于通过给犯罪行为人定罪量刑惩罚犯罪，教育人民，教育社会，而不是对犯罪行为人身心的惩罚。在本案中，被告张某云初为人父，但却至今未亲眼见过自己的孩子，在孩子人生开始的重要阶段其不能相伴养育、享受天伦之乐，这已经是对他最大的惩罚。且其家中还有病重的母亲、年迈且经历了四次心脏搭桥手术的父亲和刚因车祸致残的弟弟需要照顾，妻儿也需要他扶养和抚养，其本人也已悔过，恳请法庭本着实事求是和治病救人的方针区别对待，从轻、减轻对他的处罚，给他一条改过自新的生路。辩护人相信，这次的公诉和审判已对他的人生产生了重大的教育和警示作用。

综上所述，被告人张某云主观上无徇私枉法的犯罪故意，客观上未实施起诉书指控的犯罪行为，公诉人指控被告人张某云犯有徇私枉法罪的罪名不能成立，请求法庭排除一切干扰，以事实为依据，以法律为准绳，对本案作出公正的判决，依法宣告被告人张某云无罪。

此致

北京市第一中级人民法院

辩护人：北京市金诚同达律师事务所

原　伟　律师

2009 年 7 月 2 日

【案件结果】

2009 年 8 月 7 日，北京市第一中级人民法院经审理认为，被告人张某云在共同犯罪中起辅助作用，系从犯，且认罪、悔罪，依法对其予以减轻处罚，并适用缓刑。法院判决被告人张某云犯徇私枉法罪，判处有期徒刑 3 年，缓刑 3 年。[来源：北京市第一中级人民法院（2009）一中刑初字第 1940 号刑事判决书]

8 原兴隆县兆隆矿业有限公司董事长吕某云涉嫌虚开增值税专用发票、虚开用于抵扣税款发票、重大劳动安全事故、保险诈骗、非法占用农用地案

【指控内容】

2012 年 1 月 8 日，吕某云因涉嫌虚开增值税专用发票罪被河北省兴隆县公安局刑事拘留，经河北省兴隆县人民检察院批准于同年 1 月 11 日对其执行逮捕。2012 年 5 月 9 日，兴隆县公安局、兴隆县森林公安局侦查终结，以吕某云涉嫌虚开增值税专用发票罪、虚开用于抵扣税款发票罪、保险诈骗罪、重大劳动安全事故罪、非法占用农用地罪向河北省兴隆县人民检察院移送审查起诉。2012 年 5 月 18 日，河北省兴隆县人民检察院以兴检刑诉［2011］40 号起诉书指控被告人吕某云犯虚开增值税专用发票罪、虚开用于抵扣税款发票罪、保险诈骗罪、重大劳动安全事故罪、非法占用农用地罪，向河北省兴隆县人民法院提起公诉。

【法律意见】

辩 护 词

尊敬的审判长、审判员：

我们是中华人民共和国执业律师，受本案被告人吕某云的委托及北京金诚同达律师事务所的指派，依法担任被告人吕某云的辩护人，并出庭为他

辩护。

在办理本案过程中，我们依法多次会见了被告人吕某云，查阅了案卷材料，并出席了8天的庭审，在此，我们根据本案的案情、证据和《刑法》及相关司法解释对虚开增值税专用发票罪、虚开用于抵扣税款发票罪、重大劳动安全事故罪、保险诈骗罪、非法占用农用地罪的规定，针对本案公诉人河北省兴隆县人民检察院兴检刑诉［2011］40号起诉书对本案被告人吕某云犯有虚开增值税专用发票罪、虚开用于抵扣税款发票罪、重大劳动安全事故罪、保险诈骗罪、非法占用农用地罪的指控，依法发表如下辩护意见：

一、关于虚开增值税专用发票罪

公诉人指控，被告单位兴隆县兆隆矿业有限公司（以下简称兆隆矿业）没有货物购销活动，而让他人［唐山伟明商贸有限公司（以下简称唐山伟明）49份、遵化市兆隆选厂418份］为自己开具增值税专用发票467份，抵扣增值税款5,223,169.11元人民币；没有货物购销活动，而为他人（遵化市兆隆选厂）开具增值税专用发票325份，抵扣增值税款4,618,789.50元人民币；虽然进行了经营活动，但让他人（遵化市兆隆选厂）为自己代开增值税专用发票131份，抵扣增值税款2,208,409.28元。被告人吕某云作为直接负责的主管人员，对虚开增值税专用发票抵扣税款120,503,670.89元负责。这一指控涉及4项行为，辩护人分别发表辩护意见：

（一）关于2007年5月兆隆矿业与唐山伟明7600吨铁粉购销业务所涉增值税专用发票。辩护人认为此笔业务为真实交易，兆隆矿业及被告人吕某云不存在虚开增值税专用发票的行为，起诉书认定事实错误，该项指控不能成立

就7600吨铁精粉购销业务而言，被告人吕某云的口供一直坚称该项7600吨铁精粉购销业务为真实交易，其他同案被告人及证人证言也从未有过该项业务为虚构或虚假的陈述，即没有证据证明该项业务为虚假交易。兆隆矿业与唐山伟明签订了真实的铁精粉购销合同（第8卷第1页），唐山伟明也在同一时间有7600吨铁精粉的出库凭证，被告人吕某云亦代表兆隆矿业以承兑汇票和现金方式向唐山伟明支付了7600吨铁精粉的价款5,496,320元，被告人吕某云关于此笔购销业务真实性的口供和书证相符。此外，该项业务

经河北省乐亭县国家税务局稽查局于2008年对唐山伟明进行专案稽查时，乐亭县国税局就已经进行了调查并作出了结论，在该局作出的《专用发票案件协查报告》（案卷第12卷第13页）中明确作出“经对该公司（兆隆矿业）该笔（与唐山伟明7600吨）铁粉购进业务进行检查，未发现税收违法问题”的结论。

上述证据都证明，兆隆矿业向唐山伟明购进7600吨铁精粉的业务是真实的，该笔业务涉及的49张增值税专用发票的开具、抵扣均是合法的。即使如公诉人所称兆隆矿业向唐山伟明背书转让的400万元承兑汇票是伪造的，但该承兑汇票的出票人并非兆隆矿业，即该汇票不是兆隆矿业伪造，该汇票经多次背书转让，兆隆矿业只是从其前手处取得票据权利，而且该汇票背书是连续的，即该承兑汇票形式上是真实有效的，兆隆矿业或被告人吕某云并不知道该承兑汇票是假的，也没有证据证明他知道这张承兑汇票是假的，在兆隆矿业将该承兑汇票按法律规定的形式背书给唐山伟明后，其当然已经履行了付款义务。

公诉人在上述证据足以证明该笔业务真实存在的情况下，仍指控兆隆矿业公司虚构购进7600吨铁粉的业务是没有依据的，据此指控被告人吕某云作为直接负责的主管人员对因此而“虚开增值税专用发票”负有责任，辩护人认为显属无源之水、无本之木，指控不能成立。

我国《刑法》第205条规定，虚开增值税专用发票的行为是指没有货物购销或者没有提供应税劳务，为他人虚开、为自己虚开、让他人为自己虚开、介绍他人虚开增值税专用发票，或者虽有货物购销、提供或者接受了应税劳务，但为自己、为他人、让他人为自己、接受他人开具数量金额不实的增值税专用发票的行为。本项指控中，增值税专用发票开票方为唐山伟明，根据上述规定，只有兆隆矿业让唐山伟明为自己虚开或者接受唐山伟明开具数量金额不符的增值税发票时，兆隆矿业才可能构成犯罪。但在本案中，没有任何证据证明唐山伟明是根据兆隆矿业或被告人吕某云的要求而开具增值税专用发票，且唐山伟明开具的49张增值税发票数量、金额均与实际业务相符，不存在刑法规定的虚开增值税专用发票的情形。因此，起诉书该项指控认定事实错误，对被告人吕某云的该项指控不能成立。

（二）起诉书指控在2009～2011年，被告人吕某云虚构兆隆矿业向遵化兆隆选厂（以下简称兆隆选厂）销售43,582.33吨铁粉业务，并安排李某某、王某某开具兆隆矿业为卖方、兆隆选厂为买方的增值税专用发票325份，抵扣税款4,618,789.50元。同时指控，2008～2010年，被告人吕某云虚构兆隆矿业与兆隆选厂41,888.27吨铁粉业务，安排王某某开具兆隆选厂为卖方、兆隆矿业为买方的增值税专用发票418份，抵扣增值税4,590,849.11元。辩护人认为此两项指控事实不清，证据不足；对公诉人指控被告人抵扣税款金额的计算方法，辩护人也有异议

就本案而言，公诉人提交的证据显然不足以证明被告人虚构了兆隆矿业与兆隆选厂之间的购销业务。从本案庭审调查的事实来看，兆隆矿业已与其他单位签订了供货合同，这是其与兆隆选厂签订购销合同的背景。况且，即使销售业务是虚构的，税务机关同样将依照税法征收增值税。因此，在通常情况下，兆隆矿业没有虚构销售业务的必要；从该企业生产经营和管理的情况看，兆隆矿业的账簿记载不完整、记账不及时、核算错误，特别是，当地主管税务机关和检察机关都曾调取兆隆矿业的账簿和其他财务资料，且一直没有归还，严重影响了该企业的记账和会计核算活动。因此，仅凭兆隆矿业现有的账簿记载内容、被告人供述、证人证言并不能证明兆隆矿业生产经营的全部客观实际情况。此外，现实情况多种多样，企业即使不生产或生产产量不足，也可以通过购进货物的方式增加库存，并增加对外销售量，以产量不足作为虚构购销业务的因素同样是错误的。因此，辩护人认为，仅依据兆隆矿业、兆隆选厂的账簿记载、被告人供述及证人证言，不能必然得出被告单位兆隆矿业和被告人吕某云虚构销售业务的结论。

公诉人在发表公诉意见时称，兆隆矿业和兆隆选厂之间的业务属于加工，因而兆隆矿业按照销售而开具增值税专用发票属于虚开增值税专用发票，这种理解是不正确的。《增值税暂行条例》明确规定了销售货物和提供加工、修理、修配服务均属于增收增值税的范围。兆隆矿业与兆隆选厂是不同的法律主体，相互之间的货物移动不属于视同销售的情形。因此，该笔业务的性质应当根据双方的意愿确定，而不能由国家机关在没有根据的情况下任意推定。在本案中，兆隆矿业和兆隆选厂均将相互之间的交易按照购销业务记账，

填制了相应的单据，并向各自的主管税务机关进行了纳税申报，依法缴纳税款。辩护人认为该项指控所涉交易均为独立的购销活动，公诉人的指控及理由不成立。

此外，公诉人指控被告人兆隆矿业、兆隆选厂及吕某云虚开增值税专用发票抵扣税款的计算方法也存在错误。《刑法》规定的虚开增值税专用发票罪，是指违反有关规定，为他人虚开、为自己虚开、让他人为自己虚开、介绍他人虚开增值税专用发票，给国家造成损失的行为。从立法本意看，立法者之所以专设虚开增值税专用发票罪，其原因在于，增值税专用发票一旦被开出，受票人就可以用之抵扣税款，给国家造成税收损失。但本案事实完全不属于、不符合这样的情形。假使如公诉人所述不存在真实的交易，那么在同一纳税期间（当期），兆隆矿业和兆隆选厂相互虚开增值税专用发票，对任何一个纳税主体构成虚开增值税专用发票罪的指控也应以其当期销项税额与进项税额相减的差额作为“虚开的增值税税款数额”，而不应将销项与进项的税款数额简单相加。

本案中，公诉人未区分上述情况，将兆隆矿业抵扣的进项税额5,223,169.11元与兆隆选厂抵扣的进项税额4,618,789.50元相加，以两项之和作为指控被告人吕某云对该涉嫌虚开增值税发票罪的金额负有直接责任是错误的。

（三）起诉书指控，2011年8月至12月，被告人吕某云安排王某某将14,601.54吨铁粉以兆隆矿业为销货单位向遵化市胡庄子薪源混料加工厂（以下简称薪源混料加工厂）销售铁粉，而由兆隆选厂为兆隆矿业代开增值税专用发票131份，薪源混料加工厂抵扣增值税2,208,409.28元。辩护人认为，该项业务真实发生，并应购货方的要求开具发票，具体流程显示符合开具增值税专用发票的要求，故不应认定为虚开增值税专用发票行为。兆隆矿业并未让兆隆选厂为自己代开发票，公诉人的指控错误

公诉人指控的上述业务均系薪源混料加工厂与兆隆矿业、兆隆选厂三者之间实际发生的业务。据被告人吕某云所述，兆隆矿业向兆隆选厂开具了增值税专用发票，而后兆隆选厂再向薪源混料厂开票。可以看出，兆隆选厂及吕某云并无虚开增值税专用发票的故意。证据显示，薪源混料加工厂不但与

兆隆选厂签订了合同，而且通过网银向兆隆选厂支付了1500万元，兆隆选厂向薪源混料加工厂开具了发票。这些证据说明，公诉人指控兆隆矿业让兆隆选厂为自己代开增值税专用发票是错误的。吕某云对此也不应承担责任。

兆隆矿业向兆隆选厂开具增值税专用发票，意味着兆隆矿业已向兆隆选厂销售铁粉并先开具发票。根据《增值税暂行条例》第19条第1款之规定，兆隆矿业已发生纳税义务。同样，兆隆选厂向薪源混料加工厂开具增值税专用发票，意味着兆隆选厂已向薪源混料加工厂销售铁粉、取得收入并开具发票，依照前述规定，兆隆选厂已发生纳税义务。在此业务活动中，兆隆矿业向兆隆选厂开具发票，实际上可视为铁粉的所有权已移转至兆隆选厂，故兆隆选厂才可履行与薪源混料加工厂的供货合同。因此，兆隆矿业将铁粉直接运输至薪源混料加工厂及其后兆隆选厂向该购货方开具增值税专用发票是否构成虚开，应视具体情况而定。如果兆隆矿业向薪源混料加工厂供货并收取货款，却由兆隆选厂代为开具增值税专用发票，则兆隆矿业和兆隆选厂均构成虚开。但本案并非如此。实际上，只要兆隆选厂向兆隆矿业发出指令，将该批货物运至指定的到货地点——薪源混料加工厂，就完全符合了正常开具增值税专用发票的要求，而不构成虚开。公诉人未对这一情形予以排除，就指控兆隆矿业让兆隆选厂为自己虚开增值税专用发票是错误的。

事实上，上述行为的结果是，兆隆矿业向兆隆选厂销售货物，开具增值税专用发票并计算销项税额，向税务机关进行了纳税申报；兆隆选厂向薪源混料加工厂销售货物，开具增值税专用发票并计算销项税额，向税务机关进行了纳税申报。可见，无论是兆隆矿业，还是兆隆选厂，都未因与薪源混料加工厂的该笔业务而使相关纳税人无须承担纳税义务，未给国家造成税收损失。

即使按公诉人发表的公诉意见的逻辑，从主观来看，兆隆矿业或被告人吕某云主观上也不存在通过虚开行为达到非法抵扣税款或牟利的犯罪目的和犯罪故意，因而，其主观故意内容与客观危害行为的特征均与虚开增值税专用发票罪的构成要件不符，故不能仅根据货物从兆隆矿业发出而兆隆选厂开具了增值税专用发票就简单地推断兆隆矿业及被告人吕某云构成虚开增值税专用发票罪。

二、关于虚开用于抵扣税款发票罪

公诉人指控，兆隆矿业没有提供或接受应税劳务，为他人（唐山建龙实业有限公司）开具发票5份，为自己、让他人为自己开具发票3份，被告人吕某云作为直接负责的主管人员，对抵扣税款262,207.07元负责，指控吕某云犯有虚开用于抵扣税款发票罪。对此指控，辩护人分项发表意见如下：

（一）公诉人指控2007年5月25日，兆隆矿业在河北省乐亭县地税局庞各庄地税所取得虚构“田地”为承运人的“公路、铁路货物运输业统一发票”一份，后抵扣税款31,920元，被告人吕某云作为直接负责的主管人员对抵扣税款负责。辩护人认为这一指控事实不清、证据不足，指控不能成立

在本案中，被告人吕某云、李某某的口供均证明，此笔运输业务是张某某组织安排，兆隆矿业支付了运费，货物运输发票由张某某向被告人李某某提供，随后被告人李某某按规定进行了抵扣。这笔业务中，兆隆矿业作为支付运费的一方，承运人应当为其开具货物运输发票。税务机关代开运费发票的同时，应当依据规定进行审查，符合规定才能代开运输发票。该笔业务是张某某办理的，具体业务情况只有他才清楚。公诉人仅凭该发票记载的承运人“田某”的证言否定他自己承运过此笔业务，就指控属于虚开用于抵扣税款的发票，辩护人认为这种指控缺乏相关证据佐证，属于事实不清、证据不足，公诉人对被告人吕某云的此项指控不能成立。

（二）公诉人指控，兆隆矿业虚构购买唐山伟明铁粉业务，分别在兴隆县地税局半壁山分局、乐亭县地税局庞各庄地税所虚构“李某”“吕某某”为承运人的承运业务，开具“公路、内河货物运输业统一发票（发票号××1、××2）”二份，兆隆矿业抵扣税款203,070元，被告人吕某云作为直接负责的主管人员对抵扣税款负责。辩护人认为，此项指控事实不清，证据不足，指控不能成立

在本案中，除被告人王某某在一次口供中提到她跟被告人吕某云说兆隆矿业的利润率太高，被告人吕某云指示她开唐山伟明的运输发票外，没有其他证据佐证这一供述，被告人吕某云也未做过相对应的供述。且在庭审中，王某某本人就利润太高的解释，实际上仅是对兆隆矿业财务情况的理解，与应缴纳增值税根本就不存在任何关联性。

即使指控吕某云指示开票的原因在于“利润太高”，那么侦查机关和公诉人也应当查清是否存在这样的事实和前提。兆隆矿业当期的利润率有多少？该利润率是否属于较高或太高？按照税法应当缴纳的企业所得税额有多少？这些基本事实都没查清楚，就指控兆隆矿业和吕某云虚开增值税专用发票，既无关联性，也不具真实性。

因此，在基本事实不清的情况下，仅凭被告人王某某的一次供述即指控兆隆矿业及吕某云为增加成本而指示虚开用于抵扣税款的运输发票是不严谨的，证据也是不充分的。

（三）公诉人指控，被告人吕某云指使被告人王某某虚构“王某某”为承运人的承运业务，从兴隆县地税局半壁山税务分局为唐山建龙实业有限公司开具“公路、内河货物运输业统一发票”5份，并抵扣增值税27,217.07元。辩护人认为此项指控不成立，对吕某云也不公平

上述发票所涉及的业务，即向唐山建龙实业有限公司销售铁粉的业务是实际发生的，发票所列金额、运费均与实际相符。运输车辆是由兆隆矿业找的社会车辆承运，兆隆矿业完全可以在代为支付运费时要求开具运输发票。鉴于当时兴隆县地方税务局半壁山分局赵某某局长找到被告人吕某云，说要完成税收任务，要求兆隆矿业到地税局申请开具运输发票并缴纳税款，且同时期，当地其他同类型企业也被要求到地税局开票纳税。被告人吕某云因此让王某某到地税局办理开票纳税手续。这一行为，既是为了按照主管税务机关的要求将税源留给兴隆县，也是为了满足购货方的需要。税务机关应当依法审核，审核无误，才能开具发票并收取税款。至于地税局代开发票时为什么将承运人开为“王某某”，被告人吕某云并不知情。公诉人指控吕某云指使王某某虚构承运人为“王某某”的承运业务，缺乏证据佐证。事实上，兆隆矿业既无必要，也无可能在税务机关依法审查的情况下虚构运输业务而取得运输发票。如果该项指控成立，将呈现这样的结果：兴隆县却因此取得了税收收入，吕某云却为兆隆矿业没有必要的为他人申请代开发票行为承担刑事责任。这样的结果对吕某云显然是不公平的，也是不该发生的！

就上述两个罪名，从本案涉及的相关事实看，相关国家机关的某些做法对兆隆矿业的正常经营管理活动造成了很大的不便，例如，主管地税机关为

了完成地方税收任务而要求企业为承运人并非当地纳税人的运输业务到该机关开具运输发票，国税机关将企业的税控 IC 卡收归主管税务所控制。尽管给企业造成了很大的不便，但是税务机关却借此更加严格地控制了企业的开票行为。就本案而言，地税机关在审核后才为兆隆矿业涉及的业务代开了运输发票，国税机关在审核后才为兆隆矿业开具了增值税专用发票。因此，在相关税务机关未依法认定兆隆矿业涉嫌虚开增值税专用发票、虚开用于抵扣税款发票以前，公诉机关认定吕某云涉嫌虚开增值税专用发票、虚开用于抵扣税款发票犯罪是错误的。

本案的证据材料并未显示各主管税务机关对与兆隆矿业发生相关业务的单位是否涉嫌虚开增值税专用发票、虚开用于抵扣税款发票的行为进行了定性和处罚，相应地，认定兆隆矿业和吕某云涉嫌虚开增值税专用发票罪、虚开用于抵扣税款发票罪没有根据。

从提起公诉指控吕某云涉嫌虚开增值税专用发票犯罪、虚开用于抵扣税款发票罪的立案程序上看，本案违反了法律的规定。

需要指出的是，兴隆县公安局对兆隆矿业立案主要是依据承德市国家税务局稽查局出具的《涉税案件移送书》。事实表明，承德市国家税务局稽查局在稽查程序和稽查结论上均存在重大错误。首先，程序违法：第一，相关证据显示，该局发出《税务检查通知书》和《调取账簿资料通知书》的时间均为 2011 年 7 月 27 日，在无其他证据证明该案属于举报案件的情况下，显属违反规定程序；第二，该局向兆隆矿业送达《税务检查通知书》，无《送达回证》；第三，送达《调取账簿资料通知书》的《送达回证》上无人签收。因此，该次检查程序违法。其次，实体违法：该局制作的《税务稽查报告》中引用的法律依据中包括《发票管理办法实施细则》第 55 条，这是一条根本不存在的法律条文，该实施细则一共才 38 条！因此，兴隆县公安局立案所依据的《税务稽查报告》存在重大错误。

兴隆县人民检察院在税务机关移交案件的同时，也向兴隆县公安局递交了《案件线索移交函》。需要指出的是，该函件也存在问题：将运输发票的承运人“吕殿某”错误地表述为“吕建某”。而更重要的问题是，检察院所述“办案”系违法办案，毫无依据地将兆隆矿业的账簿资料调走，一直没有归还兆隆矿业。因此，除认为检察机关在此事项上违法外，辩护人有理由怀疑承德市国家税务局稽查局对兆隆矿业的稽查资料不是从兆隆矿业直接取得的，而是从相关国家机关处取得的。辩护人认为，承德市国家税务局稽查局未依法进行税务稽查，违反程序规定，剥夺了兆隆矿业陈述和申辩的权利、且间接剥夺了吕某云陈述和申辩的权利。

综上，就兴隆县人民检察院起诉兴隆县兆隆矿业有限公司、遵化市兆隆选厂、吕某云、王某平、王某英、李某某、王某莲涉嫌虚开增值税专用发票一案，我们认为，承德市国家税务局稽查局向兴隆县公安局移送该案不符合《税收征收管理法》第77条的规定，违反了《行政执法机关移送犯罪案件的规定》第6条和国家税务总局颁布的《税务稽查工作规程》第60条的规定。本案移送违法，兴隆县公安局应按规定予以退回，兴隆县人民检察院依法也应不予起诉：

1. 承德市国家税务局向兴隆县公安局移送本案时引用了《税收征收管理法》第77条规定，但该法第77条规定移送的涉税违法案件系偷税、逃避缴纳欠税、骗取出口退税、抗税和非法印制发票案件。

2. 根据《行政执法机关移送犯罪案件的规定》第6条的规定，承德市国家税务局稽查局移送本案，应当附有《涉嫌犯罪案件情况的调查报告》。但是，该局将“调查报告”曲解为《税务稽查报告》，完全不符合国家税务总局颁布的《税务稽查工作规程》第60条的规定。

《税务稽查工作规程》明确规定了税务稽查工作的程序及移送犯罪案件的条件。根据《税务稽查工作规程》的规定，税务稽查分为选案、检查、审理和执行四个步骤。只有经过审理后，才能将涉税犯罪案件移送公安机关。根据《税务稽查工作规程》第60条的规定，税收违法行为涉嫌犯罪的，在移送公安机关时，应当附送《涉嫌犯罪案件情况的调查报告》、《税务处理决定书》和《税务行政处罚决定书》的复制件，涉税犯罪的主要证据材料复制件，补缴应纳税款、缴纳滞纳金、已受行政处罚情况明细表及凭据复制件。从公诉人提交贵院的指控吕某云涉嫌虚开增值税专用发票的证据看，承德市国家税务局以其内部制作的《税务稽查报告》替代《涉嫌犯罪案件情况的调查报告》，属于对外不具有法律效力的内部文书，根本不应向公安局提交。

而且，该局也没有提交《税务处理决定书》和《税务行政处罚决定书》等法律文书复制件及兴隆县兆隆矿业有限公司补缴税款、滞纳金和已受行政处罚情况明细表及凭据的复制件，不仅程序违法，而且实体也违法。

国家税务总局之所以规定必须先出具《税务处理决定书》《税务行政处罚决定书》后才能移送，是为了依法保障国家征税权。我国《刑法》第212条规定："犯本节第二百零一条至二百零五条规定之罪，被判处罚金、没收财产的，在执行之前，应当先由税务机关追缴税款和骗取的出口退税款。"比照《刑法》其他各章各节，这是特殊的规定，即国家税款优先于罚金和其他财产刑。因此，承德市国家税务局稽查局在未依法作出税务处理决定和税务行政处罚前，即向兴隆县公安局移送涉税犯罪案件是违法的。

对于承德市国家税务局稽查局移送的不符程序及实体要件的涉税案件，兴隆县公安局无视法律规定，当晚受理，当晚立案，对于不属于紧急情况的案件实属神速！据此足以看出，兴隆县公安局根本没有认真履行审查职责。兴隆县人民检察院对于兴隆县公安局移送审查起诉的本案提起公诉，违反了《刑事诉讼法》第137条、第140条的规定。因此，公诉人指控吕某云犯虚开增值税专用发票罪、虚开用于抵扣税款发票罪的案件依法根本就不应进入刑事立案侦查程序，更不用说开庭审判了！

综上所述，我们认为本案立案即违法，在未经履行相关法定程序的情况下，公诉人就指控兆隆矿业及被告人吕某云涉嫌虚开增值税专用发票罪、涉嫌虚开用于抵扣税款发票罪，缺乏事实和法律依据，应依法对其宣告无罪。

三、关于重大劳动安全事故罪

公诉人指控，被告人吕某云在生产设施、生产条件不符合国家安全规定的情况下，安排工人生产作业，于2008年至2011年发生四次安全生产事故，致使四名工人死亡，指控被告人吕某云犯有重大劳动安全事故罪。辩护人认为，这一指控缺乏事实和法律依据，指控不能成立。

（一）被告人吕某云不符合重大劳动安全事故罪的主体要件

《刑法》第135条规定："安全生产设施或者安全生产条件不符合国家规定，因而发生重大伤亡事故或者造成其他严重后果的，对直接负责的主管人员和其他直接责任人员，处三年以下有期徒刑或者拘役；情节特别恶劣的，处三年以上七年以下有期徒刑。”根据此条规定，重大劳动安全事故罪为单位犯罪，但实行单罚制，只对直接负责的主管人员和其他直接责任人员处以刑罚，直接负责的主管人员是指厂长、经理，主管劳动安全的副厂长、副经理等，其他直接责任人员是指直接负责有关劳动安全和劳动卫生工作的安全员、电工等。在此不能对“直接负责的主管人员”扩大理解为公司的法定代表人。本案中，被告人吕某云仅是兆隆矿业的法定代表人，但并不是直接主管安全生产的主管人员，安全生产由矿长负责，被告人吕某云、王某某、吕某某的供述都证明了这一点。因此，被告人吕某云不是重大劳动安全事故罪的主体。

（二）公诉人指控的四起事件不属于劳动安全事故

根据《刑法》第135条的规定，重大劳动安全事故罪的构成必须是在安全生产设施或者安全生产条件违反国家规定，且因此造成人员伤亡时才有可能构成，即安全生产设施或安全生产条件违法与人员伤亡之间存在直接因果关系。但本案中，公诉人指控的四起人员伤亡事件与兆隆矿业的安全生产设施或安全生产条件无直接因果关系，四起事件均是意外事件而非劳动安全事故，均不构成重大劳动安全按事故罪。

在第一起事件中，死者刘某某是在颚式破碎机料仓中死亡，公诉人指控该入料口无安全防护设施是一种不正确、想当然的说法，作为矿山、矿厂普遍使用的一种机械，颚式破碎机料仓入料口根本不需要特别的安全防护设施，而且也没有任何证据证明工人刘某某是在工作时不慎落入料仓致死的，当时发现刘某某的唯一证人邓某某的证言证明他是在颚式破碎机料仓内发现了刘某某，刘某某怎么掉下去的、为什么掉下去的他均没看见，也没听见刘某某的喊叫声。也就是说，没有证据能够证明刘某某的死亡是因料仓入料口无安全设施而在工作时不慎落入致死。而在由兆隆矿业、兴隆县沙坡峪村委会、刘某某之子刘某三方签署的补偿协议书中，明确写明“甲方（兆隆矿业，下同）认为死者死因属死者突发病变造成自己跌入料仓造成死亡。甲方要求丙方（刘某，下同）做法医鉴定确定死因，丙方亲属刘某认定死因与甲方现场分析的一样，别无其他看法，不再做法医鉴定”。这一证据证明，刘某某系因突发疾病跌入料仓死亡，而非公诉人指控的因料仓入料口无安全防护设施而不慎落入料仓死亡，公诉人的此项指控与事实不符。

第二起事件中，死者李某在死前并不是兆隆矿业的职工，而是乔某某承包队雇用的人，李某驾驶的“四不像子车”也不属于兆隆矿业，起诉书认定错误。李某为了挣得运输费，自行购买拼装车为了到兆隆矿业运输矿石，兆隆矿业与李某之间没有劳动、聘用或雇佣关系，兆隆矿业也不向李某发工资，李某相当于运输业务的承包人，他发生的翻车死亡事件与兆隆矿业无关。而且，李某死亡时并不是在矿区内运输矿石，而是在试刹车时死亡，不属于劳动安全事故。

李某死亡事件发生时，被告人吕某云不在兴隆，而在北京，不清楚事情发生经过及李某死亡原因。被告人吕某云、王某某的当庭供述都证明了这一事实。

第三起事件中，磁选机的功能是将再利用粉状粒体中的铁粉除去，广泛适用于粒度3毫米以下的磁铁矿、磁黄铁矿、焙烧矿、钛铁矿等物料的湿式磁选，是产业界使用最广泛的、通用性高的机种之一，其工作原理是利用磁场磁力作用进行磁选，不需要额外增加安全防护设施。工人任某某的工作职责是看球磨机而非看磁选机，球磨机距离磁选机有十几米的距离，任某某在磁选机处死亡匪夷所思，也无目击者能够证明当时事情发生时的情况，也无证据证明任某某的死亡原因。无论是兆隆矿业还是被告人吕某云对任某某的死亡都不能预见，任某某的死亡与磁选机是否具有安全设施无因果关系，因此，此事件不属于劳动安全责任事故。任某某死亡后，兆隆矿业征求了村委会、死者家属的意见，死者家属及村委会均对死因无异议，均确认不是兆隆矿业的责任。

第四起事件中，段某某虽然是兆隆矿业职工，其驾驶的车辆也属兆隆矿业所有，但“四不像子车”是由卡车改装而来，是改装车而非“非法拼装车”。段某某驾驶的“四不像子车”是由卡车改装而来，改装的卡车系正常使用年限内的车辆，并非报废或存在重大安全问题的淘汰车辆，改装时也仅对车辆外观改变及车厢改短，以便于在矿区作业，而并未对车辆的方向控制系统、动力系统和制动系统进行改装，也没有质量监督或车辆检测的专门机构认定段某某驾驶的车辆不符合安全生产标准。包括兆隆矿业公司在内的兴隆县矿山大量使用此种改装车，而人员伤亡事件鲜有发生。因此，使用改装车在矿区内运输与驾驶员死亡之间无必然因果关系。段某某的死亡是因其违反操作规程，在上坡道上违反规定使用高速档而造成车辆侧翻，而非因兆隆矿业生产设施或安全生产条件违反了国家规定。其死亡与改装车辆之间不具有唯一、排他、必然的因果关系。

（三）本案中，公诉人没有提供证据证明兆隆矿业的安全生产设施或安全生产条件违反了国家规定

根据《刑法》第135条的规定，重大劳动安全事故罪的构成要件之一是安全生产设施或者安全生产条件不符合国家规定，本案中，公诉人指控兆龙矿业颚式破碎机料仓入料口无安全防护设施、“四不像子车”属于非法拼装车、磁选机缺乏安全防护设施，但并未提供证据证明上述颚式破碎机、“四不像子车”、磁选机违反了国家规定，也没有任何有权机关对上述四起事件的原因进行分析认定，根据现有证据不能证明上述四起事件的发生是因兆隆矿业生产设施或安全生产条件违反国家规定造成，公诉人也未能指出兆隆矿业或被告人违反了哪一条安全生产规定。而且，公诉人提供的、用于证明此项指控的第31卷中的被告人口供、证人证言中除记录员外，侦查员的签名均为他人代签，甚至有多份笔录无任何记录员和侦查人员签名，有的笔录更无讯问人和被讯问人的签名。公诉人在案卷中向法院提交的照片是侦查人员现在拍摄的，而不是上述四起事故发生时的现场照片，这些照片不能证明此前1至3年前的现场设备状况，无任何证据效力。这些证据制作程序违法，不能作为认定案件事实的依据。公诉人在庭审中提交的兴隆县公安交通管理局车辆管理所对未在该所登记的厂矿内部车辆出具的证明，没有任何法律效力。

公诉人提供的所谓用于证明事故原因系安全生产措施不合法的证据也都不是事故发生当时制作的，不能证明当时事故发生的原因，也不能证明事故发生是因兆隆矿业公司安全生产设施或生产条件不符合国家规定造成。

（四）兆隆矿业在事件发生前对员工进行了安全生产的培训和警示，事件发生后，兆隆矿业均与死者家属进行了协商和积极补偿，事件早已经全部和平解决。现在公诉人指控的四起事件是积年累月累积的意外事件，不属于重大劳动安全事故

因此，公诉人对被告人吕某云犯有重大劳动安全事故罪的指控缺乏事实

和法律依据，其指控不能成立。

四、关于保险诈骗罪

公诉人指控，被告人吕某云、王某某安排被告人乔某某以出险人李某发生井下事故为由向保险公司报案，并由王某某、乔某某组织李某家属开具证明材料。2009 年 2 月 17 日，吕某云委托杨某某领取了保险赔偿金 10 万元。辩护人认为公诉人的指控与事实不符。

李某不是兆隆矿业公司员工，被告人吕某云也未为李某投保，而是乔某某以被告人吕某云的名义为其承包队工人投保。公诉人仅根据保单投保人一栏填有吕某云的名字就认定涉案保险是吕某云投的保，缺乏事实和法律依据。对于认定投保人是否是吕某云和吕某云是否签署了“理赔委托书”，公诉人完全可以向保险公司调取投保的原始记录并委托刑事技术鉴定机构进行鉴定，以此确定投保人是否是吕某云及吕某云是否委托杨某某领取赔偿金，但公诉人并没进行此项工作。

从本案庭审调查的事实来看，被告人吕某云在这起事故发生前后几天身在北京，并不在兆隆矿业公司，被告人乔某某只是通过电话方式告知了被告人吕某云事故的发生，但并未告知被告人吕某云李某死亡的具体细节，被告人吕某云当时对李某的死因不知情，同案被告人乔某某、王某某的当庭供述都证明了这一点。因为李某不是兆隆矿业的工人，而是被告人乔某某承包队的工人，李某与兆隆矿业无劳动关系，被告人乔某某也当庭承认其和兆隆矿业之间有协议，约定了承包队工人的死亡由承包队自行承担责任，被告人王某某的当庭供述也证明了这一点。因此，兆隆矿业对李某的死亡从法律上说根本不需要承担任何赔偿责任，兆隆矿业也不需要编造保险事故骗保，兆隆矿业和被告人吕某云根本没有实施保险诈骗、骗取保险赔偿金的犯罪动机。

被告人吕某云虽然出具了李某发生井下事故的证明材料，但被告人吕某云是在不明真相的情况下应承包人乔某某的要求出具的，而且他也从未委托杨某某领取保险赔偿金，在侦查机关调取的证据《理赔委托书》（第 30 卷第 60 页）中，委托人处“吕某云”的签名与吕某云本人笔迹明显不同，不是吕某云本人签署，即被告人吕某云并未委托杨某某领取保险赔偿金，公诉人提供的这一证据系他人冒吕某云之名签名伪造，不能作为认定案件事实的依据。

公诉人至今也没有找到“理赔委托书”中列明的受委托人“杨某某”，其是否接受吕某云本人委托的事实，公诉人至今并未查清。且被告人乔某某当庭承认是其自己向保险公司报险，这一事实也充分证明吕某云并未实际参与保险诈骗，不能仅凭被告人吕某云在关于保险事故的证明上签了名字就认定被告人吕某云明知李某死因还故意编造事故原因。公诉人提供的司某某等人的证言及对吕某云的第4次、第7次供述因制作程序违法，依法不能作为认定案件事实的依据。因此，公诉人对被告人吕某云的此项指控缺乏事实和法律依据，其指控不能成立。

五、关于非法占用农用地罪

公诉人指控，自2003年以来，被告人吕某云在经营兆隆矿业期间，为建选厂、尾矿库及露天开采铁矿石，未经林业行政主管部门审核同意擅自征用村民山场、扩大占用林地面积，并损坏原有林地面貌，经林业工程师鉴定，兆隆矿业实际占用并毁坏林地面积为230.5亩。辩护人认为该项指控事实不清、证据不足，指控不能成立。

（一）非法占用农用地罪，是指违反土地管理法规，非法占用耕地、林地等农用地，改变被占用土地用途，数量较大，造成耕地、林地等农用地大量毁坏的行为。根据这一罪名规定，“数量”是否达到一定程度是罪与非罪、定罪量刑的关键因素，本案中，侦查机关显然未查明事实，公诉人提供的证据也不能证明征占数量，虽然公诉人提供了两份“鉴定”作为证据，但这两份证据存在重大瑕疵，不能作为定案依据

1. 鉴定程序存在瑕疵，鉴定人不具有作出鉴定所需的专业资质

从公诉人提交的证据来看，兴隆县森林公安局于2012年2月21日委托个人牛某某、柏某某对（兆隆矿业）占用农用地面积进行鉴定，后该局又于2012年5月5日聘请牛某某、柏某某个人对兆隆矿业占用林业面积进一步进行鉴定，并要求牛某某、柏某某当日出具鉴定情况和结论书面材料。

从这一过程可以看出，兴隆县森林公安局对同一事项两次委托相同“鉴定人”进行鉴定，并且要求鉴定人在接受鉴定聘请当日就出具鉴定结论，而鉴定人也确实就于2012年5月5日接受聘请当天出具了名为《鉴定》的书面材料，这样的鉴定毫无疑问是草率的、不独立的。

作出“鉴定”的牛某某、柏某某二人均为林业工程师（但其在两份鉴定上却冒充是鉴定工程师），其在鉴定落款处写的是“鉴定工程师”，在其后的工作说明中写的是“林业工程师”，且没有写明是哪个单位的“鉴定工程师”，其身份不统一、不明确，相矛盾，因此，其作出的“鉴定”不具有专业性、合法性，不符合鉴定结论的特征，不能作为刑事诉讼中的证据使用。

2. “鉴定人”作出的鉴定内容错误且不符合鉴定结论要求

牛某某、柏某某在接受委托后，分别于2012年2月23日和5月5日作出了两份鉴定而不是鉴定结论，我国《刑事诉讼法》第120条第1款规定，鉴定人进行鉴定后，应当写出鉴定结论，并且签名。从本案“鉴定人”出具的结果名称和内容来看，该鉴定就不符合鉴定结论的证据要求。

从内容上看，第一份鉴定所述鉴定日期为“20012年2月21日”，而今天才是公元2012年6月，20012年距今还有18,000年，这样的鉴定显然错误且不具有真实性，不能用作刑事诉讼证据。而且，该鉴定中明确写明“受森林公安局委托，兴隆县林业局技术人员与森林公安局干警徐某某、赵某某以及孤山子镇沙坡峪村八岔沟北沟及黑石沟林地现场进行鉴定……”也就是说，进行第一次鉴定的并非受委托的鉴定人，而是林业局技术人员与森林公安局干警。鉴定人并未独立的、基于其专业知识发表鉴定意见，而是受到了委托人的干扰，这样的鉴定违反了司法鉴定独立性原则，不能作为证据使用。此外，该鉴定作出的鉴定内容和结果均写明鉴定对象是“兴隆县兆龙矿业有限公司”，并称该公司“总计占用林地地面积307.4亩”，而本案中根本没有这个公司，因此此份鉴定也与本案无关，不能作为本案证据使用。

第二份于2012年5月5日作出的鉴定中，并未写明谁作出的鉴定，虽然在末尾处有牛某某、柏某某的签字，但鉴定内容中并未体现二人做了何种鉴定或如何鉴定，辩护人有理由怀疑该鉴定并非鉴定人所作。且此份鉴定载明，鉴定的作出是依据沙坡峪村十四组村民王某所指认的兆隆矿业占用林地现场进行鉴定，这个王某是谁？他的指认是否正确、符合事实？其指认的依据是什么？这些疑问侦查机关都未解决，鉴定人就根据此人的指认对此人指认的面积进行了鉴定，缺乏客观性和科学性。该份鉴定充其量只是对王某指认的面积做了鉴定，而不是对兆隆矿业占用土地面积的鉴定。

3. 公诉人对这两份“鉴定”的举证方式违法

公诉人将两份“鉴定”作为证据提交并当庭说明鉴定的主要内容，这种举证方式违反了最高人民法院《关于执行〈中华人民共和国刑事诉讼法〉若干问题的解释》第144条关于“鉴定人应当出庭宣读鉴定结论”及“鉴定人说明鉴定结论之前，应当在如实说明鉴定结论的保证书上签名”的规定，同时也违反了《刑事诉讼法》第121条关于“侦查机关应当将用作证据的鉴定结论告知犯罪嫌疑人、被害人。如果犯罪嫌疑人、被害人提出申请，可以补充鉴定或者重新鉴定”的规定。公诉人指控兆隆矿业非法占用农用地230.5亩显然是依据两份鉴定共同得出的结果，任何单独一份鉴定都不能得出这一数据，在第一份鉴定明显错误且与本案无关、第二份鉴定不客观的情况下，两份鉴定均不能作为刑事诉讼中的鉴定结论使用，因此公诉人的指控不能成立。

（二）公诉人提供的证据不能证明兆隆矿业征占的地块性质均为农用地

农用地，是指直接用于农业生产的土地，包括耕地、林地、草地、农田水利用地、养殖水面等。本案中，兆隆矿业通过与村民签订征用补偿协议确实征占了部分地块，但这些地块的性质并不都是农用地，兆隆矿业征用的村民蒋某某、乔某某、李某的土地为荒山，荒山不属于农用地，不能以非法占用农用地罪追究兆隆矿业及被告人吕某云的刑事责任。

因此，根据上述事实和理由，公诉人关于兆隆矿业和吕某云非法占用农用地的指控缺乏事实和法律依据，其指控不能成立。

六、本案在侦查、审查起诉中存在严重程序违法问题

1. 本案侦查机关对兆隆矿业、被告人吕某云涉嫌虚开增值税专用发票罪、虚开用于抵扣税款发票罪案件的受理、立案违反法律规定，立案错误。

2. 侦查机关在第一次对被告人吕某云讯问时未向其告知犯罪嫌疑人权利义务，且未如实、完整记录讯问情况。

被告人吕某云作为犯罪嫌疑人，侦查人员在2012年1月8日对其进行第一次讯问时将《讯问笔录》写为《询问笔录》（第一次），但在该份笔录内容中仍然使用“讯问”字样，且根据公诉人提供的证据来看，案卷中并未出现其他对被告人吕某云的第一次讯问笔录，很显然，该份被写为“询问笔录”的笔录就是当时对犯罪嫌疑人吕某云进行第一次讯问的笔录。从该份笔录内容来看，侦查人员在进行讯问时未向被告人吕某云告知犯罪嫌疑人权利义务，直到1月9日第二次讯问时才向被告人吕某云出示了犯罪嫌疑人权利义务告知书，而且侦查人员根本没有完整记录第一次讯问的内容，也未按照规定进行讯问。

《公安机关办理刑事案件程序规定》第178条规定，第一次讯问，应当问明犯罪嫌疑人的姓名、别名、曾用名、出生年月日、户籍所在地、暂住地、籍贯、出生地、民族、职业、文化程度、家庭情况、社会经历、是否受过刑事处罚或者行政处理等情况。但本案侦查人员在对被告人吕某云进行第一次讯问时根本没有上述项目或内容的记载，侦查机关此次讯问违法，此份笔录应当作为非法证据予以排除。

3. 侦查人员制作的讯问笔录、调查笔录、勘查笔录、搜查笔录中侦查员伪造签名或不签名，这些证据的制作违反法律规定，应当予以排除。

我国《刑事诉讼法》第95条、99条、100条规定，侦查人员应当在讯问笔录、询问笔录上签名。但在查阅案卷和质证过程中，辩护人发现，本案侦查人员存在多次、多处伪造签名的情况（详见附表）。例如，在对吕某云第8次讯问笔录（第4卷）中侦查员“任某某”在笔录末尾的签名与第9次、第10次（第4卷）及其他笔录中“任某某”的笔迹明显不同，第8次讯问笔录中明显为王某代签，而非任某某本人签名。第15卷第18页对郑某某的询问笔录后侦查员签名“田某”与第5卷第6页“田某”的签名笔迹明显不同，第15卷第22页也存在同样问题。对王某某第6次讯问中侦查员“于某某”签名也明显为侦查员任某某代签。在2012年2月21日兴隆县森林公安局制作的“现场勘验检查笔录”（非法占用农用地案卷第2卷）中，勘验人员徐某某、赵某某都未在勘验笔录末尾签名。侦查卷第31卷中所有笔录中除记录员外，其他侦查员均未在笔录上签名，甚至有两份笔录无任何侦查员、记录员的签名。

这些证据制作程序违法，不能作为定案依据，依法应当作为非法证据予以排除。

4. 在同一时间、两名侦查员竟然对不同犯罪嫌疑人进行讯问，这样的讯问笔录明显作假，应予以排除。

质证过程中，辩护人提出，对被告人王某某的第6次讯问时间是2012年

3月8日13：40～15：50，侦查员为田某、任某某，记录人为任某某；对被告人李某某的第6次讯问时间也是3月8日13：50～15：30，侦查员也是田某、任某某，记录人还是任某某。两名侦查员在同一时间居然对两名不同的犯罪嫌疑人进行了讯问，且分别制作了讯问笔录，辩护人有理由相信这两份讯问笔录涉嫌作假，这样的证据不具有合法性，不能作为证据使用，应当予以排除。虽然在庭审中，田某、任某某两名侦查人员作为证人出庭对上述两份笔录的制作过程出具了证言，侦查员的解释是时间记录为笔误，且说起始时间和终止时间均笔误，这一解释明显不符合常理，不能自圆其说，看守所值班日志的记载显示田某所称对李某某提讯的时间为其他警官在提讯，并有讯问笔录相佐证，田某、任某某两位警官的当庭证言与本案其他证据相互矛盾，不能证明上述两份笔录制作的合法性和真实性。这两份证据应当作为非法证据予以排除。

5. 本案中，公诉人提供的大量由兴隆县人民检察院于2009年、2010年制作的调查笔录制作程序违法，不能作为证据使用，应当予以排除。

庭审中，公诉人提供了大量由兴隆县人民检察院对被告人、证人制作的调查笔录作为指控涉税犯罪事实成立的证据，但这些调查笔录制作时间为2009年和2010年，彼时本案尚未立案，公安机关也未接警，兴隆县人民检察院对涉税案件也没有侦查权，兴隆县人民检察院无权对公民进行调查，这些时间由兴隆县人民检察院制作的调查笔录明显超越职权、违反程序。公诉人解释检察机关当时是在行使监督权，这一解释不能成立。《宪法》规定，人民检察院是法律监督机关，根据法律规定，其监督权的职能主要有：侦查监督、审判监督、审查逮捕、审查提起公诉、查办职务犯罪、不服民事行政判决监督、监狱、看守所、劳教所的监管改造活动是否合法实行监督，而不能在刑事案件尚未立案时对公民个人进行监督。

6. 税务机关制作的询问（调查）笔录不能直接在刑事诉讼中当证据使用，应当予以排除。

庭审中，公诉人提供了大量由乐亭县国税局和承德市国税局制作的询问（调查）笔录作为指控犯罪事实成立的证人证言，辩护人认为这些行政机关在行政执法过程中制作的询问（调查）笔录不能用作刑事诉讼中的证据。

《刑事诉讼法》规定刑事诉讼中，有权收集证据的只有审判人员、侦查人员、检察人员和辩护人，并且对收集证据的程序进行了严格的规定，尤其是对收集证人证言规定了严格的地点、时间、侦查人员等限制条件，并赋予证人相应的权利，以此来保证证据的真实性、客观性。而行政机关在行政执法过程中收集证人证言显然不是按照《刑事诉讼法》规定的程序收集，其制作的证人证言具有随意性，不能直接在刑事诉讼中作为证据使用。

7. 在侦查阶段，侦查机关干扰、阻挠律师递交委托手续、会见犯罪嫌疑人。

辩护人在接受被告人吕某云家属委托后，于 2012 年 2 月 20 日下午向侦查机关兴隆县公安局递交委托和会见手续但被拒收，辩护人申请会见犯罪嫌疑人的要求也多次被拒，兴隆县公安局的这种做法触犯了宪法和法律的相关规定，侵害了犯罪嫌疑人、被告人的合法权利，也让辩护人对侦查机关调查取证的合法性产生了怀疑，对侦查机关的这种程序违法行为应当坚决予以查处。

8. 本案案件最初来源为承德市国税局移送，案件移送侦查机关的时间为 2012 年 1 月 7 日，侦查机关接警时间为 2012 年 1 月 7 日 19 时，立案时间也为 2012 年 1 月 7 日，很明显，侦查机关在未经调查核实的情况下就快速进行了立案，接受移送到立案之间连基本的审查都没做！无论如何，本案侦查机关立案的时间为 2012 年，公安机关向检察机关移送的《起诉意见书》时间为 2012 年 4 月 30 日，而公诉机关出具的起诉书文号为（2011）40 号，也就是说，本案移送公诉机关审查起诉的时间居然早于侦查机关的立案时间。结合本案中存在的大量非法证据、违法证据的现象，辩护人完全有理由怀疑本案是一起受到非法干扰和影响的关系案。

综上，被告人吕某云作为兆隆矿业的法定代表人，虽然其对兆隆矿业的经营行为负有管理责任，但辩护人认为公诉人指控被告人吕某云构成虚开增值税专用发票罪、虚开用于抵扣税款发票罪、重大劳动安全事故罪、保险诈骗罪、非法占用农用地罪缺乏事实和法律依据，其指控不能成立。

当然，如果经过这 8 天的庭审，法庭仍然认为被告人吕某云的行为构成犯罪，请法庭考虑以下情节对被告人吕某云从轻处罚：

被告人吕某云到案后能够如实陈述，配合侦查机关的侦查，确有悔改表现，而且没有犯罪前科。公诉人指控的犯罪行为的发生与被告人吕某云法律意识淡薄有直接关系，也与我国税务征收管理制度的不完善及税务机关监管不力有关，被告人吕某云主观恶性不大。且被告人吕某云上有90多岁的老母亲，自己又患有心脏病、高血压、糖尿病、静脉血管曲张等多种疾病需要治疗，对其从轻处罚，不仅能够达到追究被告人刑事责任的目的，也能够体现出人民法院通过审判形式对确有悔罪表现和不再危害社会的罪犯给予的挽救和关怀作用，这也符合我国刑法以教育为目的、以惩罚为手段的立法宗旨。

最后，我们引用兴隆县人民法院墙上标示的一句非常好的铭言，“天平之上，法律事实慎权衡；法槌之下，百姓利益多思量”，恳请法庭排除干扰、公正审理本案，以事实为依据，以法律为准绳，依法对本案作出一个经得起历史考验的公正判决！

此致

河北省兴隆县人民法院

辩护人：北京金诚同达律师事务所

原　伟　律师

王朝晖　律师

2012年6月25日

【案件结果】

2012年8月7日，河北省兴隆县人民法院经审理后判决被告人吕某云犯虚开增值税专用发票罪，虚开用于抵扣税款发票罪，判处有期徒刑12年；犯重大责任事故罪，判处有期徒刑2年；犯保险诈骗罪，判处有期徒刑2年；数罪并罚，决定执行有期徒刑14年。［来源：河北省兴隆县人民法院（2012）兴刑初字第67号刑事判决书］

宣判后，被告人吕某云不服一审判决，于2012年8月15日向河北省承德市中级人民法院提出上诉，我继续担任其在二审阶段的辩护人。2012年10月25日，河北省承德市中级人民法院经审理认为，原判决认定上诉人吕某云等人犯虚开增值税专用发票罪等罪的事实，部分尚不清楚，裁定撤销原判并发回重审。［来源：河北省承德市中级人民法院（2012）承刑终字第00161

号刑事裁定书]

在诉讼过程中，公诉机关以补充证据为由，向河北省兴隆县人民法院提出撤诉并得到同意。2013 年 1 月 25 日，河北省兴隆县人民检察院以兴检刑诉［2013］11 号起诉书指控被告人吕某云犯虚开增值税专用发票罪等罪，再次向河北省兴隆县人民法院提起公诉。河北省兴隆县人民法院经审理后于 2013 年 3 月 25 日作出判决，仍然判决被告人吕某云犯虚开增值税专用发票、用于抵扣税款发票罪，判处有期徒刑 12 年；犯重大责任事故罪，判处有期徒刑 2 年；犯保险诈骗罪，判处有期徒刑 2 年。数罪并罚，决定执行有期徒刑 14 年。[来源：河北省兴隆县人民法院（2013）兴刑初字第 30 号刑事判决书]

本案重审一审宣判后，被告人吕某云仍然不服一审判决，于 2013 年 4 月 2 日再次向河北省承德市中级人民法院提出上诉。2013 年 5 月 24 日，河北省承德市中级人民法院经审理后裁定驳回上诉，全案维持原判。[来源：河北省承德市中级人民法院（2013）承刑终字第 00103 号刑事裁定书]

吕某云不服，继续向承德市中级人民法院提出申诉，在被驳回后坚持向河北省高级人民法院提出申诉，河北省高级人民法院决定提审本案，于 2016 年 4 月 12 日裁定撤销河北省承德市中级人民法院（2013）承刑终字第 00103 号刑事裁定和兴隆县人民法院（2013）兴刑初字第 30 号刑事判决，再次发回河北省兴隆县人民法院重新审判。发回期间承德市中级人民法院指定隆化县人民法院审判。

隆化县人民检察院于 2016 年 7 月 18 日以隆检公诉刑诉〔2016〕2 号指控被告人吕某云犯虚开增值税专用发票罪、虚开用于抵扣税款发票罪、重大劳动安全事故罪、保险诈骗罪，向隆化县人民法院提起公诉。本案进入了第二次重审阶段，2016 年 10 月 20 日，河北省隆化县人民法院经审理后判决被告人吕某云犯虚开增值税专用发票罪，判处有期徒刑 4 年；犯重大劳动安全事故罪，判处有期徒刑 1 年 6 个月；犯保险诈骗罪，判处有期徒刑 1 年 3 个月，并处罚金 3 万元。数罪并罚，执行有期徒刑 5 年 9 个月，并处罚金 3 万元。吕某云在原服刑期间曾减刑 9 个月，应从判决刑期中减除。决定执行有期徒刑 5 年，并处罚金 3 万元，本案至此告终。[来源：河北省隆化县人民法院（2016）冀 0825 刑初字 150 号刑事判决书]

9　原亿霖木业集团有限公司国企分公司培训部总监谷某涉嫌非法经营案

【指控内容】

2007 年 2 月 3 日，谷某因涉嫌非法经营罪被北京市公安局刑事拘留，经北京市人民检察院第二分院批准于同年 3 月 9 日对其执行逮捕。北京市公安局侦查终结后以谷某涉嫌非法经营罪向北京市人民检察院第二分院移送审查起诉。2007 年 11 月 16 日，北京市人民检察院第二分院以京检二分刑诉［2007］127、164、225、260 号起诉书指控被告人谷某犯有非法经营罪，向北京市第二中级人民法院提起公诉。

【法律意见】

辩　护　词

尊敬的审判长、审判员：

我们是中华人民共和国执业律师，受本案被告人谷某的委托和北京市金诚同达律师事务所的指派，依法担任谷某的辩护人，出庭为她辩护。

在办理本案过程中，我们依法多次会见了被告人谷某，查阅了北京市人民检察院第二分院为对本案 28 名被告人提起公诉而向北京市第二中级人民法院移送的近 3000 册案卷材料，认真阅读和研究了北京市人民检察院第二分院指控包括谷某在内 28 名被告人犯有非法经营罪的“京检二分刑诉［2007］127、164、225、260 号起诉书”；这几天以来，我们又听取了本案的法庭调查和举证。在此，我们依据本案的事实、证据和法律，提出如下辩护意见：

一、公诉人京检二分刑诉［2007］127、164、225、260 号起诉书对亿霖木业集团有限公司（以下简称亿霖公司）28 名被告人犯有非法经营罪的指控缺乏事实和法律依据，其指控不能成立

我国《刑法》对一个人（包括法人和自然人）的行为是否构成犯罪，以及非法经营罪的构成条件和应判处的刑罚，均有明确的规定，即罪刑法定，这是我国《刑法》的基本原则。

我国《刑法》第 13 条规定：“一切危害国家主权、领土完整和安全、分裂国家、颠覆人民民主专政的政权和推翻社会主义制度，破坏社会秩序和经济秩序，侵犯国有财产或者劳动者集体所有的财产，侵犯公民私人所有的财产，侵犯公民的人身权利、民主权利和其他权利，以及其他危害社会的行为，依照法律应当受刑罚处罚的，都是犯罪，但是情节显著轻微危害不大的，不认为是犯罪。”这个定义是对我国社会上形形色色犯罪所作的科学概括，是人民法院认定犯罪、划分罪与非罪界限的基本依据。

具体到本案涉及的“非法经营罪”罪名，根据我国《刑法》第 225 条的规定，有下列四种非法经营行为之一，扰乱市场秩序，情节严重的构成非法经营罪：

1. 未经许可经营法律、行政法规规定的专营、专卖物品或者其他限制买卖物品的；

2. 买卖进出口许可证、进出口原产地证明以及其他法律、行政法规规定的经营许可证或者批准文件的；

3. 未经国家有关主管部门批准非法经营证券、期货、保险业务的，或者非法从事资金支付结算业务的；

4. 其他严重扰乱市场的非法经营行为。

而亿霖公司在本案中的经营行为并不具备上述我国《刑法》规定的构成非法经营罪的必备条件。同时，根据 2005 年国务院颁布的《禁止传销条例》第 2 条的规定：“本条例所称传销，是指组织者或者经营者发展人员，通过对被发展人员以其直接或者间接发展的人员数量或者销售业绩为依据计算和给付报酬，或者要求被发展人员以交纳一定费用为条件取得加入资格等方式牟取非法利益，扰乱经济秩序，影响社会稳定的行为。”第 7 条规定：“下列行为属于传销：（一）组织者或者经营者通过发展人员，要求被发展人员发展其他人员加入，对发展的人员以其直接或者间接滚动发展的人员数量为依据计算和给付报酬（包括物质奖励和其他经济利益，下同），牟取非法利益的；（二）组织者或者经营者通过发展人员，要求被发展人员交纳费用或者以认购商品等方式变相交纳费用，取得加入或者发展其他人员加入的资格，牟取非法利益的；（三）组织者或者经营者通过发展人员，要求被发展人员发展其他人员加入，形成上下线关系，并以下线的销售业绩为依据和给付上线报酬，牟取非法利益的。”根据上述规定不难看出，亿霖公司在本案中的销售林木地的行为不符合《禁止传销条例》规定的认定为非法传销的构成条件。2008年9月4日、5日进行的证据开示过程中和本次庭审几天来，公诉人提交的近3000册案卷资料和数十盘光盘资料收录的有关讯问笔录、询问笔录，购林合同、审计报告、被害人报案材料等，均不能证明本案被告人实施了法律上禁止的经营行为。几天以来，公诉人反复、大量地向法院出示关于证明亿霖公司为了销售林地进行了刊登广告、招聘人员、销售员工无底薪、员工从下至上根据员工销售业绩提成等证据，以此证实亿霖公司的这28名被告在从事变相传销。但是，对照我国《刑法》和《禁止传销条例》的上述规定，辩护人认为，公诉人的指控是不成立的：

1. 在本案中，亿霖公司刊登广告、招聘员工及以讲课的形式向购林人或员工介绍公司经营内容、项目、讲解林业投资的前景和员工无底薪、按所销售林地的营业额每亩100元提成，其在团队的经理、部长据此营业额提成等的经营方式、宣传方式、给付报酬的方式均不违反我国现行法律，这些行为更不是犯罪行为。公诉人将亿霖公司的员工、经理、部长、总经理的四级管理体制往非法传销的上线下线的层级上套装，是对《禁止传销条例》关于非法传销发展上下线规定的曲解。要知道，正如当前公安机关提醒广大消费者的，传销违法活动从计酬方式看，组织者以参加者发展下线的数量为依据计算和给付报酬，形成传销的“金钱链”，从销售方式看，是多层次网络销售；从经营目的看，传销不以销售商品为最终目的，而以发展人员数量，骗取钱财为目的。而亿霖公司不是多层次网络销售，而是店铺式单层销售；亿霖公司不是以发展下线人员数量为依据计算和给付报酬，而是以销售员工销售林地的营业额为依据计算和给付报酬；亿霖公司不是以发展人员数量，骗取钱财为目的，而是以与购林者订立购买林地合同，将合法林地销售给购林人，从而从购林人处获得销售收入为最终目的，且这些林地大都已办妥国家林业部门颁发的林权证。因此，亿霖公司及其本案 28 名被告的行为不是非法传销，更不构成非法经营罪。

2. 根据我国《刑事诉讼法》关于证据的规定，只有能够证实犯罪发生的事实才是证据，包括物证、书证、证人证言、被害人陈述，犯罪嫌疑人、被告人供述和辩解，鉴定结论等，且这些证据必须经过查证证实，才能作为定案的根据。而本案公诉人在证据开示阶段及法庭调查、举证质证阶段出示的讯问笔录、询问笔录、审计报告等证据，每一个证据都不能证明本案被告人实施了法律禁止的犯罪行为；尤其是公诉人作为指控犯罪的证据而提交给法庭的“审计报告”，因其出具该报告的会计师事务所在报告中明确表示，其依据的某些数据尚待确定，故不能作为认定本案被告人犯有非法经营罪的定案依据。因此，辩护人认为，公诉人指控本案被告人犯有非法经营罪缺乏事实上和法律上的依据。

3. 辩护人注意到，公诉人在用以指控被告人犯有非法经营罪的起诉书中，对被告人犯罪行为有相互矛盾的、不一致的认定。该起诉书第 9 页公诉人控称：“经依法审查查明……被告人赵某运、赵某江、屠某某等……以托管造林为名，组织被告人黄某某、英某某等 25 人发展传销队伍、开展传销活动，以传销手段销售北京、内蒙古、辽宁等地的林地”；可是公诉人在该起诉书第 13 页的“本院认为”部分，却又指控被告人“无视国家法律、违反国家规定，从事变相传销活动……”公诉人在起诉书中对被告人行为有从事“传销”和“变相传销”两种说法，被告人在本案中究竟是进行了“传销”，还是进行了“变相传销”？公诉人并没有说清楚。公诉人在庭审中，一再强调被告人进行了“变相”的传销，我们认为，公诉人的这种指控缺乏法律依据：一方面，现行的《禁止传销条例》中没有“变相传销”的规定；另一方面，公诉人用的这个“变相”一词并非法律语言。请问，“变相”的法律定义是什么？认定被告的行为不是传销却是“变相传销”的法律依据是什么？公诉人用这种不确定的形容词来指控公民犯罪，有任意扩大刑事犯罪范围、创设罪名之嫌。

此外，公诉人在庭审中指控亿霖公司讲师给购林人或员工讲课，进行项目介绍是给听课人“洗脑”。公诉人的这一控诉同样是不严肃的，缺乏法律依据的，请问何为“洗脑”？“洗脑”的法律定义是什么？“洗”的行为与所谓犯罪的结果的发生是否有法律上的必然因果关系？

鉴于上述事实和理由，辩护人认为公诉人关于指控被告“变相传销”，从而犯有非法经营罪的所有证据均不足采信。

二、公诉人在起诉书中对被告人谷某犯有非法经营罪的指控，认定事实不清、证据不足、定性不准，其指控不能成立

起诉书在前面列明被告人身份中，谷某的身份为“亿霖木业集团国企分公司培训部讲师”，可是在审查查明部分却控称“被告人谷某于2004年7月至2006年6月担任亿霖木业集团国企分公司市场总监期间，所带团队非法经营额共计人民币7.6亿余元”。针对公诉人在起诉书中的指控，辩护人认为：

1. 公诉人在起诉中对谷某的身份认定前后不一致。经过这几天的法庭调查和举证质证，所有证据证实，谷某在亿霖木业集团国企分公司的实际身份就是一个讲师。其所谓的“培训部总监”“市场总监”等职位，只是一个随意的称谓，亿霖公司从未对谷某有过上述职位的任何任命，谷某也从未有过除讲师以外的任何职责。

2. 公诉人在起诉书中指控谷某所带团队的非法经营额及其违法所得的认定，缺乏事实和法律依据。

本案证据和其他被告人当庭证实，谷某在“亿霖木业集团”国企分公司只是一名讲师，其职责就是按照公司统一制定的宣讲内容负责对前来听课的购林者或员工宣讲林业知识、公司项目、林业投资前景等，亿霖木业集团国企分公司中无任何团队或人员归属谷某领导，更谈不上谷某带领其团队实施非法经营和销售林地的行为，其加在谷某头上的7.6亿余元的经营额更是毫无依据。已有证据和多位被告人当庭证实，亿霖公司是按照全公司的总销售额提取1%～2%支付培训部作为讲师报酬的，每个讲师再按其所讲课时按公司规定领取报酬的。我们不知道公诉人对谷某所带团队的7.6亿余元非法经营额是如何计算出来的。辩护人认为，公诉人在起诉书中加在“谷某及其所带团队”头上的7.6亿余元非法经营额没有任何事实和法律依据。

3. 本案被告人谷某在亿霖木业集团国企分公司任职讲师期间，只是通过自己的正当劳动获取报酬，其担任的讲师职责并不包括带领团队从事销售林地的经营行为，实际上也无任何团队归属其领导。

4. 本案案卷收录的证据和多位被告人当庭证实，亿霖公司的讲师并没有参加公司高层的经营决策，仅仅是按照公司统一制定的宣讲方针和内容向前来听课的应聘者、购林人或员工进行讲解，介绍公司的经营和项目情况、林业知识等，并且其所讲的内容无任何违法的地方。因此，辩护人认为，本案被告人谷某在亿霖公司担任讲师期间的讲课行为并不违法我国的法律规定，更不是依照《刑法》规定应受刑罚处罚的犯罪行为。

5. 如果“亿霖木业集团”及其各分公司的销售模式和方法是传销，涉嫌非法经营，则辩护人认为，公诉人按自然人犯罪指控该公司的28名被告犯有非法经营罪是错误的，在本案中，公诉人应按单位犯罪起诉，同时追究公司设立者、经营者及其相关直接责任者的刑事责任，而不应按自然人犯罪将该公司的受聘者、受雇者作为非法经营者提起公诉。

6. 根据犯罪构成的基本原理及我国《刑法》对非法经营罪的规定，非法经营罪是故意犯罪，过失行为无法构成非法经营罪。在本案中，被告人在亿霖公司依法注册登记和正常经营，未被工商行政管理部门认定为非法传销的前提下，加入亿霖公司工作，并且经其努力与购林人订立合同，销售林地，能够经国家林权管理部门审查颁发林权证的情况下，被告人无法知道或应当知道亿霖公司的经营活动是传销，是非法经营。也就是说，被告人并无主观上的犯罪故意。

三、本案收录的证据材料证实公安机关在办理本案过程实施了许多违反我国《刑事诉讼法》规定、侵犯公民合法权益的违法行为

1. 公安机关在工商行政管理机关未对亿霖公司的经营销售林地行为进行查处和认定时，直接自行立案并对亿霖公司进行查封、冻结和抓人是超越法律规定权限的违法行为。

《禁止传销条例》第2章“传销行为的种类和查处机关”第8条规定，“工商行政管理部门依照本条例的规定，负责查处本条例第七条规定的传销行为”。第10条规定，“在传销中以介绍工作、从事经营活动等名义欺骗他人离开居所地非法聚集并限制其人身自由的，由公安机关会同工商行政管理部门依法查处”。第13条规定，“工商行政管理部门查处传销行为，对涉嫌犯罪的，应当依法移送公安机关立案侦查；公安机关立案侦查传销案件，对经侦查不构成犯罪的，应当依法移交工商行政管理部门查处”。

根据上述规定，我们不难看出，本案所涉及的传销行为除《禁止传销条例》第10条规定的情形外，都应由工商行政管理部门首先查处，如工商行政管理部门在查处中发现涉嫌犯罪的，才由工商行政管理部门移送公安机关立案侦查，这才是工商行政管理部门和公安机关法律意义上的“各司其职”；而本案中，公安机关对亿霖公司涉嫌“传销”或“变相传销”的立案侦查行为是在工商行政管理机关并未对亿霖公司的经营行为认定为传销和进行查处的情况超越法定职权而进行的。因此，公安机关对亿霖公司的立案侦查是违法的。

2. 公安机关在办理本案过程中对多名犯罪嫌疑人采取了不合法的“监视居住”刑事措施。

证据显示，公安机关在本就不合法的侦查阶段，在犯罪嫌疑人的居所之外，设立专门场所，雇用保安公司人员对犯罪嫌疑人采取了“监视居住”的刑事措施。在此，辩护人提请法庭注意，《刑事诉讼法》第51条第2款规定，取保候审、监视居住由公安机关执行。《公安机关办理刑事案件程序规定》第95条、第96条规定，对犯罪嫌疑人监视居住应当制作《呈请监视居住报告书》，由犯罪嫌疑人签名（盖章）、捺手印，并通知负责执行的派出所。公安机关不得设立专门的监视居住场所，对犯罪嫌疑人变相羁押。不得在看守所、行政拘留所、留置室或者公安机关其他工作场所执行监视居住。根据上述法律、法规规定，负责本案侦查的公安机关对本案多名犯罪嫌疑人采取的监视居住措施不仅严重违反了上述法律、法规规定，而且严重侵犯了这些犯罪嫌疑人（被告人）的合法权益，践踏了中华人民共和国神圣的法律，应受到法律的追究。

3. 本案多名被告人当庭表示，侦查机关所作的有关讯问笔录，有许多内容没有按照被告人的真实意思表示做真实记录。这样的讯问笔录违反《刑事诉讼法》的规定，一经核实，该等笔录不具有法律效力。

4. 侦查机关在侦查期间制作的对多名被告人的讯问笔录的讯问起止时间显示，侦查人员对这些被告人的讯问时间从上午到下午，从中午至深夜，横跨用餐时间和正常的休息时间。因此，辩护人认为，侦查机关以这样的审讯方式获得的供述笔录，是程序上违反刑事诉讼法的规定，实体侵犯犯罪嫌疑人（被告人）的基本权利的行为。因此，在这种状况下所做的笔录，不能作为本案的定案依据。同时，为了预防这种违法行为的继续发生，辩护人请求法庭依法向有关公安机关发出司法建议，要求公安机关停止这种审讯方式，以便公安机关的侦查行为和犯罪嫌疑人（被告人）的合法权益都能回到法律的轨道上来。

5.《刑事诉讼法》第 47 条规定，“证人证言必须在法庭上经过公诉人、被害人和被告人、辩护人双方讯问、质证、听取各方证人的证言并且经过查实以后，才能作为定案的根据”。最高人民法院《关于执行〈中华人民共和国刑事诉讼法〉若干问题的解释》第 141 条规定，“证人应当出庭作证”。可是，庭审几天以来，公诉人作为证据移送法庭的所有证人证言及当庭宣读的证人证言，均无证人出庭作证，因而也就无法进行法律规定的质证。公诉人的这种举证方式违反法定程序，其移送的所有证人证言、书面证词依法均不能作为本案的定案根据。

总之，根据上述事实和理由，辩护人认为，公诉人京检二分刑诉［2007］127、164、225、260 号起诉书对本案被告人谷某犯有非法经营罪的指控，缺乏事实和法律依据，公诉人提交给法庭的现有证据不足以证实被告人谷某实施了违反《刑法》且依照法律应当受到刑罚处罚的犯罪行为。因此，公诉人指控被告人谷某犯有非法经营罪的罪名不能成立，请求法庭排除一切干扰，以事实为依据，以法律为准绳，对本案作出经得起历史考验的、公正的判决，宣告被告人谷某无罪。

此致

北京市第二中级人民法院

辩护人：北京市金诚同达律师事务所

于德彬　律师

原　伟　律师

2008 年 9 月 26 日

【案件结果】

2009年3月23日，北京市第二中级人民法院经审理认为，北京市人民检察院第二分院指控被告人谷某犯非法经营罪罪名成立，谷某在共同犯罪中起次要或辅助作用，系从犯，依法应当从轻或减轻处罚。最终判决被告人谷某犯非法经营罪，判处有期徒刑7年，并处罚金人民币1200万元。［来源：北京市第二中级人民法院（2007）二中刑初字第2476号刑事判决书］

10　吕梁聚富商贸有限公司、太原通达建设发展有限公司法定代表人刘某涉嫌非法经营案

【指控内容】

2021年1月20日，刘某因涉嫌合同诈骗罪、非法经营罪被吕梁市公安局离石区分局刑事拘留，同年1月29日经离石区人民检察院批准被执行逮捕。2021年4月28日，吕梁市公安局离石区分局侦查终结，以刘某涉嫌非法经营罪移送审查起诉。2021年9月26日，离石区人民检察院以离检刑二刑诉〔2021〕Z42号起诉书指控被告人刘某犯有非法经营罪，向离石区人民法院提起公诉。

【法律意见】

辩　护　词

尊敬的审判长、人民陪审员：

我是中华人民共和国执业律师，根据《刑事诉讼法》《律师法》的规定，受本案被告人刘某的委托和北京金诚同达律师事务所的指派，担任被告人刘某的辩护人，出庭为他辩护。在办理本案过程中，我依法多次会见了本案被告人刘某，查阅了本案的案卷材料，今天又听取了法庭调查，对案件事实有了充分的了解。在此，我根据本案的案情及本案所有证据材料和《刑法》《刑事诉讼法》的相关规定，针对离石区人民检察院离检刑二刑诉〔2021〕Z42号起诉书对本案被告人刘某犯有非法经营罪的指控，依法发表如下辩护

意见：

一、由刘某实际控制的吕梁聚富商贸有限公司开发建设、太原通达建设发展有限公司对外销售的聚富花园项目被列为“两违项目”有其历史原因，刘某主观上没有非法经营的故意

关于聚富花园项目开发情况，根据刘某供述，吕梁聚富商贸有限公司（以下简称聚富商贸）前身为吕梁市聚富焦化有限公司（以下简称聚富焦化），早在2006年，为了响应国家环保政策和政府要求建设无污染企业，聚富焦化拆除修建的焦化厂之后经申请政府立项修建汽贸城及配套措施，于是转型进入汽车贸易领域，于2012年建成22个汽车4S店，当时员工达到2500余人，为了解决员工的住宿问题，公司于2013年11月启动了聚富花园房地产项目作为聚富汽贸城的配套项目。

1. 关于聚富商贸有限公司违法占地历史情况，早在1997年3月14日，因公司需要兴建洗煤厂、焦化厂，聚富焦化作为聚富商贸的前身就与离石区交口镇乔家塔村分别签订《土地租赁合同》和《土地租赁补充合同书》，约定乔家塔村将所属的“东靠镇焦化厂、南临煤运焦化厂、西以小河槽为界、北临307国道，实际占地总计98亩”土地租赁给聚富焦化兴建洗煤厂、焦化厂，租期总计20年。后因响应国家环保政策，聚富商贸于2002年逐步退出高耗能、高污染的焦化行业，经政府立项转型进入汽车贸易领域，经离石区经济贸易局于2005年5月19日以离经贸发［2005］25号文件作出批复，同意其建设聚富汽贸城，建设期为2005年6月至2006年12月。后因项目投资周期长，离石区经贸局于2009年4月23日以离经贸函［2009］2号文件作出批复，同意将项目延长至2009年12月底。

在修建聚富汽贸城之前，刘某根据政府审批立项曾积极与当地部门进行磋商并相继取得相关部门的同意。吕梁市建设局于2006年11月8日以吕规条字［2006］T052号文件批复同意汽贸城的规划设计，离石区发展计划局于2007年3月16日以离政计字（2007）14号文件批准立项，同年三月吕梁市建设局还分别以吕规址字［2007］Z008号和吕规地字［2007］D006批复核发了《建设项目选址意见书》和《建设用地规划许可证》。同年，聚富商贸于7月5日先是与吕梁市离石区交口街道办事处分别签订《土地使用权转让协议书》和《土地使用权转让补充协议》，约定将位于交口街道办乔家塔村307国道南侧等权属的原镇办焦化厂、镇农场用地及河滩转让用于开发建设汽贸城，街道办应积极协助聚富商贸尽快办理土地变更手续。7月15日，聚富商贸继而又与离石区交口街道办乔家塔村签订《土地使用权转让协议书》与《土地使用权转让补充协议》，约定将其权属交口街道办乔家村位于307国道南侧的部分地块转让给聚富商贸使用。聚富商贸按约定支付给街道办和乔家塔村总计756.907万元。基于上述已办理的手续以及合同签订情况，汽贸城于2007年8月开始修建，直到2008年11月，建设局还以建字第1411002008LJL003号核发了《山西省城市临时建设规划许可证》，聚富汽贸城项目也被市政府确定为“三四三”重点项目。

后该项目因涉嫌违法占地被国土资源局于2009年9月30日立案调查，因聚富商贸公司未经县级以上人民政府土地行政主管部门批准，擅自与交口街道办事处与乔家塔村签订土地使用权转让协议并占用土地修建汽贸城进行出租等事实，国土资源局于2010年6月24日以吕国土资罚字［2010］第141号作出《行政处罚决定书》，根据《土地管理法》以及《土地管理法实施条例》对聚富商贸罚款1,547,922.2元，没收非法所得309.876万元，聚富商贸全部予以缴纳。

2. 关于聚富商贸有限公司开发聚富花园项目情况，因聚富商贸解决员工住宿需要，于2010年向发改委申请备案建设汽贸项目的配套附属设施项目，山西省发改委于2010年11月23日同意对聚富商贸投资的汽贸项目进行正式备案，聚富商贸在备案后一直积极要求政府各部门办理相关证件手续，但相关部门一直未予办理。聚富商贸于2013年6月24日向吕梁市政府以离政请［2013］50号文件请示，因汽贸城园区地理位置距城市远，需征用园区所在交口街道办乔家塔村土地110亩用于解决员工住房问题，请市政府同意并办理出让手续。离石区政府于2013年作出批复提出“边施工边办理手续”的原则处理聚富商贸城建设住宅楼用地的开发建设。聚富商贸在得到区政府的批复后，遵照其指示，于2013年11月正式启动开发聚富花园地产项目，并于1、2号楼封顶后开始对外预售，但因项目建设的工程手续不完备于2014年3月停工。

当时因历史原因导致的手续不完备而被市城建执法大队责令停止施工的工程不止汽贸城项目，因大量被拆迁人生活困难，情绪极不稳定，易引发群体性事件，区政府于2014年3月26日以离政请［2014］9号文件请示市政府批准在建安置工程继续施工，其中提到“在建工程还有聚富汽贸城职工住宅楼”并“恳请市政府允许正在建设的工程在确保安全的前提下继续施工，并督促有关部门加快办理相关手续”。次日，市政府对本次请示召开会议，吕梁市副市长张某某签字批复同意请示，并再次强调要尊重市政府在2011年作出的“边施工边办理手续”的承诺，同时依法依规尽快完善手续。

综上，根据刘某经营的聚富商贸有限公司从焦化厂到汽贸城到聚富花园项目的开发建设，实际占用涉案土地进行开发建设近20年，其长期与当地政府保持友好合作关系，在征得相关部门的审批同意下按当时的实际情况也办理了部分手续，其一直未能成功办理正式的土地、规划等审批手续是事实，但其后开发建设并对外销售聚富花园房地产项目是在遵循政府提出的“边办理手续边施工”的政策下才进行的，该项目因违建违售又无法办理手续后被市政府列为“两违”项目，明确其属于历史遗留问题，形成有诸多原因。从主观上来讲，刘某从没有“明知自己的行为会发生危害社会的结果，并希望或放任这种结果发生”的违法性认识，没有非法经营的故意。

二、刘某基于对于政府批文的合理信赖，遵循“边完善手续，边施工建设”的原则开发项目，因相关部门多年以来不予配合办理手续导致停工至今未能按期交房，完全不能归责于刘某

根据刘某的供述，在2013年聚富花园项目开发之初，离石区政府就提出让边施工边办理手续，2014年3月吕梁市政府审批同意边施工边办手续。根据区政府于2014年3月26日以离政请［2014］9号文件请示市政府的批复中，吕梁市副市长张某某签字同意并强调要尊重市政府在2011年作出的“边施工边办理手续”的承诺，同时依法依规尽快完善手续。刘某正是在主观上处于对上述政府批文的合理信赖之中，才进行的聚富花园项目修建。根据2018年吕国土资字［2018］574号以及离政请［2018］29号文件，提到聚富花园项目在无土地、城建手续下启动的，2012年4月开始预售，2013年11

月开工后根据市里“边完善手续，边施工建设”的精神持续施工。其间，因无手续及违规售房行为，多次被市城建执法部门责令停工整改。2014 年 8 月，项目在建成 16 万平方米，预售 276 套后，市、区城建执法部门下达停工整改通知，停工至今导致无法按约交房，也由此引发了后期多次的诉讼与上访事件。

因项目被叫停产生的不可估量的后果，刘某一直与相关政府部门积极沟通加快办理完善手续，多年来政府也的确多次发文就聚富花园项目被列入“两违”进行集中处置并要求相关土地规划、建设部门配合办理手续，尽快解决开发商与购房者的矛盾，但至今未果。在聚富花园项目被市政府明确列为“两违”项目后相关部门仍未配合办理相关审批手续，政府多部门的不作为而导致相关手续应办未办，与刘某本人无关，也正是长期以来各政府部门的不作为才造成了聚富花园项目的持续无规划手续、无建设手续的违法现状，其违法应由这些不作为的政府部门负责，刘某从主观上从未想过非法经营，他一直在盼望相关手续能得到办理和解决。

从表 1 中可以清楚地看到刘某实际控制的聚富商贸在项目停工之后作出诸多努力，然而各相关政府主管部门又是如何互相推诿，迟迟不予配合解决。

表 1　政府发文情况

序号	时间	发文单位	文件名称	相关内容
1	2016 年 12 月 14 日	吕梁市人民政府办公厅	《关于印发吕梁市区国有土地上存量违法用地违法建设集中处置办法的通知》吕政办发［2016］92 号	就两违项目的处置范围进行限定，明确属于历史遗留问题，其形成有诸多原因，且提出“两违”建设违反土地、规划、建设管理和其他行政管理的行为接受处理后，建设单位持相关职能部门补办的手续或出具的意见、罚没款收据、相关费用交纳凭证等，办理房屋权属登记

续表

序号	时间	发文单位	文件名称	相关内容
2	2018 年 9 月 18 日	吕梁市人民政府	《专题会议纪要》［2018］31 次	要求加快解决房地产建设过程中的历史遗留问题，并提出“关于化解聚富花园项目开发商与购房户之间的矛盾问题，国土部门要在原工作基础上加快土地手续办理”，以及两违项目处置截止日期调整为 2018 年 12 月 31 日
3	2018 年 10 月 31 日	吕梁市国土资源局	《关于提供聚富花园项目土地规划意见的函》吕国土资函［2018］398 号	因接聚富商贸向市国土资源局提出《关于办理聚富花园土地手续的申请》，目前该土地尚未征收，于是致函市城乡规划局要求其配合办理推进手续办理
4	2018 年 11 月 19 日	市城乡规划局	《关于聚富花园项目土地规划意见的函复》吕规函［2018］323 号	经核实，聚富商贸公司申请的两宗地用地性质均为批发市场用地
5	2018 年 12 月 12 日	市国土资源局	《关于办理聚富花园项目土地手续有关情况的请示》吕国土资字［2018］574 号	按照现行土地政策，将无法推进该项目的手续办理，为了从根本上解决历史遗留问题，建议将聚富花园项目纳入市两违范围进行处理。如果该项目可列入两违范围，即可推进
6	2019 年 1 月 3 日	吕梁市城市管理综合行政执法队	《关于聚富花园项目处置的请示》吕城执请［2019］1 号	因聚富商贸为了推进手续办理，于 2018 年 4 月 23 日向市城管执法队提出了 1#、2#楼项目的“两违”集中处置申请，于是向市住建局请示，并建议将聚富花园项目纳入“两违”集中处置项目

续表

序号	时间	发文单位	文件名称	相关内容
7	2019年3月22日	吕梁市城市管理局	《关于将聚富花园项目没列入“两违”项目进行处置的请示》吕城管请［2019］13号	建议完善审批手续建设
8	2019年4月10日	吕梁市人民政府	《专题会议纪要》［2019］21次	原则同意将聚富花园项目列入市“两违”处置项目。市规划和自然资源局配合市城市管理局做好项目的“两违”处置后续相关工作
9	2019年7月2日	吕梁市“两违”集中处置领导组办公室	《关于推进聚富花园项目“两违”集中处置工作的函》吕两违办函［2019］6号	提出市规划局和自然资源局完善相关用地和规划审批手续，市住房和城乡建设局待该项目取得国有建设用地、规划审批等手续后，及时办理相关建设审批手续
10	2020年2月19日	吕梁市人民政府	《专题会议纪要》［2020］10次	同意将“两违”集中处置事项延期至2020年6月30日
11	2020年12月30日	吕梁市离石区人民政府	《关于办理聚富花园项目土地规划认定和质量安全认定的函》离政函［2020］108号	申请尽快办理聚富花园项目土地规划认定和质量安全认定
12		吕梁市规划和自然资源局	《关于办理聚富花园项目土地收储的函》离政函［2020］109号	申请尽快办理土地收储等前期有关手续
13			《关于推进“聚富花园”项目土地手续的函》吕自然资函［2020］979号	要求尽快办理规划、安全认定意见，以便完善用地手续

三、聚富花园项目开发建设仅短短1年即告停工，且已被相关部门数次行政处罚巨额罚款，其销售行为既没有获取非法利益更没有严重扰乱市场秩序

根据刘某供述以及吕国土资字［2018］574号文件，聚富花园项目在2012年4月开始对外预售，2013年11月开工，2014年8月被市、区城建执法部门下达停工整改通知，停工至今。以上可知，聚富花园项目从开工建设到停工整改仅持续短短1年左右，其对外销售的住房也仅是为了员工安置，并非大范围全面对外销售，其违规销售行为根本不可能扰乱当地房地产正常市场秩序。而且，其在未办理成功预售许可证的情况下对外销售并开工建设也是基于对政府的合理信赖，完全无法预料到相关证件手续尽管多年来已得到政府等部门的批准下还迟迟未能成功办理，作为开发商个人，因政府拖延办证的行为导致工程烂尾无法向购房者交房而被批量起诉要求退款并赔偿等本身也给其自身带了无法预料到的巨额损失。

聚富商贸因手续问题违法占地进行开发建设，多年来因这违法占地同一原因被多次行政处罚并交纳巨额罚金。就新开发建设的聚富花园项目，2019年12月11日，吕梁市离石区自然资源局对吕梁聚富商贸有限公司作出离自然资罚字［2019］第73号《行政处罚决定书》，因公司未经批准擅自占用吕梁市城区国有土地和交口街道办乔家塔村集体土地动工修建聚富花园项目、加油站、4S店形成违法占地，处以罚款2,017,457.7元。聚富商贸于2020年6月10日全额缴纳。2021年6月21日，吕梁市规划和自然资源局对刘某控制的太原通达建设发展有限公司作出吕自然资罚字［2021］第13号《行政处罚决定书》，因公司于2011年10月开始在离石区交口街道办乔家塔村建设聚富花园项目未取得《建设工程规划许可证》擅自开工建设的行为，处以罚款6,298,476.00元。太原通达于2021年7月5日全部缴纳。

然而，早在2010年6月24日，针对聚富花园项目所占用的乔家塔村307国道土地，吕梁市国土资源局对聚富商贸就作出吕国土资罚字［2010］第141号《行政处罚决定书》，因公司未经县级以上人民政府土地行政管理部门批准非法占用交口街道办和乔家塔村土地擅自修建汽贸城，处以罚款1,547,922.2元，没收非法所得309.876万元。聚富商贸全部予以缴纳。以上可知，对于聚富商贸在未取得相关证件的情况下违法占地进行违规建设的行为，已按照相关行政法律法规被相关部门处罚，数年来被罚款金额已高达千万余元。

对于新开发建设的聚富花园项目，因历史遗留原因导致的手续一直未办理齐全而被执法部门叫停，后期项目烂尾无法按期交房，导致购房者上访等群体性事件，这么多年刘某一直积极处理此事，希望得到妥善解决。不仅根据政府政策积极申请对被列为“两违”的聚富花园项目尽快集中处置，而且根据辩护人向刘某了解到的，事发后刘某曾努力凑齐款项于2021年给9户购房者进行退款达1,582,729.95元，为了安抚购房者情绪，刘某从2019年开始一直向他们发放违约金共计1,318,490.00元，在努力维护社会稳定。就聚富花园项目的亏损情况，整个项目前期投入了四五亿元的资金，预售的1#、3#、4#房屋实际收款金额根据吕梁三发会计事务所2021年4月20日作出的《司法会计鉴定报告》鉴定结果为28,764,111.00元，加上后期被行政处罚达八百多万元，因项目烂尾被购房者起诉支出的高额诉讼费用，刘某不但没有从这项目中获利反而遭受巨大损失。

因项目烂尾导致的群体上访事件，多次扰乱社会场所的公共秩序，也根本不能归责于刘某本人，购房者因刘某未能按期交房是受害者，而刘某基于多年来对政府部门的信赖开发建设项目却损失惨重更属于受害者。而且，就“严重扰乱市场秩序”的概念来讲，市场秩序主要包括市场准入秩序、市场交易和竞争秩序、市场退出秩序以及市场管理秩序等，本案中因违规销售房屋导致购房者上访闹事，其行为应属于“扰乱公共安全秩序”，不能等同于“严重扰乱市场秩序”，两者概念不能等同。因此，就违建销售行为本身因其持续时间短、范围小不可能严重扰乱房地产市场秩序，就违规销售导致的群体性事件更不涉及严重扰乱了市场秩序。辩护人在此再次强调，这些年来不是刘某不想办理相关手续，而是吕梁市和离石区相关政府主管部门不给办、不作为。

四、法无明文规定不为罪，刘某未经批准，违法建设、销售房屋行为不能被任意扩大适用《刑法》第225条第4项“其他严重扰乱市场秩序的非法经营行为”

根据《刑法》第225条规定的非法经营罪，该条对非法经营行为采用了明确的列举式规定，其中第 4 项“其他严重扰乱市场秩序的非法经营行为”作为法律规定中常见的兜底条款，但是在适用兜底条款时不能任意扩大适用范围，需要适用同类规则、严格限定规则、明确具体规则来判断。首先，本条非法经营罪兜底条款应当根据前 3 项明确列出的非法经营行为的适用规则来进行判断，从《刑法》第225 条第1～3 项列举行为方式可以判断，其共性特征是侵犯国家特许经营管理制度。而本案中，刘某违法建设销售房屋的行为虽然违反了有关规范市场主体活动的法律法规，但是与国家特许经营管理制度无关，只能追究相应的行政责任。

其次，就非法经营罪中第 4 项的兜底条款，国家通过解释、会议纪要的形式列举了几十种非法经营行为，已经有了明确的规定，但违法建设、销售房屋的行为并没有明确列为非法经营行为。而且，《刑法》第 225 条中“违反国家规定”是认定非法经营罪的前提，非法经营罪是具有违反行政法规、触犯刑法的双重违法行为，认定是否构成非法经营罪时，应当运用国家规定的行政法规中确定的禁止性规定、构成犯罪的条款补足该罪构成要件。而本案中，无论是公安机关在呈请拘留报告书中就刘某涉嫌非法经营犯罪所依据的《房地产管理法》还是相关行政机关对刘某违法占地、违规销售房屋行为作出行政处罚所依据的《土地管理法》《城乡规划法》等法律法规中，对于未办理相关手续而私自开发、销售的行为均是责令停工、罚款等行政手段来处理，并无明确的指向性条款和非法经营罪进行结合，也并没有构成刑事犯罪的，依法追究刑事责任的表述，法无明文规定不为罪，这是适用《刑法》最基本的原则。

最后，根据最高人民法院《关于准确理解和适用刑法中“国家规定”的有关问题的通知》（法［2011］155 号）的规定，“各级人民法院审理非法经营犯罪案件，要依法严格把握刑法第二百二十五条第（四）的适用范围。对被告人的行为是否属于刑法第二百二十五条第（四）规定的‘其它严重扰乱市场秩序的非法经营行为’，有关司法解释未作明确规定的，应当作为法律适用问题，逐级向最高人民法院请示”。但目前的司法实践案例中并没有任何最高人民法院的答复。因此，综合本案形成的历史与有关政府的会议纪要和领导等的批示，刘某违法建设、销售房屋的行为根本不应当认定为犯罪。

总之，刘某实际控制的聚富商贸开发建设的“汽贸城”“聚富花园”等项目违法建设、违规销售至今处于无法办理手续的现状是有其特殊的社会背景和历史原因的，辩护人认为处理本案要综合历史看问题，不能孤立地、断章取义地去认定犯罪与否，正如时任吕梁市副市长张某某在2014年3月27日的会议纪要中就离政请［2014］9号请示中批复所说，要尊重历史，也要尊重市政府在2011年作出的“边施工边办理手续”的承诺。本案中刘某正是严格遵循市政府的指示精神，在未办理齐全手续的情况下开始建设、销售房屋，其行为无论从情理上还是法理上均不应被认定为犯罪。

综上所述，离石区人民检察院离检刑二刑诉〔2021〕Z42号起诉书对刘某涉嫌非法经营罪指控的事实不清、证据不足，缺乏法律依据，依法不能成立。恳请法庭排除一切干扰，以事实为依据，以法律为准绳，本着罪刑法定的原则，依法宣告本案被告人刘某无罪，作出一个对人民负责，对法律负责，经得起历史考验的、闪耀人性光芒的公正判决。

此致

吕梁市离石区人民法院

辩护人：北京金诚同达律师事务所

原　伟　律师

2022年3月9日

【案件结果】

2022年12月12日，山西省吕梁市离石区人民法院经审理认为，公诉机关指控的罪名成立，刘某的行为构成非法经营罪，综合刘某的犯罪事实、社会危害性，判决刘某犯非法经营罪，判处有期徒刑2年，并处罚金20万元。刘某已被羁押692天，宣判后服刑38天即被释放，重获自由。［来源：山西省吕梁市离石区人民法院（2021）晋1102刑初308号刑事判决书］

11　原北京秀水投资有限公司法定代表人黄某平涉嫌非法吸收公众存款案

【指控内容】

2015年6月25日，黄某平因涉嫌非法吸收公众存款罪被北京市公安局朝阳分局刑事拘留，同年7月29日经北京市朝阳区人民检察院批准对其执行逮捕。2015年12月9日，北京市公安局朝阳分局侦查终结，以黄某平涉嫌非法吸收公众存款罪移送北京市朝阳区人民检察院审查起诉。2016年6月8日，北京市朝阳区人民检察院以京朝检公诉刑诉〔2016〕7号起诉书指控被告人黄某平犯非法吸收公众存款罪，向北京市朝阳区人民法院提起公诉。

【法律意见】

辩　护　词

尊敬的审判长、审判员：

我是中华人民共和国执业律师，受本案被告人黄某平的委托和北京金诚同达律师事务所的指派，依法担任黄某平的辩护人，出庭为她辩护。

接受委托后，我多次会见了本案被告人黄某平，查阅了本案案卷材料，又参加了今天的庭审。在此，我根据《刑法》《刑事诉讼法》《律师法》的规定，结合本案证据，就北京市朝阳区人民检察院京朝检公诉刑诉〔2016〕7号起诉书指控黄某平犯有非法吸收公众存款罪，提出辩护意见如下：

辩护人就公诉人对本案以涉嫌非法吸收公众存款罪提起公诉不持异议，

但对本案指控黄某平伙同其他各被告人及北京唐人街物业管理有限公司（以下简称唐人街物业公司）非法吸收公众存款有异议。辩护人认为，如若本案涉及的事实涉嫌非法吸收公众存款，则应以单位犯罪对北京秀水投资有限公司（以下简称秀水公司）、唐人街物业公司及这两家公司参与此案的直接负责的主管人员和其他直接责任人员提起公诉。其事实和理由如下：

一、起诉书指控的所有涉嫌非法吸收公众存款的行为，均是秀水公司和唐人街物业公司的实际控制人和实际经营者陆某某决定和指挥的。黄某平等6个自然人被告人没有共谋犯罪的故意，仅是按公司的要求，在各自职责范围内进行了职务行为，不是共同犯罪

秀水公司实质上是以提供经营场所和部分人员委托唐人街物业公司经营的方式来组织经营的，实质上秀水公司和唐人街物业公司这两家公司是一体的，正如公诉人在庭前会议中所表述的“两块牌子，一套人马”。之所以认为黄某平等自然人被告人不是共同犯罪，其原因在于：首先，这两家公司各部门负责人和财务人员的所有涉嫌非法吸收公众存款的行为均是在公司经营中的职务行为，而并非个人行为。这些工作人员除正常工资收入外，所吸收的投资均为公司所有；所有投资人的利益也是由公司返利；所有的投资租赁等合同，投资人也是与上述公司签署，而非各负责人个人订立的。这些职务行为带有的是公司意志并非个人意志，不应当认定为个人犯罪行为。其次，黄某平等6个自然人被告人并非为了个人犯罪而走到一起，没有所谓的“意思联络”，主观上没有共谋犯罪的故意，其行为只是依照其在上述公司的职务和工作范围内进行的。因此，辩护人认为本案中黄某平等自然人被告人主观上没有共谋非法吸收公众存款的犯罪故意，客观上没有实施犯罪行为，不应当以共同犯罪起诉。

二、如果其中的某些经营方式和行为涉嫌非法吸收公众存款，也是秀水公司和唐人街物业公司实施了非法吸收公众存款的行为，而不是起诉书所指控的黄某平等6个自然人被告人共同实施了非法吸收公众存款的犯罪行为

1. 提供经营场所和部分人员的秀水公司和其授权委托经营者唐人街物业公司在本案中的行为符合《刑法》规定的单位犯罪的特征。公司、企业、事业单位、机关、团体实施的危害社会的行为，法律规定为单位犯罪的，应当负刑事责任。在本案中，秀水公司和唐人街物业公司均为依法设立登记的有限责任公司，具有非法吸收公众存款罪的主体资格。事实上，这两个公司确实带有为本公司谋利的目的。为了公司的利益，秀水公司负责提供经营场所，唐人街物业公司负责和客户订立合同，并以秀水公司的名义在媒体上投放了商铺出租的广告，开办了公开的推介会，实施了非法吸收公众存款的行为。这些行为是上述两个公司的实际控制人陆某某联系实际负责的管理层通过开会决定的，不是个人与个人之间的联合，而是带有明显的公司意志，并由公司的员工通过职务行为完成的。

2. 秀水公司和其授权委托经营者唐人街物业公司是有自己正常经营业务的公司，不属于“个人为进行违法犯罪活动设立的公司”。最高人民法院《关于审理单位犯罪案件具体应用法律有关问题的解释》第 2 条规定：个人为进行违法犯罪活动而设立的公司、企业、事业单位实施犯罪的，或者公司、企业、事业单位设立后，以实施犯罪为主要活动的，不以单位犯罪论处。这是通过法人人格否认的制度来惩治真正的犯罪人。但是，本案中的秀水公司是一个正常投资经营的公司，秀水公司将其承租的民族园大厦 2 号 4 幢经营场所交由其委托的唐人街物业公司管理并对外订立合同，同时以秀水公司名义对外宣传招商进行经营。在秀水公司承租的经营场所内，有写字楼、商场、服装店、药店、餐厅等正常经营业务。除了南粥北面、唐人街铁板烧等餐厅，还有康师傅私房牛肉面、和合谷快餐、麦当劳餐厅、味多美面包坊、咖啡陪你咖啡厅等连锁餐饮企业，以及屈臣氏零售连锁店、大润发大型连锁量贩超市都在此承租经营。即使秀水公司的部分业务涉嫌非法吸收公众存款，也不能否认秀水公司的法人人格。秀水公司是正常设立和经营的公司，而非黄某平等人为了犯罪目的而设立的，并伙同其他被告人进行违法犯罪行为的工具。秀水公司和唐人街物业公司有大量的正常经营活动，并不是以实施犯罪作为公司的主要活动。

因此，辩护人认为公诉人指控本案被告人黄某平个人伙同其他同案被告人共同实施了非法吸收公众存款的犯罪行为缺乏事实和法律依据。本案应以陆某某实际控制和经营的秀水公司、唐人街物业公司为犯罪单位，并对与本案有关的直接负责的主管人员和其他直接责任人员提起公诉。

三、本案被告人黄某平在秀水公司及其授权委托经营者唐人街物业公司非法吸收公众存款的过程中，不应作为主管负责人承担相应的刑事责任

事实和证据表明，黄某平作为秀水公司实际控制人陆某某的同居人，仅是由陆某某在办理工商注册登记时，将黄某平的名字登记为秀水公司的负责人、法定代表人，但是黄某平本人没有也从未行使过法律赋予的公司法定代表人的所有权力，也从未参加过公司的任何董事会会议、股东会会议和经理办公会等任何经营决策会议，对公司的实际经营状况包括本案中涉嫌的非法吸收公众存款一事并不知情，如果非要说知道，也是凭借所谓的“老公”陆某某口中的只言片语而猜测出的表面和皮毛，而陆某某本人也并不会将公司以各种方式非法吸收公众存款的具体情况如实告诉黄某平。

黄某平虽然在秀水公司的工商登记上是负责人、法定代表人，但从法律上讲，法定代表人不必然因公司犯罪而承担刑事责任。在公司法律实践中，存在较多的股东或者实际控制人基于各方面因素的考量，甚至单纯为了在公司涉嫌犯罪时逃避刑事责任而不亲自担任公司的法定代表人，并指定其他人员担任公司的法定代表人，即通常所称之公司的“名义代表人”。但是，这样一种架构能在刑事司法实践中得到认同吗？按这种理解，如果公司涉嫌刑事犯罪，工商登记的法定代表人必然作为直接负责的主管人员予以追究刑事责任，而没有进行工商登记的公司实际控制人却通过其在工商环节身份的缺失，从而避免了作为直接负责的主管人员来承担刑事责任。显然，这样的理解是错误的、片面的。责任承担与否的核心，不在于身份本身，而在于其实质上的控制、主导地位，以及积极实施了相应的行为。

在单位犯罪中，法定代表人往往是作为“直接负责的主管人员”而承担刑事责任的。辩护人认为，法定代表人并不当然构成单位犯罪中的“直接负责的主管人员”。其刑事责任的认定，应当基于该法定代表人在单位犯罪的实施中是否起到了实质性的作用。对此，最高人民法院2001年《全国法院审理金融犯罪案件工作座谈会纪要》已予以明确。该文件在“关于单位犯罪问题”中规定，直接负责的主管人员，是在单位实施的犯罪中起决定、批准、授意、纵容、指挥等作用的人员，一般是单位的主管负责人，包括法定代表人。可见，单位的法定代表人承担刑事责任的前提条件是该法定代表人在单位犯罪中起到了“决定、批准、授意、纵容和指挥”等实质作用。结合本案，作为秀水公司名义上的法定代表人，应否在秀水公司单位犯罪中被追究刑事责任，应该看其是否具体介入了秀水公司非法吸收公众存款的犯罪行为中，并且起到了决定、批准、授意、纵容、指挥等作用。而事实和证据都证实了黄某平在秀水公司非法吸收公众存款的过程中没有参与、没有介入、没有起到上述作用中的任何一项。在本案中，黄某平本身也是受害者、“顶雷”者。黄某平仅是名义上的法定代表人，不分管公司的任何一项工作，没有任何实质权力，没有办公室，没有办公桌，没有参加公司的任何办公会议。因此，黄某平不应对上述两公司非法吸收公众存款一事负责。对于公司实施的任何非法吸收公众存款的犯罪行为，辩护人认为不应该追究黄某平的刑事责任。

在本案中，黄某平本人根据其自身身份的实际状况，面对现实，表示认罪，并要求辩护人为其做有罪且罪轻的辩护。然而，罪刑法定是刑法的基本原则。对符合《刑法》的规定，构成犯罪的，要坚决依法判处；对不构成犯罪的，要坚决依法宣告无罪。因此，作为独立行使辩护权的辩护人，我恳请法庭以事实为依据，以法律为准绳，不使无辜的人受到追诉，不使有罪的人逃避追责，依法判决黄某平无罪，从而作出一个对人民负责、对法律负责、经得起历史考验的公正判决。

当然，如果法庭经过审理依然认为黄某平的行为构成犯罪，应当负刑事责任，则恳请法院根据黄某平在本案中如实陈述事实，主动前往公安机关配合侦查，还有黄某平仅是秀水公司名义上的法定代表人等情况，根据其对本案的参与程度综合考量，依法对黄某平从轻或减轻处罚。

此致

北京市朝阳区人民法院

辩护人：北京金诚同达律师事务所

原　伟　律师

2018年5月11日

【案件结果】

2018 年 6 月 22 日，北京市朝阳区人民法院经审理认为，被告人黄某平在共同犯罪中起次要作用，系从犯。黄某平退缴部分违法所得，依法对其予以从轻处罚。最终法院判决被告人黄某平犯非法吸收公众存款罪，判处有期徒刑 4 年，罚金人民币 10 万元。[来源：北京市朝阳区人民法院（2016）京 0105 刑初 972 号刑事判决书]

12　安顺市钢固达房地产开发有限公司董事长王某涉嫌非法吸收公众存款、伪造国家机关证件、伪造公司印章案

【指控内容】

2014 年 11 月 30 日，经贵州省安顺市西秀区人民检察院批准，王某因涉嫌非法吸收公众存款罪被安顺市公安局西秀分局逮捕。2015 年 6 月 14 日，安顺市公安局西秀分局侦查终结，以王某涉嫌非法吸收公众存款、集资诈骗、伪造国家机关证件罪向安顺市西秀区人民检察院移送审查起诉。2016 年 2 月 26 日，安顺市西秀区人民检察院以西区检公诉刑诉〔2016〕88 号起诉书指控被告人王某犯非法吸收公众存款罪、伪造国家机关证件罪、伪造公司印章罪，向安顺市西秀区人民法院提起公诉。

【法律意见】

辩　护　词

尊敬的审判长、审判员：

我是中华人民共和国执业律师，受本案被告人王某的委托和北京金诚同达律师事务所的指派，依法担任被告人王某的辩护人，出庭为他辩护。

在办理本案过程中，我依法多次会见了本案被告人王某，查阅了案卷材料，实地察看了安顺市钢固达房地产开发有限公司（以下简称钢固达公司）在安顺市开发建设的包括“清水湾”楼盘在内的各地产开发项目，参加了法

庭主持的本案庭前会议，今天又出席了庭审。在此，我依据本案的案情、证据及《刑法》《刑事诉讼法》的相关规定，针对公诉人贵州省安顺市西秀区人民检察院西区检公诉刑诉〔2016〕88号起诉书对本案被告人王某犯有非法吸收公众存款罪、伪造国家机关证件罪和伪造公司印章罪的指控，依法发表如下辩护意见：

一、起诉书对王某和叶某犯有非法吸收公众存款罪的指控缺乏事实和法律依据，其指控不能成立

（一）起诉书关于王某和叶某犯有非法吸收公众存款罪的指控主体存在错误，其指控不能成立

在本案中，已查明涉案款项是以钢固达公司名义进行的借款行为所得，相关借款合同加盖了钢固达公司的公章，钢固达公司为借款一方当事人。本案中，钢固达公司的设立及实际运营亦不属于最高人民法院《关于审理单位犯罪案件具体应用法律有关问题的解释》中关于“个人为进行违法犯罪活动而设立的公司、企业、事业单位实施犯罪的，或者公司、企业、事业单位设立后，以实施犯罪为主要活动的，不以单位犯罪论处”规定的情形。钢固达公司成立于1998年，存续近20年，在安顺市有紫竹园、金竹园、楠竹园、玉竹园、畔山龙庭等多个实际开发建设的项目，在全国房地产行业及贵州省和安顺市多次获得“守合同、重信用”单位称号，连续多年获得“先进单位”“优秀纳税企业”“五一劳动奖章”，被安顺市委党的建设领导小组评为“五好基层党组织”等，获奖颇丰，业绩显著，在安顺市也是路人皆知、口碑良好。最重要的是，本案所借款项主要用于钢固达公司在安顺市开发的“清水湾”楼盘的经营活动，钢固达公司本身的借款行为是否涉嫌非法吸收公众存款罪尚且存疑，而公诉机关绕开钢固达公司，径直指控王某、叶某两个自然人犯有非法吸收公众存款罪，其指控涉嫌犯罪的主体错误，是显而易见的，其指控缺乏事实和法律依据。

（二）钢固达公司和王某、叶某的行为均不符合《刑法》对非法吸收公众存款罪的规定，亦不满足司法解释关于构成该罪的四个条件

首先，依据我国《刑法》第176条之规定，“非法吸收公众存款或者变相吸收公众存款，扰乱金融秩序的，处三年以下有期徒刑或者拘役，并处或

者单处二万元以上二十万元以下罚金；数额巨大或者有其他严重情节的，处三年以上十年以下有期徒刑，并处五万元以上五十万元以下罚金”。从《刑法》规定的内容我们可以看到，设立本罪保护的法益是国家金融秩序，金融秩序不仅包括金融监管秩序，还包括金融交易秩序。我国为了保护金融市场的良好运行，维护良性的金融交易秩序，规定金融业为特许经营的行业，并且对商业银行等金融机构设立了件格的市场准入门槛，而“吸收公众存款”需要拥有金融业务经营许可的商业银行等金融机构在特定的框架内依法实施，且国家法律规定商业银行的核心业务之一系可以以吸收存款的方式进行货币与资本经营。这意味着只有当未获金融行业特许的公司或个人利用非法吸收的公众存款用于进行货币、资本的经营时，才能认定为扰乱金融秩序。

结合本案，被告人王某、叶某依法经营钢固达公司从事房地产业务，在资金紧张时，利用民间借贷这一被国际社会广泛认可并利用也为我国法律允许的商业行为去获得资金，并将资金用于“清水湾”这一合法地产项目的正常经营，无疑没有对国家金融秩序产生不利影响，更无扰乱可言。

其次，依据最高人民法院《关于审理非法集资刑事案件具体应用法律若干问题的解释》第 1 条的规定，“违反国家金融管理法律规定，向社会公众（包括单位和个人）吸收资金的行为，同时具备下列四个条件的，除刑法另有规定的以外，应当认定为刑法第一百七十六条规定的‘非法吸收公众存款或者变相吸收公众存款’：（一）未经有关部门依法批准或者借用合法经营的形式吸收资金；（二）通过媒体、推介会、传单、手机短信等途径向社会公开宣传；（三）承诺在一定期限内以货币、实物、股权等方式还本付息或者给付回报；（四）向社会公众即社会不特定对象吸收资金”。

就本案而言，无论是钢固达公司还是被告人王某、叶某的行为不能同时满足上述司法解释中规定的非法吸收公众存款罪的四个构成要件，不应被认定为非法吸收公众存款罪，理由如下：

1. 钢固达公司及王某、叶某没有通过媒体、推介会、传单、手机短信等途径向社会公开宣传钢固达公司的借款需求和利息回报。

2. 钢固达公司及王某、叶某没有向社会公众即社会不特定对象吸收资金。本案中，王某、叶某主要是向其亲朋好友借款，实际出借人基本均与王某或叶某相识，且有多年的交情，有些是同学、有些是同事、有些是公司设立时的发起人及股东（在出借资金的99人中，王某、叶某直接认识82人，间接认识17人），这些借款人不是不特定的社会公众。

司法解释中的“社会公众”，应具有广泛性和不特定性的特征，而本案中的出借人部分是由于知悉被告人王某、叶某所在的钢固达公司实际情况及资金情况，基于信任甚至是由于与被告人王某、叶某有所私交基于人情而将资金出借钢固达公司使用的，有些甚至是无息的，相关借款人的范围是特定的。

（三）本案中，钢固达公司及被告人王某、叶某的借款行为性质是民间借贷，钢固达公司与出借人之间形成的是民事法律关系，不应用刑事手段处理，更不应以非法吸收公众存款罪对其起诉，否则可能导致冤假错案

民间借贷和吸收公众存款在形式上都会表现为借款，但是二者一个受民事法律调整，另一个受刑事法律调整，那么判断借款行为究竟是民间借贷还是非法吸收公众存款，关键是什么呢，我们认为，除了司法解释关于非法吸收公众存款的四个构成条件外，二者最终的区别就在于借款的用途及目的。

《刑法》规定非法吸收公众存款罪保护的法益是维护金融秩序的稳定，而金融业是专门经营资本、货币业务的。银行之所以能够通过还本付息的方式吸收存款，就是因为其可以通过对吸收的存款的放贷或向国家银行的存款，或者通过特定的投资获得更大的利益。银行吸收存款的目的在于用吸收的资金进行资本和货币经营。因此，非法吸收公众存款的“存款”应当理解为银行等金融机构为了经营资本和货币业务而向社会公众吸收的资金。从国家允许民间借贷的事实可知，法律禁止非法吸收公众存款，并非禁止公民、企业和组织吸收资金，而是禁止公民和其他组织未经批准从事金融业务，像金融机构那样，用吸收的资金去做资本和货币经营。能够用吸收的资金进行资本和货币经营，也正是金融业区别于其他行业的所在。从这点上，非法吸收公众存款罪的典型就是地下钱庄。故非法吸收公众存款罪的认定应从非法从事资本、货币经营的角度看，如果仅仅是向他人借款用于生产生活，而未进行资本、货币经营的，则不应该认定为非法吸收公众存款。

本案中，钢固达公司及被告人王某、叶某对外借款的目的就是用于钢固达公司经营，而非用于资本经营，因此其借款行为不应作为非法吸收公众存款处理，具体来说：

首先，王某、叶某对外借款的主要目的是钢固达公司的经营和项目建设，有迫切的借款需求。

钢固达公司 2011 年 3 月通过拍卖方式拍得竹园清水湾项目地块，多家银行都向钢固达公司表示，拿到土地使用权证后就放贷给钢固达公司。在该幅土地挂牌时，政府就承诺部分土地出让金及税费 1.5 亿元可以在挂牌后一年内交清。当时钢固达公司准备了 4 亿元的资金，由于有银行的承诺，钢固达公司在摘牌后就向政府一次性缴纳了 3.5 亿元土地出让金及税费并开始拆迁、施工。但部分施工后，银行贷款迟迟批不下来，如果停工将造成重大损失，考虑到银行贷款很快能批下来，钢固达公司就向外借取高息借款维持项目施工，陆续借款 2.5 亿元左右。钢固达公司在土地拍卖时，如果没有银行的承诺，在摘牌清水湾地块后，完全可以在一年后再向政府支付 1.5 亿元土地出让金和税费，这样钢固达公司至少还有自有资金 2 亿元可用一年，这些资金足以维持项目施工，基本上不用对外借款，更不用高息借款。

钢固达公司为了帮助安顺市政府完成财政目标，一次性缴纳了全部土地出让金和税费，但由于银行银根紧缩、贷款未能及时批下，客观上造成钢固达公司开发清水湾项目资金周转出现问题。在此情况下，考虑到清水湾项目建成后有大量房屋可以出售变现、钢固达公司有偿还借款的能力，公司决定向亲朋好友及相关公司借款解决资金周转困难。在此背景下，王某、叶某代表公司开始向亲朋好友借款，并且在借款时也都如实向出借人说明借款原因是钢固达公司资金周转出现了问题。本案出借人的证人证言也都证实了这一点。同时也充分证明起诉书控称“王某、叶某以钢固达公司开发‘竹园对清水湾’项目需要资金周转，通过借款、投资、资金周转等名义……”“通过高利息为诱饵向社会公众吸收资金……”是错误的，是不符合事实的。钢固达公司因项目开发临时需要资金是实际发生、真实存在的，不是“以资金周转为名义”的虚构。

在起诉书中指控非法吸收公众存款罪的99名出借人中，有1名不是个人，是企业，而企业之间的借贷法律并无禁止性规定，也无须经金融行业或政府机关批准；其中有1名出借人敖某某与钢固达公司之间的6000万元借款合同纠纷已于2014年经贵州仲裁委员会已生效的仲裁裁决定性为民间借贷纠纷；有7人的借款也已被生效的人民法院民事判决定性为民间借贷纠纷。

因此，钢固达公司对外借款的目的并非非法吸收公众存款用于对外投资或高利转借，而是基于公司的实际需要并结合公司的还款能力而采取的民间借贷行为。

其次，本案中的涉案款项主要用于钢固达公司开发建设清水湾项目，并且所有资金均未进行资本或货币业务，即钢固达公司及被告人王某、叶某并未将借来的款项进行放贷牟利或从事金融方面的经营活动。相反，在清水湾项目建设过程中，钢固达公司建设了拆迁安置房700多套。同时，钢固达公司还投入大量资金无偿为政府建设了3号路中段、4号路、24号路等市政道路。钢固达公司支付高息借款修建了这些造福于民的项目，工程建设资金上亿元，使政府节约了财政支出，让安顺市百姓享受了市政改善的便利，但钢固达公司以及被告人王某、叶某却要为此承担非法吸收公众存款的罪名，无论在情理上还是在法理上，这对二人是极不公平的。

司法实践中，民间融资与非法吸收公众存款罪混淆、难以区分。在多种所有制经济并行发展的过程中，如果仅因数额、对象人数达到法律规定的标准，就将民营企业家为了解决生存发展的资金困境而进行民间融资的行为认定为犯罪，不仅不符合市场经济发展的规律，也遏制了民营企业的兴起。辩护人在办理本案中查阅到发表于2016年1月13日《人民法院报》的《非法吸收公众存款与民间融资的界分》一文，该文中“1. 非法吸收公众存款罪特定犯罪目的的必要性；2. 民间融资行为目的单一性；3. 非法吸收公众存款罪与民间融资的界分标准”的三大观点和结论与辩护人的上述观点不谋而合，人民法院报的这篇文章论点明确、论据清楚，分析透彻，与本案非常契合。

（四）在钢固达公司破产重整一案中，本案的出借人均已向法院申报民事债权并已经债权确认，债权性质也登记为民间借贷

这一事实说明：（1）本案的出借人认可与其建立借款关系的是钢固达公司而非被告人王某、叶某二人。（2）出借人认可其与钢固达公司之间的资金关系是民事债权债务关系，并自愿选择通过民事途径进行救济，否则出借人不应在明知案件已被刑事立案的情况下还到法院申报债权。（3）人民法院亦认可出借人的债权申报行为。最高人民法院《关于办理非法集资刑事案件适用法律若干问题的意见》“七、关于涉及民事案件的处理问题”规定，对于公安机关、人民检察院、人民法院正在侦查、起诉、审理的非法集资刑事案件，有关单位或者个人就同一事实向人民法院提起民事诉讼或者申请执行涉案财物的，人民法院应当不予受理，并将有关材料移送公安机关或者检察机关。但是，本案中，出借人在向人民法院申报债权时，人民法院依法受理，这说明人民法院认为出借人的债权是合法的。（4）出借人的债权申报已被确认，出借人与钢固达公司之间的资金往来性质已被确认为民间借贷。

在出借人债权已经确认登记的情况下，出借人将全部本金金额作为民事债权主张，出借人将所得利息全部作为合法所得申报。就本案中的借款行为，只能予以民事或刑事一种评价，不能重复评价。依照相关法律的规定，二者也是不能兼容的，在人民法院已经接受出借人债权申报并已确认债权的情况下，无论是从客观事实来说，还是从当事人的意愿来说，本案都应作为民间借贷来处理，而不应作为刑事案件处理。最高人民法院《关于审理民间借贷案件适用法律若干问题的规定》中“关于民间借贷行为和非法集资行为的条款”很明确告诉我们，是民间借贷就不是非法集资，是非法集资就不是民间借贷，法律上不能同时采用民事和刑事的手段进行处理，这是法律常识。而且，如果本案所涉借款最终被认定为非法吸收公众存款的款项，则出借人的利息将不受法律保护。这将给出借人带来严重的损失并且不利于社会稳定，我想这点毋庸置疑是出借人不能接受的，也是政府不希望出现的。

被告人王某的妻子叶某在其取保候审期间，殚精竭虑，经努力工作，目前清水湾项目已经全部竣工并向业主进行交付，项目资金逐步回笼，不但极大地稳定了债权人的情绪和社会稳定，也对钢固达公司的破产重整起到了至

关重要的作用，有效降低了债权人的经济损失，没有造成社会危害。

我们了解，本案由民间借贷发展成被认为涉嫌非法吸收公众存款罪的一个转折是被告人王某、叶某二人的离境，且不论当时离境的具体背景，无论王某、叶某离境与否，钢固达公司与各出借人之间的借款行为和关系都客观存在，不增不减。就法律规范而言，当事人的离境并不导致借款行为性质发生质的变化，不能导致民间借贷转化为非法吸收公众存款。近日，最高人民法院通报了《关于依法妥善处理历史形成的产权案件工作实施意见》，该意见第 13 条规定，“准确把握罪与非罪的法律政策界限。严格区分经济纠纷与经济犯罪特别是合同纠纷与合同诈骗的界限、企业正当融资与非法集资的界限、民营企业参与国有企业兼并重组中涉及的经济纠纷与恶意侵占国有资产的界限。准确把握经济违法行为入刑标准，准确认定经济纠纷和经济犯罪的性质，坚决纠正将经济纠纷当作犯罪处理的错误生效裁判。对于在生产、经营、融资等活动中的经济行为，当时的法律、行政法规没有明确禁止而以犯罪论处的，或者虽属违法违规但不构成犯罪而以犯罪论处的，均应依法纠正”。上述意见明确人民法院要坚决纠正以刑事执法介入民事纠纷而导致的错案。

审判是诉讼的最后一个环节，也是实现司法公正的最后一道防线。刑事审判生杀予夺，事关公民的名誉、财产、自由乃至生命，事关国家安全和社会稳定；坚决依法公正审判，防止发生冤假错案，是人民法院必须坚守的底线。一个冤假错案就会毁掉一个家庭、毁掉一个人的一生，是任何赔偿、补偿都无法弥补的。不仅如此，也会严重损害司法形象与司法权威。司法公正最终是要靠案件质量来说话的，出了一个冤假错案，多少年、多少人的努力都会付诸东流，多少成绩和贡献也都会化为乌有。我们恳请法庭能够秉持以事实为依据、以法律为准绳的原则，尽最大可能防范本案出现冤假错案的情况。

综上，辩护人认为现有证据已能够证明公诉机关在本案中对被告人王某犯有非法吸收公众存款罪的指控是错误的，无论钢固达公司还是被告人王某在本案中的行为均不构成非法吸收公众存款罪。

二、对起诉书指控被告人王某犯有伪造国家机关证件、伪造公司印章罪的罪名，辩护人不持异议

但鉴于在本案中王某伪造行为的目的是获得借款满足形式上的要求，且伪造的是自有的、真实存在的国有土地使用权证。在认定和量刑上应区别于为了非法目的，无中生有制作、伪造假证进行诈骗活动的恶意伪造行为，并且，在本案中，王某的行为没有给国家机关和相关单位造成实际损失且系自首。恳请法庭根据本案的基础事实，综合王某的一贯表现及后果，在此项罪名的认定和量刑上对王某从轻量刑处罚。

综上所述，辩护人认为，公诉机关对本案被告人王某犯有非法吸收公众存款罪的指控，缺乏事实和法律依据，认定事实错误、证据不足、定性不准，指控的罪名不能成立。请求法庭依法驳回公诉人对被告人王某犯有非法吸收公众存款罪的指控。对于本案被告人王某涉嫌伪造国家机关证件、伪造公司印章罪的指控，恳请法庭结合本案事实背景，对其从轻、减轻处罚，给其改过自新、早日回归社会的机会。

最后，我们恳请法庭以事实为依据、以法律为准绳，排除一切干扰，对本案作出经得起历史考验的公正判决，从而维护法律的尊严，维护被告人王某的合法权益，同时也最大限度地维护全体安顺市债权人的利益，维护安顺市的社会的稳定。

此致

贵州省安顺市西秀区人民法院

辩护人：北京金诚同达律师事务所

原　伟　律师

2017 年 7 月 26 日

【案件结果】

2017 年 12 月 21 日，贵州省安顺市西秀区人民法院经审理认为，公诉机关指控被告人王某犯非法吸收公众存款罪的罪名成立，但指控的数额有误，其中有向特定对象借款 26 项共计 30, 243. 765 万元，有向小额公司等涉金融类企业借款 6 项共计 19, 535. 85 万元，有证据不充分不能认定为吸收资金 5

项共计 14, 237. 76 万元，均不应计入非法吸收公众存款数额。另外，公诉机关以自然人犯罪起诉王某不当，王某对外借款的行为应属公司行为，属于单位犯罪。另外两个罪名均予以确认。最终判决被告人王某犯非法吸收公众存款罪，判处有期徒刑 1 年 4 个月，并处罚金人民币 20 万元；犯伪造国家机关证件罪，判处有期徒刑 1 年 6 个月，并处罚金人民币 1 万元；犯伪造公司印章罪，判处有期徒刑 1 年 6 个月，并处罚金人民币 1 万元。总和刑期有期徒刑 4 年 4 个月，并处罚金人民币 22 万元。决定执行有期徒刑 3 年 4 个月，并处罚金 22 万元。［来源：贵州省安顺市西秀区人民法院（2016）黔 0402 刑初 180 号刑事判决书］

13　原北京时尚方向广告有限公司会计郑某涉嫌合同诈骗案

【指控内容】

2008年4月14日，郑某因涉嫌非国家工作人员受贿罪被北京市公安局通州分局刑事拘留。2008年5月13日，郑某被北京市公安局东城分局取保候审。2008年9月19日，北京市公安局侦查终结，以郑某涉嫌隐匿、销毁会计凭证罪，非国家工作人员受贿罪移送北京市人民检察院第二分院审查起诉。2009年4月8日，北京市人民检察院第二分院以京检二分刑诉［2009］71号起诉书指控被告人郑某犯合同诈骗罪，向北京市第二中级人民法院提起公诉。

【法律意见】

辩　护　词

尊敬的审判长、审判员、人民陪审员：

我是北京市金诚同达律师事务所律师，受本案被告人郑某的委托和事务所指派，我依法担任本案被告人郑某的一审辩护人，出庭为她辩护。接受委托后，我依法多次会见了本案被告人郑某；查阅了本案案卷材料；参加了本案的庭审，听取了本案的法庭调查。在此，我就北京市人民检察院第二分院京检二分刑诉［2009］71号起诉书指控郑某犯有合同诈骗罪一案，依据事实和我国《刑法》《刑事诉讼法》的相关规定，提出如下辩护意见：

一、被告人郑某并未实施在签订、履行合同过程中，以虚构事实或者隐瞒真相的方法，骗取对方当事人财物的行为

1. 我国《刑法》第224条规定，“有下列情形之一，以非法占有为目的，在签订、履行合同过程中，骗取对方当事人财物，数额较大的，处三年以下有期徒刑或者拘役……”这条就是我国《刑法》对合同诈骗罪的规定，也是起诉书指控被告人郑某犯有合同诈骗罪的法律依据，根据上述规定，合同诈骗罪中骗取的是对方当事人的财物，而本案中，被骗取财物的合同一方当事人是郑某所在的北京时尚方向广告有限公司（以下简称时尚公司），被告人郑某并无骗取对方当事人财物的行为，被告人郑某并不符合合同诈骗罪的构成要件。

2. 被告人郑某未实施起诉书指控的犯罪行为，起诉书关于被告人郑某“通过在转账支票上不填写收款人、虚假做账等手段，向被告人陈某某提供三张北京时尚方向广告有限公司的转账支票”的指控证据不足，与事实不符，指控不能成立。

（1）转账支票并非被告人郑某开具，郑某也未向支票的开具人提出不填写收款人的要求。

2008 年 3 月 26 日对陈某某的第一次讯问笔录第 6 页（主要证据复印件第 1 卷第 45 页），被告人陈某某供述，“（支票）金额都是填好的，就是收款人我没有让他们签”。

2008 年 5 月 13 日对陈某某的第四次讯问笔录第 2 页（主要证据复印件第 1 卷第 125 页），陈某某供述，“班某先开出一张抬头为‘北京时尚方向广告有限公司’的支票，我跟她们讲抬头要空着，这样她又重开了一张支票给我，抬头为空白”。“我跟她们讲抬头空着，我回去自己填。”

2008 年 5 月 27 日对证人班某的询问笔录第 3 页（主要证据复印件第 1 卷第 13 页），班某陈述，“……同时在我处领支票，在领支票的时候，我记得第一次陈某某就和我说支票的开头不要填写，背书也不要写，否则就做不了理财了。这样我就给了他一张只写了金额、日期的支票。在我的印象里在第二次委托书签完，陈某某上我这儿拿支票时，我写上了支票的开头和背书，陈某某说填上了就做不了理财了，这样我又给他换了一张支票”。

2009 年 2 月 11 日对证人班某的询问笔录第 4 页（主要证据复印件第 2 卷第 12 页），班某陈述，“陈某某要求我不能填写收款人”。

2008 年 4 月 14 日对证人班某的询问笔录第 3 页（主要证据复印件第 2 卷

第74页），班某陈述“（支票收款人）是陈某某不让填写的，因为我填写过还作废过一张支票”；“（陈某某三次在你处领取支票时都有谁在场）有郑某，还有一个新到我们公司的出纳栾某”。

2008年4月15日对郑某的第二次讯问笔录第4页（主要证据复印件第2卷第40页），郑某供述，“陈某某要求的，不让出纳写抬头，写了抬头就入不了账，办不了理财，这是出纳的工作”。

2008年4月21日对郑某的第三次讯问笔录第2页（主要证据复印件第2卷第47页、第48页），郑某供述，“我办理好理财的协议后，通知公司的出纳给陈某某开支票，三张支票是出纳员班某给开的”。“陈某某要求班某不要填写支票的抬头，我没有介入出纳的工作环节”。

2009年3月20日对陈某某的第二次讯问笔录第4页（主要证据复印件第3卷），陈某某供述，“第一次开始支票上面有收款人，应该是他们自己，但我说支票上不填写收款人，因为我说我也不确定钱填哪，这张支票就作废了，班某又重新开的支票”。

开支票当时在场的证人栾某证实（证据1），“班某就开了一张以时尚方向广告公司为抬头的支票，盖好了公司的财务章交给了陈某某，我听见陈某某说不能开抬头，让班某重新开一张，这时班某问郑某说陈某某让开抬头空着的支票怎么办，郑某这时马上问陈某某干嘛不开抬头啊，陈某某就解释说理财需要，不能开抬头。这样班某就按陈某某要求开了一张没有抬头的支票给了陈某某”。

上述口供和证言基本一致、互相印证，就支票的开具过程一事形成了一个完整的证据链，证明了如下事实：①起诉书中提到的三张转账支票均是由时尚公司出纳班某开出，被告人郑某并未实施开具支票的行为；②支票上不填写收款人（抬头）是被告人陈某某的要求，被告人郑某从未向出纳提出不填写支票抬头的要求；③不填写收款人（抬头）的要求是被告人陈某某为了达到其犯罪目的直接向班某提出的，郑某并未参与，且郑某在知情后也向被告人陈某某提出了疑问，被告人陈某某故意隐瞒事实真相，未告知实情。因此，起诉书对被告人郑某在转账支票上不填写收款人的指控与本案证据所证明的事实严重不符，指控错误。

（2）郑某未实施虚假做账的行为。

2007 年 12 月至 2008 年 2 月，时尚公司委托中行东大桥路支行进行理财的三次业务，被告人陈某某均向时尚公司出具了加盖真实银行公章及人名章的《人民币结构性理财产品交易委托书》（主要证据复印件第 2 卷第 5 页、第 8 页、第 11 页）和《交易证实书》（主要证据复印件第 2 卷第 4 页、第 7 页、第 12 页），交易委托书证明双方形成了委托理财关系，三张交易证实书显示中国银行东大桥路支行代时尚公司认购了理财产品，金额分别为 3000 万元、2000 万元、2000 万元，在此情况下，被告人郑某理所当然地认为理财资金进入了中国银行，因此，根据理财协议、转账支票的存根及银行提供的交易证实书做了记账凭证，真实地反映了时尚公司的财务状况，并未做假账。

上述三笔理财业务被告人郑某记录的会计科目为“其他货币资金/定期存款”，因三笔业务均为固定利率的理财产品，被告人郑某的记录无虚假之处，且 2008 年 9 月的正常理财业务及时尚公司在招商银行做的理财业务被告人郑某也是采用了同样的记账方式，这只是工作习惯，且这种记账方式也得到了负责时尚公司审计的会计师事务所的认可，因此并不是虚假做账。

2009 年 2 月 17 日对中国银行北京分行崇文支行业务科职员郑某某的询问笔录第 3 页（主要证据复印件第 2 卷第 16 页），郑某某陈述“这笔业务应该没有进账单，因为这不属于进账，只是属于一种理财业务，我们会给时尚方向公司出具一份确认书”。这一证言证明理财业务无进账单只有确认书。

2008 年 5 月 30 日对证人华颂会计师事务所会计师李某某的询问笔录第 3 页（主要证据复印件第 2 卷第 3 页），李某某陈述“我们依据时尚公司提供的材料，认为这笔资金不属于往来账，就没要求他（时尚公司）有进账凭证”。

因此，被告人郑某没有用进账单做账，而是根据支票存根、理财协议以及银行确认书进行了记账，不是虚假做账，确认书明确表明时尚公司确实在中国银行成功购买了金额分别为 3000 万元、2000 万元、2000 万元的理财产品，郑某据此做账并无虚假，而且，从法律层面上讲，无论时尚公司的上述用于理财的资金最终去向如何，时尚公司委托理财关系的合同相对方是中国银行，只要中国银行向时尚公司出具了《交易证实书》对上述资金进行了确认，那么就应由中国银行对上述资金承担责任，再说北京市华颂会计师事务所有限公司经审计也出具了无保留意见的《审计报告》（证据2），这些法律事实均足以证明起诉书对被告人郑某虚假做账的指控不能成立。

此外，起诉书关于郑某“通过在转账支票上不填写收款人、虚假做账等手段，向被告人陈某某提供三张北京时尚方向广告有限公司的转账支票”的指控也不符合开具支票、取支票而后记账的事实发生的逻辑关系，该指控违背事实。向中国银行开具支票是经时尚公司同意并作为理财资金由时尚公司出纳班某开出的，郑某作为会计进行记账是在被告陈某某取走支票之后，而起诉书却将在支票上不填写收款人和虚假做账都作为被告人郑某实施的、向被告人陈某某提供支票的手段行为，这显然违反事实发生的顺序，也不符合逻辑，指控错误。

二、被告人郑某并未获利25万元，起诉书的指控证据不足，不能成立

我们注意到，起诉书指控被告人郑某非法获利25万元的所谓证据仅仅是同案被告人陈某某的口供，被告人陈某某关于此事的供述是这样的：

（一）关于给被告人郑某钱的过程问题

2008年5月13日对陈某某的第四次讯问笔录第3页（主要证据复印件第1卷第126页），陈某某供述，“我分两次给了她（郑某）25万元”。第4页（主要证据复印件第1卷第127页）陈某某供述，“把这10万元现金在郑某公司大厦的18层水吧给了她”。第5页（主要证据复印件第1卷第128页），陈某某供述，“（第二次）是在08年春节前，也是在郑某公司的18层水吧，我把15万元现金放在一个农村信用社或农村商业银行的暗红色手提纸袋里给的她”。“（钱的来源是）新建村第二次给了我一张50万元的支票和17万元现金，我把其中的15万元现金给了郑某。”

2009年3月20日对陈某某第二次讯问笔录第5页（主要证据复印件第3卷），陈某某供述，“第一次给了（郑某）10万元现金，时间是在12月中下旬，地点是在时尚大厦18层咖啡厅，我是把钱放在一个牛皮纸袋里，郑某拿了钱以后就回去上班去了。钱是在我10月中旬取出来准备买房存在家里的。第二次，在同样的地点，是在2008年春节前，我给了她15万元现金，是一个农村信用社的暗红色的手袋里。我们在一个靠窗户的地方，郑某把钱放在自己背的一个金黄色的特别大的背包里，然后就外出了”。

2009 年 3 月 20 日对陈某某第二次讯问笔录第 5 页（主要证据复印件第 3 卷），陈某某供述，“185 万元分三次给我的，第一次是 75 万元的支票，我直接交给我买房的二手房房主，第二次是 50 万元的转账和 30 万元的现金，50 万元入了股市，其中 15 万元给了郑某。”

从上述供述来看，每次给钱陈某某都是用纸袋装着，郑某一点反应没有就拿走，这不符合常理也不符合逻辑。而且，被告人陈某某是用多大的纸袋装钱、被告人郑某是否有一个金黄色的能装下 15 万现金的大背包，对这些关键信息和证据侦查人员也未进行调查，仅凭被告人陈某某的一面之词就认定郑某非法获利，缺乏证据支持。并且，被告人陈某某的口供前后不一致，有矛盾之处，不能作为定案的证据使用。

根据现有证据，新建村确实给过被告人陈某某一张 75 万元的华成建筑公司开出的支票，这张支票被告人陈某某用来支付了购买位于朝阳区金都杭城房屋的首付款。通公查字［2008］00346 号北京市公安局通州分局查询存款/汇款通知书（主要证据复印件第 2 卷第 71 页）证明，北京东东基业科技有限公司账户在 2007 年 12 月 ~2008 年 3 月确实存进了 50 万元。通公查字〔2008〕00345 号北京市公安局通州分局查询存款/汇款通知书（主要证据复印件第 2 卷第 84 页）证明，2007 年 12 月 6 日，陈某某个人账户续存 45.06 万元，2008 年 1 月 29 日续存 5 万元，2008 年 1 月 30 日续存 29.5 万元，2008 年 1 月 30 日取出 34.7 万元，2008 年 2 月 21 日取出 20 万元。中银北京营业部提供的陈某某证券账户对账单证明，2008 年 1 月 30 日，该账户银行转存 34.7 万元，2008 年 2 月 21 日，该账户银行转存 20 万元。

根据新建村村委会提供的书证，2008 年 1 月 28 日新建村向被告人陈某某支付利息现金 17 万元，如果陈某某将其中的 15 万元给了郑某，那么在 2008 年 1 月 29 日，他为何会往自己的账户存入 5 万元，而不是 2 万元。被告人陈某某的供述与书证反映的情况也明显不一致。

（二）关于给郑某钱的比例问题

2008 年 3 月 26 日对陈某某第一次讯问笔录第 8 页（主要证据复印件第 1

卷第47页），陈某某供述，“在刚运作借款的事情时，我和葛某某就商量好了这事做完了所挣的钱两人一人一半”。

2008年3月26日对陈某某的第一次讯问笔录第8页（主要证据复印件第1卷第47页），陈某某供述，“我考虑过，我以银行的名义给时尚公司是年息为5%～6%，而永顺镇新建村给我的利率是10%～12%，我从中得到5%～6%的利率，总金额为175万元左右”。

2009年3月20日对陈某某第二次讯问笔录第3页（主要证据复印件第3卷），陈某某供述，“2007年11月中旬左右……我跟她说，我们有一个理财的任务，1000万起，半年期，利率是6%，问她能否帮忙，她说做不了主，得回去请示一下。在快吃完饭时，郑某问我如果我用不着这么高的利率呢，我说如果能做低，我就把利差拿出来给你支配。她说如果你能拿出来就一人一半”。

2009年3月20日对陈某某第二次讯问笔录第5页（主要证据复印件第3卷），陈某某供述，“（给钱的比例）因为这里面有1%的利差，第一笔理财金额是3000万，1%是30万，第二笔理财金是2000万，1%是20万，一共50万，我们每人25万元”。“因为我找她再做2000万元，她说5%太低了，老板不同意，就定了6%，没有利差，所以就没有给（利差）。”

根据陈某某的供述，他之所以给郑某25万元是因为时尚公司理财的利率是5%，而中国银行提供给该公司的利率是6%，因此出现1%的利差，50万元的利差一人一半。可是，根据陈某某第一次的口供可以看，前两次共计5000万元的理财产品，陈某某向郑某说明的是5%的利率，第三次做到6%是郑某首先提出要求的，而非被告人陈某某提出的。被告人陈某某口供前后矛盾，也无其他证据佐证，不足以采信，不能作为定案的证据使用。并且，如果按照被告人陈某某的供述出现了1%的利差，利差金额也不是50万元，因时尚公司委托中国银行进行理财的期限是6个月，而5%、6%均是年利率，即使真的存在利差，利差金额一共也仅为25万元，一人一半也只有12.5万元，他怎么又会给被告人郑某25万元？被告人陈某某作为客户经理，这么简单的账目他不可能不会算，因此我们有理由相信被告人陈某某的口供虚假，不应采信。

此外，关于郑某非法获利一事只有被告人陈某某口供，无任何其他证据佐证，被告人郑某的口供中也无任何关于非法获利的供述，我国《刑事诉讼法》第46条规定，对一切案件的判处都要重证据，重调查研究，不轻信口供。只有被告人供述，没有其他证据的，不能认定被告人有罪和处以刑罚；没有被告人供述，证据确实、充分的，可以认定被告人有罪和处以刑罚。其中，“只有被告人供述，没有其他证据的，不能认定被告人有罪和处以刑罚”的规定，简言之，就是“仅凭口供不能定案”的规则。这一规定实际上就是要求对被告人的供述必须有补强的证据才能据以定案。而本案中，只有同案被告人口供，无被告人郑某口供，也无任何其他证据，公诉人对郑某非法获利的指控不能形成完整证据链，不能证明被告人郑某非法获利且数额为25万元，因此指控不能成立。

三、被告人郑某无合同诈骗的主观故意

（一）在时尚公司委托中国银行东大桥支行进行理财业务时，被告人郑某对陈某某挪用时尚公司理财资金、赚取非法利益的犯罪行为和目的毫不知情

2008年3月26日对陈某某的第一次讯问笔录第5页（主要证据复印件第1卷第44页），陈某某供述，“（时尚公司知道你没做理财业务吗?）不知道”。

第8页（主要证据复印件第1卷第47页），陈某某供述，“（你为什么要隐瞒时尚广告公司的钱是借给通州区新建村的?）我要是实话实说时尚公司肯定是不借给我，我的钱也就挣不到了”。

2008年5月13日对陈某某的第四次讯问笔录第6页（主要证据复印件第1卷第129页），陈某某供述，“那是因为我生葛某某的气，如果不是他再三让我帮新建村宁某某的忙，并一再讲不会出事，我是不会落到今天这个地步的。而郑某并不了解我拿钱去做什么……”

2009年3月20日对陈某某的第二次讯问笔录第3页（主要证据复印件第3卷），陈某某供述，“我是按照9月份这笔的操作给了时尚公司一份空白的委托理财协议书，上面有时尚公司公章、法人签字和我们支行业务章，但是没有中国银行北京分行盖章的那栏。因为在我们银行nos系统上，有每笔

理财的协议书格式文本，我就把文本的字体放大，北京分行盖章的那栏就到了第二页上，我打出来后就没有把分行盖章的第二页交给时尚公司。但是，委托理财协议书的内容没有任何变化。这三笔不正常的确认书是我按照9月份那笔正常的业务，自己打了一份确认书，交给了郑某。还盖了单位公章，而且他们向我催要过确认书”。

以上口供及证据已能证明，被告人陈某某作为中国银行东大桥支行的客户经理向郑某所在的时尚公司推荐理财产品，被告人郑某对陈某某的犯罪行为和目的毫不知情，其以为是正常的理财产品，因此向领导做了介绍，并由公司领导做出投资决定。在投资决定作出后，被告人陈某某向时尚公司提供了加盖真实银行公章和人名章的理财协议和确认书，被告人郑某与陈某某也无事前通谋，在此情况下，被告人郑某不可能明知陈某某挪用理财资金、获取非法利益的犯罪行为和犯罪目的，更不知道陈某某要将钱借给通州区永顺镇新建村村委会使用。

第一笔3000万元理财资金被划转前，被告人郑某并未接到过中国银行北京分行票据结算中心的确认电话，在第二笔理财资金2000万元被转出时，被告人郑某接到了中国银行北京分行票据结算中心的电话，被告知时尚公司的2000万元将被划转至某村委会，其向陈某某进行了询问，但陈某某隐瞒了事实真相，告诉郑某这是中行的理财操作，由于对结构性理财产品不了解和对银行工作人员陈某某的信任，郑某并未怀疑。

2008年4月15日对郑某的第二次讯问笔录第7页（主要证据复印件第2卷第43页），郑某供述，“我接了中行票据中心的电话后，问过陈某某支票（怎么）到了村委会，陈某某说这是中行的理财操作，具体到哪儿我也不清楚”；“我没有怀疑过，协议上有公章，是与中行签的”。

2009年3月20日对陈某某的第二次讯问笔录第6页（主要证据复印件第3卷），陈某某供述，“在第一笔钱划走以后，郑某问过我一次，为什么钱划到通州的一个村里。我说我也不清楚，可能划到哪都有可能”。

上述被告人郑某与陈某某的口供一致，证明被告人郑某确实就资金走向向陈某某进行了查实，但是因为相信中国银行的良好信誉和服务，加之业务能力有限被陈某某欺骗。

第三笔2000万元理财资金被划转时，被告人郑某又接到过中国银行北京分行票据结算中心的确认电话，被告知资金将被划转至某村委会，此次郑某在电话中详细地向票据结算中心的工作人员说明了情况，但票据结算中心未予理会，也没有指出此款项的问题，仍然将钱款划出，这是被告人郑某无法控制的。

2008年3月25日，在警察到时尚公司向被告人郑某了解情况后，被告人郑某给陈某某打电话核实理财产品的情况并进行了电话录音，被告人陈某某此时仍然向郑某隐瞒了实情（主要证据复印件第2卷第36～39页），证人栾某的证言也能证实此事（证据1）。

2009年3月24日对证人刘某的询问笔录第6页（主要证据复印件第3卷），刘某陈述，“我就找郑某问她怎么钱会打到通州一个村子，郑某说她也不知道，我就让她查清楚，郑某当着我的面就给陈某某打电话，打完电话告诉我陈某某说钱没事，让我们放心”。

上述证据证明，被告人陈某某一直向郑某及时尚公司刻意隐瞒资金被挪用的事实，被告人郑某系被欺骗。

（二）被告人郑某无非法占有他人财物的合同诈骗的犯罪故意

被告人郑某作为时尚公司的会计，根据公司领导的要求为公司寻找创造价值的机会，在委托中国银行东大桥路支行进行理财业务的过程中，无非法占有他人财物的犯罪故意，也未实施任何非法占有他人财物的犯罪行为。

（三）被告人郑某与陈某某无共同故意

起诉书指控被告人郑某与陈某某二人共同犯罪，共同犯罪必须有共同的犯罪故意，首先，有共同犯罪的认识因素：（1）各个共同犯罪人不仅认识到自己在实施某种犯罪，而且还认识到有其他共同犯罪人与自己一起在共同实施该种犯罪；（2）各个共同犯罪人认识到自己的行为和他人的共同犯罪行为结合会发生危害社会的结果，并且认识到他们的共同犯罪行为与共同犯罪结果之间的因果关系。其次，有共同犯罪的意志因素：（1）各共同犯罪人是经过自己的自由选择，决意与他人共同协力实施犯罪；（2）各共同犯罪人对他们的共同犯罪行为会发生危害社会的结果，都抱有希望或者放任的态度。

本案中，被告人陈某某的犯罪故意是挪用时尚公司的理财资金、赚取非法利益，而被告人郑某和陈某某在事前、事中和事后均无通谋，郑某不知道被告人陈某某在实施犯罪行为，也不知其犯罪目的，她也不希望发生时尚公司的钱款被挪用的后果，也未赚取非法利益，其自己无犯罪故意，与陈某某更无共同的犯罪故意。

因此，本案中无任何证据能够证明被告人郑某有合同诈骗的主观故意，不符合合同诈骗罪的主观构成要件，依法不构成合同诈骗罪。

综上所述，被告人郑某客观上未实施（或与他人共同实施）虚构事实隐瞒真相骗取对方当事人财物的行为，主观上无非法占有的目的和合同诈骗的故意，不符合合同诈骗罪的构成要件，依法不构成犯罪，起诉书对被告人郑某的指控不能成立，请求法庭排除一切干扰，以事实为依据，以法律为准绳，对本案作出公正的判决，依法宣告被告人郑某无罪。

此致

北京市第二中级人民法院

辩护人：北京市金诚同达律师事务所

原 伟 律师

2010 年 3 月 9 日

【案件结果】

2010 年 9 月 20 日，北京市第二中级人民法院经审理认为，北京市人民检察院第二分院指控被告人郑某犯合同诈骗罪的证据不足，指控的犯罪不能成立，判决被告人郑某无罪；被告人陈某某犯合同诈骗罪，判处有期徒刑 13 年，罚金人民币 26,000 元。［来源：北京市第二中级人民法院（2009）二中刑初字第 1147 号刑事判决书］

宣判后，同案被告人陈某某不服一审判决上诉至北京市高级人民法院，北京市高级人民法院经审理后裁定驳回陈某某的上诉，维持原判。［来源：北京市高级人民法院（2010）高刑终字第 691 号刑事裁定书］

14　原香港先添金属矿产有限公司、香港高泰运输有限公司和香港先添集团有限公司董事长王某舒涉嫌信用证诈骗案

【指控内容】

1998 年 7 月 16 日，王某舒因涉嫌诈骗罪被监视居住，同年 10 月 30 日被刑事拘留，同年 11 月 29 日被监视居住，1999 年 2 月 9 日经山东省青岛市人民检察院批准，青岛市公安局对其执行逮捕。2000 年 3 月 20 日，山东省青岛市人民检察院以青检刑诉［2000］42 号起诉书指控被告人王某舒犯信用证诈骗罪，向山东省青岛市中级人民法院提起公诉。2000 年 6 月 2 日，山东省青岛市人民检察院以青检刑诉［2000］77 号起诉书指控被告人王某舒犯信用证诈骗罪，再次向山东省青岛市中级人民法院提起公诉。

【法律意见】

辩　护　词

尊敬的审判长、审判员：

我是中华人民共和国执业律师，受本案被告人王某舒家属的委托并征得王某舒本人的同意和律师事务所的指派，我依法担任王某舒的辩护人，出庭为他辩护。

接受委托后，我依法会见了本案被告人王某舒，查阅了本案卷宗内收录的公安机关受理刑事案件登记表、立案报告表、刑事案件破案报告表和

有关协议、合同、单证及本案两被告人的口供、有关证人的询问笔录等案卷证据材料，仔细阅读了公诉人指控被告人犯罪的起诉书，听取了开庭两天来的法庭调查并进行了质证。在此，我根据事实和法律，提出如下辩护意见：

一、公诉人山东省青岛市人民检察院青检刑诉［2000］77号起诉书对本案被告人王某舒犯有信用证诈骗罪的指控，缺乏事实上和法律上的依据，本案被告人王某舒没有犯罪，其罪名不能成立

（一）本案事实并非公诉人在起诉书中所述。起诉书诉称的所谓犯罪事实，完全是公诉人毫无证据的主观臆断、牵强附会，有些甚至是凭空捏造

为了查明本案的事实真相，证明本案被告人王某舒没有实施起诉书所指控的犯罪，我们有必要客观地、实事求是地按照事情发生的时间顺序，对本案的事实做一个正确的叙述和回顾。本案案卷收录的证据表明，本案事实是这样的：

1997年4月中旬，广东蓝金盾集团公司法人代表谢某某与本案第一被告人刘某交谈中，让刘某为他挣点儿钱；后刘某在广州外商活动中心见到肖某某，肖某某称其有电解铜生意，只要谢某某有钱或能开出信用证，就能挣到钱。随后，刘某将做进口电解铜生意如何能快速挣钱一事告诉了谢某某，谢某某表示同意一起干，并负责出面找能开信用证的公司开信用证（详见预审卷宗刘某口供、谢某某证言）。

1997年4月24日，经刘某的介绍，中国凯利实业山东公司（以下简称凯利公司）与香港先添金属矿产有限公司（以下简称先添公司）签订97/SL-019号国际货物买卖合同（以下简称外贸合同），合同标的为1000吨电解铜，买方是凯利公司，卖方是先添公司（详见预审卷宗中该合同）。

1997年4月25日，谢某某向香港高发国贸有限公司李某某发传真，请求该公司为蓝金盾集团公司进口电解铜开立以先添公司为受益人的信用证（详见证据1）。

1997年4月25日，刘某向先添公司发传真，通知先添公司，电解铜合同将由香港高发国贸有限公司开证（详见证据2）。

1997年5月5日，广东蓝金盾集团公司致函凯利公司，委托凯利公司为

该公司进口电解铜开具信用证（详见证据3）。

我们在预审卷宗中还见到一份落款日期为1997年5月5日由谢某某和刘某签订的“关于经营进口2000吨电解铜的委托协议合同”，在法庭上刘某已证实该合同系由谢某某和凯利公司宫某某商量后，于1997年8月3日采用倒签日期的办法伪造的（详见预审卷宗中该合同及刘某当庭陈述笔录）。

1997年5月5日，刘某向凯利公司宫某某主任发传真，催促宫某某速开信用证（详见证据4）。

1997年5月6日，凯利公司与广州市东山区中天贸易发展有限公司（以下简称中天公司）订立买卖2000吨进口电解铜的“工矿产品购销合同”（以下简称内贸合同），卖方为凯利公司，买方为中天公司（详见预审卷宗中该合同及刘某口供、宫某某证词、中天公司经理冯某某证词）。

1997年5月，凯利公司将上述外贸合同和内贸合同提交给中国农业银行青岛分行国际业务部，以这两份合同为依据向农行青岛分行申请开立以先添公司为受益人的不可撤销跟单信用证，凯利公司驻青办主任宫某某在其公司向银行递交的“开立不可撤销跟单信用证申请书”上签名（详见预审卷宗中该开证申请书及农行青岛分行国际业务部薛某证词）。1997年5月14日，凯利公司书面告知先添公司，称农行信用证已开出（注：实际上农行青岛分行1997年5月20日开出的信用证）（详见证据5）。

1997年5月20日，农行青岛分行根据凯利公司的申请，对外开具了以先添公司为受益人的90天远期不可撤销跟单信用证（详见预审卷宗中该信用证电文及农行青岛分行薛某证词）。

1997年5月20～21日，香港高泰运输有限公司（以下简称高泰公司）开出了以凯利公司为收货人的提单及其附随的装箱单、数量证明、受益方证明等（以下简称提单），交接证行瑞士银行香港分行审查并由该行转交开证行农行青岛分行（详见预审卷宗中该提单及农行青岛分行薛某证词）。

1997年5月26日，农行青岛分行接到瑞士银行香港分行发来的关于凯利公司进口电解铜的提单及其附随的全套单据并审查无误，于当日通知凯利公司取走（详见预审卷宗宫某某证词、农行青岛分行薛某证词）。

1997年5月26日，凯利公司宫某某将当日刚刚从银行取回的以凯利公司为收货人的正本提单，加盖公司印章背书后亲手交给了与上述外贸合同和内贸合同毫无法律关系的刘某，并让其将提单交给王某舒（详见预审卷宗中该背书提单和宫某某证词、刘某口供及刘某在法庭上所述）。

1997 年 5 月 27 日，刘某将宫某某给他的正本提单送到了先添公司广州办事处（详见预审卷宗刘某口供、先添公司广州办事处员工王某某、李某某证词）。

1997 年 5 月 27 日，凯利公司正式通知农行青岛分行，确认凯利公司同意如期付汇，请农行及时发出承兑电文（详见证据 6）。

1997 年 5 月 28 日，农行青岛分行根据凯利公司的确认，向接证行瑞士银行香港分行发出确认远期付款的电报，同意 90 天后承兑（详见预审卷宗中该确认电文及农行青岛分行薛某证词）。

1997 年 5 月 28 日，提单持有人刘某指令先添公司将 200 余万美元货款，扣除银行手续费、利息等费用后，全额汇入香港金城银行 XIAO ××× ××× 账户（肖某某账户）（详见预审卷宗中该书面指令及刘某口供、王某舒口供）。

1997 年 5 月 29 日，先添公司根据刘某的指令，向银行申请汇款至香港金城银行肖某某账户（详见证据 7、8、9 及预审卷宗王某舒口供）。

1997 年 6 月至 8 月初，农行青岛分行向凯利公司催款；凯利公司宫某某催刘某归还货款；谢某某和宫某某不断地向刘某、肖某某追钱。在此期间，农行青岛分行曾派人前往广州，准备按凯利公司提供的内贸合同找中天公司催收货款，但当农行人员到广州后，却被谢某某派车接到了惠州。在惠州，谢某某称刘某在桂林，要等刘某回来再说；可是农行的人员在广州找到了刘某！

在此期间，肖某某不仅没有消失，还给了刘某 110 万港元，从刘某手中宫某某“借”了 3 万元人民币，谢某某拿了七八万元人民币。

1997 年 8 月 1 日，凯利公司向青岛市公安局市南分局递交“关于我司被诈骗 218 万美元的有关情况”，称“货物提不到，刘某也未如约将款付于我司，以致我司蒙受巨大经济损失”。但凯利公司在该文中向公安机关隐瞒了内贸合同及凯利公司已将提单背书转让等事实真相（详见证据 10）。

1997 年 8 月 3 日，刘某致函凯利公司宫某某，告知先添公司已将货款付给他并向宫某某保证，不去上海提货及对他带走的单据负全责（详见证据11）。

1997年8月3日，刘某、谢某某、宫某某三人签订了一份“关于2000吨电解铜还款的补充协议”，约定还款期推迟至11月26日，到期由刘某付给凯利公司。该协议签订后一小时，刘某被抓（详见预审卷宗中该协议及刘某口供和刘某当庭所述）。

1997年8月4日，凯利公司宫某某以口头方式向青岛市公安局市南分局报案，谎称开证申请、供销货合同及提单发票等开证手续都是伪造的，凯利公司到期未提到货，隐瞒了信用证开证申请由凯利公司向银行提出、内贸合同和外贸合同均由凯利公司签署及正本提单已由凯利公司背书转让、凯利公司并未实际提货等事实真相（详见证据12、13、14）。

1997年8月5日，农行青岛分行向凯利公司发催收通知单（详见预审卷宗中该催收通知单）。

1997年8月6日，青岛市公安局市南分局人员前往惠州提审刘某并将其押解回青岛。

1997年8月25日，青岛市公安局市南分局致函农行青岛分行国际业务部，同时发给农行“协助冻结存款通知书”，以涉嫌诈骗为由，要求农行青岛分行对上述信用证项下的货款采取止付措施（详见证据15、16）。

1997年8月26日，农行青岛分行根据凯利公司的申请和同意，对外开立和同意承兑的信用证到期，农行没有对外付款（详见预审卷宗农行青岛分行薛某证词）。

1997年8月27日、28日，先添公司先后两次发传真给凯利公司，同时抄送瑞士银行香港分行，希望凯利公司尽快通知银行对外付款（详见证据17、18）。

1997年8月28日，凯利公司宫某某向先添公司回传真，对先添公司的合作表示感谢，同时向先添公司说明，凯利公司只收回100万元货款，其余货款尚未调回，但正在处理中（详见证据19）。

1997年9月4日、10月17日，先添公司又先后两次发传真给凯利公司，强烈要求凯利公司通知银行尽快对外付款（详见证据20、21）。

1997年10月，农业银行青岛分行因信用证到期后凯利公司未按期归还信用证项下的货款，而对凯利公司提起诉讼并获胜诉（详见该案法院判决书及农行青岛分行薛某证词）。

1997 年 12 月 29 日，凯利公司宫某某发传真给先添公司经理王某舒，询问农行承兑情况，并向先添公司道歉（详见证据 22）。

1998 年 2 月，农行青岛分行根据国际惯例和迫于国际银行的压力，向瑞士银行香港分行承兑了 2, 180, 256. 00 美元（详见农行青岛分行薛某证词）。

1998 年 7 月 16 日凌晨 1 时，先添公司经理王某舒和先添公司广州办事处王某某两人在深圳阳光酒店附近被一伙不明身份的人用布套蒙住头绑架至惠州，当日早晨 10 时青岛市公安局人员飞抵惠州与绑架者对王某舒进行了交接，王某舒被带回青岛（详见预审卷宗王某舒口供、先添公司广州办事处王某某证词及其当庭作证之笔录）。

（二）从以上事实经过可以看出三方面的问题：一是明确上述各方当事人之间的法律关系是对本案事实认定和定性的关键；二是凯利公司以虚构的内贸合同骗取银行信任，为其对外开立了信用证，凯利公司宫某某隐瞒事实真相，向公安机关报假案；三是本案被告人王某舒没有实施信用证诈骗的犯罪行为

1. 明确本案涉及的各方当事人之间的法律关系，是对本案事实认定和定性的关键

从本案上述事实的发生、发展经过看，本案所涉及的民事法律关系主体有中国凯利实业山东公司、香港先添金属矿产有限公司、广州市东山区中天贸易发展有限公司、刘某、中国农业银行青岛分行、瑞士银行香港分行和香港高泰运输有限公司等。其各主体之间的法律关系如下：

（1）凯利公司与先添公司之间的法律关系。根据凯利公司和先添公司于 1997 年 4 月 24 日签订的以凯利公司为买方、先添公司为卖方的 97/SL－019 号外贸合同，两者之间是国际货物买卖关系。

（2）凯利公司与中天公司之间的法律关系。根据凯利公司和中天公司于 1997 年 5 月 6 日签订的以凯利公司为卖方、中天公司为买方的购销合同及刘某口供和中天公司经理冯某某证词证实，凯利公司和中天公司之间，是凯利公司为符合向银行申请开立信用证的条件，骗取银行信任而虚设的形式上的

进口代理关系，亦即虚设的进口货物的内贸合同关系。

（3）凯利公司与刘某之间的法律关系。根据凯利公司为上述电解铜生意申请开立信用证的起因和目的，谢某某、刘某、宫某某三人的约定，刘某在这单生意中的实际地位和作用，以及凯利公司在收到提单后，既不提货也不将提单交给其形式上的内贸合同用户中天公司去提货，而是直接将提单背书后交给刘某等一系列实际发生的事实可以认定，刘某是实际进货人（用户），凯利公司是刘某的代理进口方，两者是实际上的委托代理开证关系。凯利公司将提单背书转让给刘某，应从刘某处获得对价即货款。

（4）凯利公司与农业银行青岛分行之间的法律关系。凯利公司是开证申请人，农行青岛分行是开证行。银行一旦对外开立不可撤销信用证，就承担第一对外付汇义务，如银行因此而遭受损失，对开证申请人凯利公司可以行使追偿权。

（5）先添公司与议付行瑞士银行香港分行之间的法律关系。先添公司收到信用证后，按信用证条款持有关单据到银行议付，议付行对单据进行审核，若单证一致、单单一致，即可付款。因此，两者之间是票据买卖关系。如议付行所买单据被开证行拒付，则议付行有权向受益人先添公司追偿。

（6）先添公司与高泰公司之间的法律关系。先添公司是货物托运人，高泰公司是货物承运人，货物的风险由承运人承担。根据 CNF 价格条款的约定，提单一经签发，货物的所有权随提单的转让而转移。

（7）先添公司与刘某之间的法律关系。在上述电解铜生意的外贸合同、内贸合同、信用证的申请开立与议付等所有环节中，先添公司与刘某之间没有任何直接的法律关系。但是，自从 1997 年 5 月 26 日凯利公司将正本提单背书转让给刘某之日起，刘某成为提单持有人即货物的所有权人，刘某对该提单项下的货物或等值的货款有决定权。刘某没有用提单去提货，而是将提单交给先添公司，委托先添公司将提单项下的货物销售并指令先添公司将货款汇入其指定的银行账户，就使先添公司与刘某之间产生了直接的法律关系即委托关系。至于刘某在受让提单时没有付给凯利公司货款或者在先添公司按其指令将货款汇出后，刘某没有将货款收回而归还凯利公司，则与先添公司无关。

2. 凯利公司以虚构的内贸合同欺骗取银行为其对外开立了信用证，案发后又隐瞒事实真相，向公安机关报假案

（1）凯利公司与先添公司订立外贸合同后，凯利公司驻青办主任宫某某与谢某某、刘某共同就开证、开证费的承担、货物的销售和利润分配等事宜进行了协商和分工，约定由凯利公司对外开证，开证费由蓝金盾公司承担，刘某负责提货和销售等。可是，凯利公司在向银行申请开立信用证时，却向农行青岛分行提交了其与中天公司签订的虚构的内贸合同。这证明凯利公司从申请开立信用证时就以欺骗的手段骗取银行信任，为其对外开立信用证。要说本案涉及信用证诈骗，则凯利公司此时就已开始实施了信用证诈骗行为。

（2）凯利公司宫某某作为国有资产的经营者和管理者，对国有资产严重不负责任，在没有收到货款或任何担保的情况下，将票面价值200余万美元的正本提单背书后交给与凯利公司没有任何协议和法律关系的刘某，致使巨额国有资产失去控制，宫某某的行为已构成玩忽职守。

为掩盖其真正的犯罪行为，宫某某隐瞒事实真相，向公安机关谎报假案。凯利公司是开证申请人，宫某某却报称开证申请是刘某通过先添公司伪造的；凯利公司是根据外贸合同申请开见的以先添公司为受益人的信用证，宫某某却报称受益人是刘某指定的；明明是经过银行审核的真实提单，宫某某却报称提单是伪造的；内贸合同是凯利公司与中天公司共同订立的，宫某某却报称是刘某伪造的；凯利公司收到提单后根本没有去提货，而是由宫某某于收到提单的当日，将提单背书后交给了刘某，宫某某却对公安机关谎称“凯利公司到期未提到货”等，凯利公司及宫某某这种隐瞒事实真相、报假案栽赃他人的行为，最终只能是欲盖弥彰。

3. 本案被告人王某舒没有犯信用证诈骗罪，公诉人对王某舒的犯罪指控，其罪名不能成立

（1）鉴于本案涉及的外贸合同、内贸合同的订立，信用证的申请和开立及提单的发出和背书转让等事实和行为均发生在现行《刑法》生效之前，故本案应适用现行《刑法》生效之前的《刑法》和1995年6月30日第八届全国人大常委会第十四次会议通过的《关于惩治破坏金融秩序犯罪的决定》（以下简称决定）。公诉人青岛市人民检察院将本案适用现行《刑法》，指控

王某舒的行为触犯现行《刑法》的起诉，违反现行《刑法》第 12 条的规定。

（2）无论是《决定》还是现行《刑法》的规定，信用证诈骗罪的成立要求行为人在客观上必须至少实施了下列行为中的一种：一是使用伪造、变造的信用证或者附随的单据、文件进行信用证诈骗的；二是使用作废的信用证进行诈骗的；三是骗取信用证进行信用证诈骗的；四是以其他方法进行信用证诈骗活动的。在本案中，公诉人举证的所有证据，不能证明被告人王某舒犯有公诉人所指控的罪行，事实上王某舒没有实施上述任何一种构成信用证诈骗罪的行为。

首先，所谓伪造、变造的信用证或者附随的单据、文件，是指行为人采用描绘、复制、印刷等方式制造的假信用证或附随的单据、文件或者以编造、冒用某银行的名义开出假信用证的行为；变造信用证或附随的单据、文件则是指行为人在原信用证或附随的单据、文件的基础上，采用涂改、剪贴、拼接、挖补等方法，改变原信用证及其附随单据、文件的内容和主要条款，使其成为虚假的信用证及其附随的单据、文件的行为。根据法律的规定，伪造、变造信用证或者附随的单据和文件的行为并不构成信用证诈骗罪，只有使用伪造、变造的信用证或者附随的单据、文件的行为，才是信用证诈骗行为，才构成信用证诈骗罪。在本案中，王某舒任经理的先添公司向香港地区的议付银行议付所使用的信用证，是由中国农业银行青岛分行根据开证申请人凯利公司的申请和指示而开立的不可撤销跟单信用证；先添公司向议付行瑞士银行香港分行议付时所附的全套单据，均是由合法设立的机构出具的，并同样经议付银行严格审核。先添公司所使用的信用证及全套附随的单据、文件，既非伪造或变造，也未因某种法定事由或条件的成就而失去效力。既然如此，也就不存在使用伪造、变造的信用证或者附随的单据、文件进行信用证诈骗或者使用作废的信用证进行诈骗的问题。况且，作为物权凭证的提单一经签发，货物所有权和货物风险就与托运人先添公司剥离。因此，议付行根据国际通行的 UCP500 条款规定的“单证一致，单单一致”的原则买单付款，而先添公司将货物所有权转让后取得议付行垫付的货款，都符合国际贸易惯例且不违反法律规定。

其次，所谓骗取信用证，是指行为人以非法占有公私财物为目的，编造虚假事实或隐瞒事实真相，欺骗开证银行开立信用证的行为。显然，这种形式的信用证诈骗行为，只能由开证申请人单独或与他人勾结共同实施，以此套出或骗取开证银行的资金或信用证受益人的货物。从本案中凯利公司向农行青岛分行申请开立信用证的上述事实经过可以看出，凯利公司在申请开立信用证时以虚假的内贸合同和货物在广州销售的虚假事实欺骗了银行，使农行青岛分行在不知真情的情况下，为其对外开立了信用证（有凯利公司开证申请、内贸合同、中天公司经理冯某某证词和农行青岛分行薛某证词为证）。而对此，先添公司经理王某舒既不知情，也未参与。公诉人在没有任何证据证明王某舒参与了上述信用证开立申请的任何一个环节的情况下，仅凭其对本案中各个独立的客观事实的主观推断和想象及青岛市有关公安机关所谓的证据，就认定王某舒实施了信用证诈骗，是客观归罪，毫无事实上和法律上的依据。

在本案中，开证行农行青岛分行将议付行转来的全套提单交给凯利公司并得到凯利公司的确认和同意，向接证的议付行发出同意远期（90日）承兑的电文后，提单最终由谁持有，已与先添公司无任何法律关系，尤其该提单是可背书转让的指示提单。至于凯利公司在收到全套提单后不提货，而是将提单背书后全部交给了刘某，其动机和目的我们不得而知。那么，刘某在获得提单时是否付给了凯利公司货款、如何补偿凯利公司的开证费用及刘某凭提单如何处分该批货物，则完全是凯利公司与刘某之间，即转让人与受让人之间、进口商与最终用户之间的货款纠纷，与本案中信用证的申请、开立、承兑、议付、赎单等信用证事宜无关，更与先添公司没有任何法律关系。

最后，所谓以其他方法进行信用证诈骗活动，一般是指利用“软条款”信用证进行诈骗的犯罪行为。“软条款”信用证是指在开立信用证时，有意埋伏一些隐蔽性条款，如信用证开立后暂不生效，需待开证行签发通知书后生效；规定公司的船名、目的港、起运港或编货人、装船日期需待开证申请人通知或同意，并以修改书形式通知；品质书须由开证申请人出具，开证行核实或与开证行存档之样相符；收货收据须开证申请人签收或核实等。由此可见，“软条款”实际上赋予开证申请人或开证行单方面的主动权和控制权，从而使信用证可以随时因他们单方面的原因而解除，增加了出口商的风险，使货款的回收完全依赖于买方的商业信用，如果买方不讲信誉，则出口商很难收回货款。可见，这种情形一般是开证申请人或开证行通过“软条款”来进行，从而达到骗取受益人之货物的目的。尤其是在本案中，农行青岛分行开立的远期信用证具有融资功能，进口商凯利公司是先提货后付款，一旦遭遇欺诈，受损方只能是信用证的受益人即出口商先添公司。显然，先添公司及其经理王某舒没有也不可能实施这种形式的信用证诈骗行为。

（3）先添公司经理王某舒在货物装船之前，先委托承运人签发提单即“空单”的行为与凯利公司收不回货款的结果之间不存在法律上的因果关系。

首先，公诉人在起诉书和法庭上一直认为承运人签发货物提单时，先添公司并未实际交运该提单项下的货物，故该提单是伪造的假提单。公诉人的这种观点是极为错误的和不实事求是的。真实的空头提单与伪造的假提单是不同的，两者具有本质的区别。这就如同某公司在其账户上没有进钱或款额不足的情况下，开出了一张经背书的现金支票，当持票人持该支票到银行提款被拒付而提不到款时，不能说该支票是假支票，应该说该支票是一张空头支票，持票人有权凭该真实的空头支票向出票人追索该支票项下的款项。在本案中，由议付行瑞士银行香港分行审核并发给开证行中国农业银行青岛分行转交给收货人凯利公司的提单，是由在香港地区合法注册的高泰公司签发的真实提单，而非伪造的提单。如凯利公司持该提单提不到货，则凯利公司可以采取两方面的措施，防止损害结果的发生，一是通知开证行拒付货款，二是要求托运人和承运人实际付货并赔偿损失，直至对托运人先添公司和承运人高泰公司提起仲裁或诉讼。

其次，先添公司在没有实际装船的情况下，委托承运人签发空提单的行为与凯利公司收不到货款的损害结果之间没有法律上的因果关系，即上述签发空提单的行为并不必然导致凯利公司收不回货款。如凯利公司因持该提单提不到货而造成损失，其责任当然应由托运人先添公司和承运人高泰公司承担。但是，在本案中，凯利公司并无提货的意思表示和实际的提货行为，而是于收到提单的当日，就在没有任何担保的情况下，将提单背书后交给了刘某。此后，提单持有人刘某将该提单交还给了先添公司（刘某在法庭上供称是宫某某让他交的），同时指令先添公司将货款（扣除银行利息、手续费等费用）汇入其指定的银行账户，刘某在先添公司按其指令将货款汇入指定账户后，未向凯利公司给付货款。也就是说，在本案中，凯利公司的损失并不是支付了货款提不到货，而是在没有获得货款或任何担保的情况下，将提单背书给了刘某后，刘某将该提单项下货物的货款给了凯利公司以外的第三人即肖某某，而农行青岛分行在得到凯利公司同意付汇的确认后，为凯利公司对外支付了货款，从而形成了凯利公司欠农行青岛分行 2, 180, 256. 00 美元的债务这一法律事实，这是决定本案性质的关键所在。

（4）王某舒在主观上没有诈骗他人财物的动机和目的。

信用证诈骗罪的成立，在主观上和其他诈骗罪一样，要求行为人必须具备以非法占有他人公私财物为目的的犯罪故意。在本案中，王某舒没有非法占有凯利公司财产的犯罪故意，也没有以“空单”骗取凯利公司货款的犯罪故意，更没有获取任何非法利益。

根据上述事实和法律规定，辩护人认为，先添公司及其经理王某舒在上述电解铜贸易过程中的行为，符合国际贸易惯例和法律规定。王某舒既未在客观上实施任何形式的信用证诈骗行为，在主观上也不具有非法占有凯利公司财产的目的，公诉人青岛市人民检察院指控王某舒犯有信用证诈骗罪的证据不足，其罪名不能成立。

二、本案在办案程序上严重违反《刑事诉讼法》

（一）对本案被告人王某舒的抓捕行动严重违法

根据《刑事诉讼法》的规定，对犯罪嫌疑人的拘留或逮捕，应当由公安机关负责依照法定程序进行，任何单位和个人发现有犯罪事实或犯罪嫌疑人，有权利也有义务向公安机关、人民检察院或者人民法院举报或者报案。但是，这不等于说，任何单位或个人可以任意自行抓捕犯罪嫌疑人。在本案中，有证据证明，被告人王某舒不是由青岛市公安局依照法律程序抓捕的，而是被一伙不明身份的人，在既不出示任何证件又不表明身份的情况下，强行绑架走的。

根据公安部《公安机关办理刑事案件程序规定》（公安部第 35 号令）第 314 条的规定：“异地执行拘留、逮捕的，执行人员应当持《拘留证》、《逮捕证》、办案协作函件和工作证件，与协作地县级以上公安机关联系，协作地公安机关应当派员协助执行”。辩护人在本案预审卷宗第1卷第6页看到了一份盖有青岛市公安局刑事警察支队印章，由办案警官李某、王某某于1999年2月9日手写的题为“查获经过”的证词，称“我们于98年7月16日，在深圳市公安机关的大力协助下，将潜逃入境的香港先添金属矿产公司的王某舒抓获”。但是，经与深圳市公安局查询，1998年7月16日深圳市公安局并未协助青岛市公安局抓捕王某舒。与王某舒同时被错抓的先添公司广州办事处的王某某，作为本案证人，也当庭作证证实，当时没有任何人向他们出示过青岛市公安局或者深圳市公安局的任何证件。因此，辩护人认为，办案警官李某、王某某的上述证词不真实，不足采信。

（二）对本案被告人王某舒采取的强制措施违法

《刑事诉讼法》第51条第2款规定，取保候审、监视居住由公安机关执行。《公安机关办理刑事案件程序规定》第95条、第96条规定，对犯罪嫌疑人监视居住，应当制作《呈请监视居住报告书》，由犯罪嫌疑人签名（盖章）、捺手印，并通知负责执行的派出所。公安机关不得建立专门的监视居住场所，对犯罪嫌疑人变相羁押。不得在看守所、行政拘留所、留置室或者公安机关其他工作场所执行监视居住。而在本案中，青岛市公安局对王某舒先后两次采取的监视居住措施都是违法的，一是没有按法律规定由公安机关执行，而是由保安公司执行，并且由保安公司执行监视居住的违法措施竟赫然写在青岛市公安局的《监视居住决定书》上；二是对王某舒设立专门的场所进行监视居住，先是在青岛长城饭店的客房，后又转移到青岛市公安局办的汇园宾馆客房，并派专人日夜看守，这实际上已经使对王某舒的监视居住转变为变相的羁押；三是在对王某舒实施监视居住期间，日夜轮流看守王某舒的人不是青岛市公安局的警察，而是青岛警备区保卫处的军人。这一系列做法不仅严重违反了《刑事诉讼法》及其有关规定，而且严重侵犯了王某舒的人身权利，应受到法律的追究。

（三）对王某舒刑事拘留严重超期

《刑事诉讼法》第69条规定，公安机关对被拘留的人，认为需要逮捕的，应当在拘留后的3日以内，提请人民检察院审查批准。在特殊情况下，提请审查批准的时间可以延长1～4日。而本案被告人王某舒被青岛市公安局以涉嫌信用证诈骗刑事拘留的时间自1998年10月30日至11月29日，长达30天，羁押时间严重超期。

（四）对王某舒逮捕后的侦查羁押期限严重超期

根据《刑事诉讼法》第124条、第126条、第127条的规定，对犯罪嫌疑人的侦查羁押期限，经省、自治区、直辖市人民检察院批准，最长为7个月。而本案被告人王某舒自1999年2月9日被青岛市公安局执行逮捕至2000年6月2日青岛市人民检察院提出起诉，时间长达15个月，超期羁押8个月。也就是说，自1999年9月9日起至2000年6月2日止，对王某舒的羁押没有法律依据，是不合法的。

（五）逮捕王某舒的通知家属方式严重违法

《刑事诉讼法》第71条规定，公安机关逮捕犯罪嫌疑人后，应当把逮捕的原因和羁押的场所，在24小时以内通知被逮捕人的家属或者他的单位。但是，当时被逮捕人王某舒的妻子收到的家属通知书却不是由青岛市公安局发出的，而是从与本案有直接利害关系的凯利公司发出的。

（六）王某舒在监视居住期间，被刑讯逼供和体罚

《刑事诉讼法》第43条规定，严禁刑讯逼供和以威胁、引诱、欺骗以及其他非法的方法收集证据。可是，据本案被告人王某舒称，他在监视居住期间曾被刑讯逼供和体罚，其人身和精神都受到了严重的侵犯和损害（详见王某舒在法庭调查时当庭陈述的庭审笔录）。

（七）王某舒在羁押期间向承办此案的检察官反映其被刑讯逼供和受到不公正待遇并要求记录在案时，被检察官拒绝

《刑事诉讼法》第14条规定，人民法院、人民检察院和公安机关应当保障诉讼参与人依法享有的诉讼权利，诉讼参与人对于审判人员、检察人员和侦查人员侵犯公民诉讼权利和人身侮辱的行为，有权提出控告。第137条第5款规定，人民检察院审查案件的时候，必须查明侦查活动是否合法。青岛市人民检察院承办此案的检察官，对于本案被告人王某舒依法行使权利，反映其被刑讯逼供和受到不公正待遇的情况不予记录的行为，严重违反《刑事诉讼法》，是对侦查机关违法犯罪活动的包庇和对公民诉讼权利的侵犯。

（八）青岛市人民法院采取的辩护律师会见犯罪嫌疑人必须经法院许可的做法，严重违法

《刑事诉讼法》第36条规定，辩护律师可以同在押的犯罪嫌疑人或被告人会见和通信，其他辩护人经人民法院许可，也可以同在押的犯罪嫌疑人或被告人会见和通信。最高人民法院、最高人民检察院、公安部、国家安全部、司法部、全国人大常委会法制工作委员会《关于刑事诉讼法实施中若干问题的规定》（1998年1月19日发布）第11条规定，对于不涉及国家秘密的案件，律师会见犯罪嫌疑人不需要经过批准。而在本案中，辩护律师每次会见王某舒前，必须向青岛市人民法院提出申请并领取法院许可律师会见的决定书后，方能会见。青岛市人民法院的这种做法，是对我国现行《刑事诉讼法》和律师制度的修改，是对法律的挑战，是严重侵犯公民权利和律师权利的违法行为。

（九）公诉人青岛市人民检察院在本案中以两份相同事实和法律依据的起诉书向本案被告人提起公诉的起诉行为违法

作为本案被告人王某舒的辩护律师，青岛市人民法院向我转交了两份青岛市人民检察院指控被告人刘某、王某舒犯有信用证诈骗罪的起诉书：一份是2000年4月27日从青岛市人民法院领取的落款日期为2000年3月20日的青检刑诉［2000］42号起诉书；另一份是2000年6月22日从青岛市人民法院领取的落款日期为2000年6月2日的青检刑诉［2000］77号起诉书。

公诉人的上述两份起诉书基于相同的事实和理由、相同的被告人，却先后发给了本案被告人和律师，又未在送达时正式对被告人和律师明示这样做的依据和理由，也没有对前一个起诉行为作出撤回起诉或根据新的证据修改起诉书的决定。公诉人以这样的起诉行为来指控犯罪，是对人民不负责任的，违反《刑事诉讼法》的起诉行为。

（十）法庭在与本案有重大利害关系人凯利公司驻青岛办事处主任宫某某不到庭和最终收款人肖某某未归案的情况下，开庭审理本案，对本案涉及的主要事实和重要证据根本无法进行法庭调查和质证

根据《刑事诉讼法》第46条、第47条的规定，只有被告人供述，没有其他证据的，不能认定被告人有罪和处以刑罚，未经过公诉人、被害人、被

告人、辩护人各方质证并查实的证据和证人证言，不能作为定案的依据。因此，辩护人认为，法庭在这种情况下开庭审理本案，对本案被告人是不公正的，也是有悖于法律的。

三、在本案中，青岛市公安机关隐瞒其逼迫、引诱被告人家属交出巨额资金和抢走高级小轿车的违法事实真相，其在侦查阶段扣押、查封、冻结直至处分本案案款及属被告人所有甚至与本案无关的财产的行为严重违法

1. 在本案案卷中，有一份盖有青岛市公安局刑事警察支队印章，由办案警官李某、王某某于1999年9月1日手写的“情况说明”，称“98年7月16日，王某舒之妻郭某为了减轻其夫的罪责，争取得到宽大处理，特向公安机关退赔200万港元，以弥补受害单位的损失”。而事实上，这200万港元是在青岛市公安局办案人员以拿来钱就放人为诱饵的前提下，由王某舒的弟弟王某某按照办案人员的要求，用以开得（青岛）贸易有限公司为收款人的香港银行本票，于1999年10月16日在青岛交给警官李某和王某某的（详见案卷中收录的由李某、王某某签字的收条和法庭调查时的庭审笔录）。事实和证据证明，上述“情况说明”是伪证。

2. 在本案中，青岛市公安局非法扣押了一辆车牌号为粤×××（黑牌）的日产凌某高级轿车。青岛市公安局这一行为是严重的违法行为：一是该车是1998年7月16日王某舒被一伙不明身份的人绑架时一同被抢走的，青岛市公安局取得该车的手段和方式不合法；二是该轿车车主既不是王某舒，也不是先添金属矿产有限公司，而是先添有限公司广州办事处，与本案无关（详见本案案卷收录的扣押登记）。

3. 在本案预审卷宗中，辩护人还发现有两张盖有青岛市公安局刑事警察支队印章，由警官李某、王某某于1998年10月17日签署的，并有与本案有重大利害关系的人宫某某签收的“发还条”。根据这两张“发还条”，我们发现：被告人弟弟王某某于1998年10月16日交给青岛市公安局的，由警官李某、王某某签收的200万港元案款和上述被扣押的凌某轿车，于1998年10月17日即被该局以“发还”的名义给了凯利公司。根据法律的规定，扣押的案款和财产应随案移送，在案件审结和判决生效之前，任何单位和个人均不得非法使用和处分。再说，这 200 万港元和 1993 年购买的凌某轿车不是被告人从凯利公司取得，更不是用所谓的“赃款”购买的，又谈何“发还”给凯利公司呢？

上述两张由青岛市公安局警官李某和王某某手写的“发还条”中，仅写了“经批准，发还给受害单位中国凯利实业山东公司”，而没有写明经哪个机关批准？经谁批准？何时批准？根据什么理由批准？在整个案卷中，也没有任何批准“发还”的正式发还手续或者发还决定等证据材料。因此，辩护人认为上述发还是非法的。

4. 青岛市公安局在办理本案过程中还查封了产权人为本案被告人王某舒父亲的深圳房产，这是严重违反《刑事诉讼法》、侵犯王某舒父亲财产权的违法查封。

5. 青岛市公安局于 1999 年 1 月 26 日对香港先添有限公司在中外合资经营企业北京顺添玩具有限公司中的股权采取的“扣押”措施违法、无效：一方面，香港先添有限公司与香港先添金属矿产有限公司是两个分别依据香港法律设立的有限公司，是两个独立的法人，更与本案毫无事实上和法律上的任何关系；另一方面，青岛市公安局对上述股权用《协助扣押犯罪嫌疑人物品通知书》加以“扣押”是无效的。因为，这种通知书是决定扣押物品的通知书，而“股权”并非物品，对股权只能“冻结”，而不能“扣押”。

6. 青岛市公安局在以监视居住为名羁押王某舒期间，动用其扣押的王某舒个人的现金，支付用来羁押王某舒的青岛汇园宾馆客房房租等费用的行为，没有法律依据，侵犯了公民的财产权。

7. 青岛市公安局在以监视居住为名羁押王某舒期间，于 1998 年 10 月 28 日强迫王某舒签名，从王某舒的信用卡账户上提取了现金 7800 美元（折合 60,755.68 港元），这笔钱去了哪里？用于何处？案卷中无据可查。

总之，根据上述事实和理由，辩护人认为，公诉人青岛市人民检察院对本案被告人王某舒的犯有信用证诈骗罪的指控，缺乏事实上和法律上的依据，其罪名不能成立；在本案的办理过程中存在太多的违法问题。请求法庭排除一切干扰，以事实为依据，以法律为准绳，对本案作出公正的判决，宣告被告人王某舒无罪。

此致

青岛市中级人民法院

辩护人：天平律师事务所

原　伟　律师

2000 年 6 月 26 日

【案件结果】

2000 年 8 月 21 日，山东省青岛市中级人民法院经审理后判决被告人王某舒犯信用证诈骗罪，判处无期徒刑，剥夺政治权利终身。［来源：山东省青岛市中级人民法院（2000）青刑初字第 104 号刑事判决书］

宣判后，被告人王某舒不服一审判决，于 2000 年 8 月 31 日向山东省高级人民法院提出上诉，我继续担任其在二审阶段的辩护人。2002 年 12 月 27 日，山东省高级人民法院经审理后判决维持原审判决对上诉人王某舒的定罪部分，撤销原审判决对王某舒的量刑部分，判决王某舒犯信用证诈骗罪，判处有期徒刑 15 年。［来源：山东省高级人民法院（2000）鲁刑二终字第 51 号刑事判决书］

15 北京国邦京基（北京）房地产开发有限公司法定代表人冯某峻涉嫌诈骗案

【指控内容】

2019年8月29日，冯某峻因涉嫌诈骗罪被北京市公安局海淀分局刑事拘留，同年9月29日经海淀区人民检察院批准对其执行逮捕。2019年11月27日，北京市公安局海淀分局侦查终结，以京公海诉字（2019）003869号起诉意见书将冯某峻涉嫌诈骗罪一案移送海淀区人民检察院审查起诉，海淀区人民检察院于2020年1月10日报送北京市人民检察院第一分院审查起诉。

【法律意见】

关于北京市公安局海淀分局移送北京市海淀区人民检察院、北京市海淀区人民检察院移送北京市人民检察院第一分院对冯某峻涉嫌诈骗案审查起诉的京公海诉字（2019）003869号起诉意见书的初步法律意见

北京金诚同达律师事务所接受犯罪嫌疑人冯某峻的委托，指派原伟律师担任冯某峻的辩护人，为其提供法律帮助和辩护。接受委托后，原伟律师依法多次会见了冯某峻，查阅了本案案卷证据材料，对有关事实进行了调查。在此，就北京市公安局海淀分局移送北京市海淀区人民检察院、北京市海淀区人民检察院移送北京市人民检察院第一分院审查起诉的京公海诉字（2019）003869号《起诉意见书》，依据在案证据和事实，提出如下初步法律

意见，供贵院对本案审查起诉时参考。

一、犯罪嫌疑人冯某峻没有对控告人许某某实施任何诈骗行为

（一）犯罪嫌疑人冯某峻对于许某某提供的投资款及经营费用无非法占有目的

1. 许某某向国邦京基（北京）房地产开发有限公司（以下简称国邦京基公司）、国邦京基公司会计郝某某及冯某峻的账户转入投资款及经营费用（在许某某汇款时，其标注的用途为“借款”“业务”或未标注用途）过程中，许某某担任国邦京基公司总经理，许某某、冯某峻共同进行房地产前期包装项目合作，即办理收购土地时所需的相应手续、协调关系、出规划方案等工作。

能够证明以上事实的证据包括：首先，许某某于2016年3月18日在廊坊大官庄项目一期地块测算报告上手书，“冯总：此项目建议控股，具体详谈，位于市中心。许”，于2016年10月18日在于廊坊市广阳区碾子营村改造实施方案上手书“冯总：此项目位于市中心，建议整体拿下，直接对接。许”，证明许某某不仅是投资国邦京基公司，还实际参与国邦京基公司项目管理工作，与冯某峻共同合作房地产前期包装项目。其次，2017年9月5日，国邦京基公司会计郝某某帮助冯某峻、许某某二人于北京市丰台区方庄日月天地B座北京某图文设计有限公司印刷了名片，许某某名片上显示的身份为国邦京基公司总经理。再次，许某某在国邦京基公司所在地北京市丰台区方庄日月天地A座2605室拥有自己的办公室，许某某也曾经多次到国邦京基公司会计室向会计郝某某询问项目回款情况。还有，许某某曾经与国邦京基公司会计郝某某一起代表国邦京基公司与碧桂园公司冯某沟通河间项目招投标事宜（后由于国邦京基公司未三证合一，不满足招投标条件，于是改用天基置业有限公司参加投标）。最后，许某某根据冯某峻的指示，代表上海岳五建筑科技合伙企业与苏某某、北京盈丰天佑房地产开发有限公司于2018年10月11日签署居间合同（签署居间合同的主体系其朋友的公司，即上海岳五建筑科技合伙企业，但是根据苏某某询问笔录的陈述，联系此项目的负责人是冯某峻）。综上，许某某投资国邦京基公司的目的系与冯某峻进行合作，利用冯某峻资源共同运作房地产前期包装项目。冯某峻与许某某开展长期合作，共同推进项目运作，许某某亦于冯某峻实际控制的国邦京基公司任总经理一职，冯某峻积极推进许某某投资国邦京基公司目的的实现，其主观上无非法占有许某某投资款及经营费用的目的。

2. 冯某峻收到许某某支付的投资款及经营费用后（包括向冯某峻、国邦京基公司、国邦京基公司会计郝某某账户中转入的钱款），均用于公司日常经营及各个房地产合作开发项目。国邦京基公司会计郝某某、国邦京基公司机关某某等人笔录中都能够证实，冯某峻确实从事房地产前期包装业务，参与的项目包括“太师屯、大望路中石化、通州宋庄改造、密云怡水园、C13 地块、天津静海、河北固安、保定西马池、涞水项目、天津宝坻、海南、昆明、大连等项目”。2017 年至今，许某某与冯某峻一起与地主方李某某洽谈涞水水泥厂收购事宜；2017 年 1 月 10 日，国邦京基公司作为中间人促成中南集团收购固安县海生房地产开发有限公司固安项目股权；2018 年 10 月 11 日，许某某根据冯某峻的指示，代表上海岳五建筑科技合伙企业与苏某某共同作为居间人，促成中南集团收购北京盈丰天佑房地产开发有限公司保定西马池项目。冯某峻积极运作相关房地产项目的前期包装工作，亦要求许某某以国邦京基公司总经理的身份参与其房地产前期包装项目，这也说明许某某对于项目运作情况是知晓的、参与的。冯某峻主观上不满足我国《刑法》对于诈骗罪主观方面（对于骗取的财物具有非法占有目的）构成要件的规定。

3. 自许某某、冯某峻双方开展项目合作始至许某某向北京市公安局海淀分局进行控告之前，冯某峻通过国邦京基公司账户、国邦京基公司会计郝某某账户向许某某支付投资回报款共计人民币 155 万元，能够证明冯某峻已有向许某某实际支付其投资收益的行为。因此，在本案中冯某峻客观上未实施诈骗许某某的行为，主观上无非法占有许某某财物的目的。

4. 保存于国邦京基公司会计郝某某处的电子文件档案显示，冯某峻曾经要求国邦京基公司法务李某起草并向许某某提供《投资入股合作协议》，约定“投资方名称：许某某。出资方式：现金（人民币）。出资额：￥6,000,000（人民币陆佰万元整）”；“乙方（许某某）自合同生效之日，按公司年利润参与分红”，尽管这份协议由于种种原因尚未签署，但能够证明冯某峻将以公司分红方式向许某某支付投资收益，无非法占有许某某投资款的主观故意。

（二）犯罪嫌疑人未实施以虚构事实或者隐瞒真相的方法骗取财物的行为

根据诈骗罪客观方面的构成要件，满足以下条件将构成诈骗罪：（1）行为人实施了欺诈行为；（2）欺诈行为使对方产生错误认识；（3）被害人陷入错误认识之后作出财产处分；（4）欺诈行为使被害人处分财产后，行为人便获得财产。根据控告人许某某提交的《刑事控告书》及在接受公安机关询问时所做陈述，其支付投资款时，冯某峻说明投资款将用于房地产项目包装投资。在许某某支付投资款时，冯某峻并未虚构项目或者向许某某隐瞒真相。许某某在支付投资款时，也未对投资的项目产生错误认识，并基于此错误认识向冯某峻支付财物。因此，综合分析冯某峻向许某某说明的项目、双方草拟的投资协议以及许某某实际参与国邦京基公司项目运作，冯某峻的行为不满足诈骗罪客观方面要件，其行为不构成诈骗罪。

二、根据刑事侦查卷宗收录的许某某提交的《刑事控告书》及其提供的证据材料，本案不满足刑事案件立案条件

1. 本案中，许某某与冯某峻之间为民事纠纷。冯某峻的行为不构成诈骗罪，不属于需要追究刑事责任的情形，北京市公安局海淀分局根据许某某提交的《刑事控告书》及其提供的证据材料立案程序违法。根据我国《刑事诉讼法》的相关规定，满足以下条件时应当立案：（1）认为有犯罪事实；（2）认为需要追究刑事责任；（3）属于受理机关管辖条件。许某某提交的《刑事控告书》及证据材料并不能证明有犯罪事实的发生，其与冯某峻之间仅就投资回报产生争议，系民事纠纷。北京市公安局海淀分局仅根据许某某提交的《刑事控告书》就认为有诈骗罪的犯罪事实，受案程序违法。

2. 最高人民法院《关于充分发挥审判职能作用为企业家创新创业营造良好法治环境的通知》第2条规定，应当防止利用刑事手段干预经济纠纷。本案冯某峻的行为不构成诈骗罪，许某某控告冯某峻的行为，就是许某某在其提前收回投资款的要求没有得到满足后，利用刑事手段干预民事纠纷，以达到迫使冯某峻向其返还投资款的目的，北京市公安局海淀分局仅根据许某某提交的《刑事控告书》就草率立案违反上述《通知》的基本精神。

三、许某某恶意隐瞒事实、谎称被冯某峻诈骗的行为，已经导致冯某峻被侦查机关采取刑事强制措施，并被移送审查起诉，其行为涉嫌构成诬告陷害罪，依法应当追究其刑事责任

许某某提交的《刑事控告书》中称，“控告人在老乡聚会时与被控告人相识。冯某峻介绍自己是做地产业务的，经常承诺帮助一些做工程的老乡承揽工程业务，并且在与大家交往时出手阔绰、大方、能说会道、吹嘘自己关系强，渐渐让大家产生错觉，误认为他是大老板，能量很大，就渐渐被其以投资房地产项目为由诈骗……”根据在案证据及辩护人通过调查取证收集的证据能够证明以上内容完全系捏造事实、虚假控告，并且隐瞒了与案件相关的重要事实。首先，许某某与冯某峻系通过北京安国商会办公室主任王某某介绍在商会认识，并非通过老乡聚会认识。其次，根据证人张某某询问笔录，可以证明冯某峻的确从事房地产前期包装项目，并且帮助一些做工程的老乡承揽工程业务。再次，国邦京基公司会计郝某某可以证明，许某某担任国邦京基公司总经理，并非冯某峻所做的虚假承诺。而且，许某某提供的《刑事控告书》中完全没有提及其与冯某峻合作及参与项目的内容，例如，2016 年 3 月 18 日及 10 月 18 日，许某某分别在大官庄项目一期地块测算报告上和廊坊市广阳区碾子营村改造实施方案上向冯某峻提供合作建议；2017 年 1 月 10 日，许某某曾经与国邦京基公司会计郝某某一起代表国邦京基公司与碧桂园公司冯某沟通河间项目招投标事宜；2018 年 10 月 11 日，许某某根据冯某峻的指示，代表上海岳五建筑科技合伙企业与苏某某、北京盈丰天佑房地产开发有限公司签署居间合同。前述事实均证明，许某某对于国邦京基公司项目运作完全了解并实际参与，并未“被其（冯某峻）以投资房地产项目为由诈骗”。此外，证人张某某可以证实：许某某所称投到或借给国邦京基地产公司的 2000 多万元中，有 510 万元是冯某峻打电话给张某某，说公司需要资金，让许某某具体操作的。张某某认为向许某某账户支付的 510 万元钱款是给了国邦京基公司，公司将向其归还借款。在张某某向许某某账户支付钱款后，冯某峻还明确向张某某表示，国邦京基公司赚了钱之后，会归还张某某所借款项的。许某某在《刑事控告书》中完全隐瞒其投资国邦京基公司款项中 510 万元资金来源。最后，保存于国邦京基公司会计郝某某处的文件档案显示，冯某峻曾经要求国邦京基公司法务李某起草并向许某某提供《投资入股合作协议》，与许某某在《刑事控告书》中提出的“股份过户给控告人，至今连一份合同都没见到”完全相悖。

许某某提出的冯某峻以从事投资房地产项目进行诈骗系虚假控告，且其隐瞒其曾经与冯某峻合作三年并担任国邦京基公司总经理、代表国邦京基公司参与项目运作等内容，其行为涉嫌构成诬告陷害罪。恳请北京市人民检察院第一分院考虑许某某指捏造事实，做虚假控告，意图陷害他人，使他人受刑事追究的行为，依法将许某某涉嫌诬告陷害一案及相关证据移送侦查机关以追究许某某的刑事责任。

四、本案侦查过程中，侦查人员的行为违反我国《刑事诉讼法》的规定

1. 侦查人员对于证人郝某某提供的有利于犯罪嫌疑人的证言不予记录。根据国邦京基公司会计郝某某于 2020 年 1 月 5 日向辩护人所做陈述，“2019 年 8 月 29 日，公安问我，我是不是认识许某某，我当时就表态，许某某是我们公司总经理。我想如果有录音的话，是有据可查的，但是，他们记没记在笔录里，我就没仔细看。我还跟警察说了，我给冯总、许总同时都印了名片，他们记没记在笔录里，我也没仔细看。如果没有记，看来警察是有意略去了我说的这些话，没有把我的话记到笔录里”；“这样的话我也跟警察如实说的，如果他们没有记录，那就是他们没有如实记录我说的话，如果有录音，可以以录音为准。给我感觉警察忽略我对冯总有利的说法，对于有利的内容不予记录，在问话的时候我也有这种感觉，他们有倾向性”。根据我国《刑事诉讼法》的规定，侦查人员应当收集能够证实犯罪嫌疑人有罪或者无罪、犯罪情节轻重的证据，但是，在侦查本案的过程中，侦查人员有意略去并不予记录证人提供的、有利于犯罪嫌疑人冯某峻的证据，属违法侦查行为，恳请北京市人民检察院第一分院根据我国《刑事诉讼法》的规定审查侦查活动的合法性，对于违法侦查行为进行法律监督，调取相关录音录像资料，并依法排除非法证据。

2. 根据辩护人会见犯罪嫌疑人冯某峻时其向辩护人所做的陈述，在 2019 年 8 月 29 日，讯问过程中，侦查人员对其存在谩骂、威胁、恐吓的行为，致使冯某峻对于侦查人员询问“许某某给你这 2000 万元你做什么用了”的回答是“我都用于还债了，当时我在别处打了一个官司，虽然答应（打赢）了，但是中间花了很多钱，这些钱都是借的高利贷，我都还债了”，这与冯某峻在此后的讯问笔录中提供的对于投资款用途的陈述完全不一致。根据我国《刑事诉讼法》的规定，恳请北京市人民检察院第一分院调取侦查人员对于冯某峻第一次讯问时录音录像记录，对于侦查活动的合法性进行审查，依法排除非法证据，保护犯罪嫌疑人合法权益。同时，依法责成相关部门开展对有上述行为的警官的调查，直至追究其刑事责任。

综上所述，北京市公安局海淀分局移送北京市海淀区人民检察院、北京市海淀区人民检察院移送北京市人民检察院第一分院审查起诉的京公海诉字（2019）003869号《起诉意见书》指控的犯罪事实不清，证据不足；据以立案的《刑事控告书》内容失实，且已有证据证实控告人隐瞒真相；本案侦查程序违法，不具备起诉条件。请求北京市人民检察院第一分院本着对人民负责、对法律负责的精神依法将本案退回北京市公安局海淀分局，要求其对于不构成犯罪的予以撤案，或径直作出不起诉决定，从而维护犯罪嫌疑人冯某峻的合法权益，维护法律的尊严，防止冤假错案的发生。

此致

北京市人民检察院第一分院

辩护人：北京金诚同达律师事务所
原　伟　律师
2020年1月17日

【案件结果】

2020年7月9日，北京市人民检察院第一分院经审查认为，本案系因投资失败导致的经济纠纷，不存在犯罪事实。依据《刑事诉讼法》第177条第1款的规定，决定对冯某峻不起诉。同日，被羁押了316天的冯某峻被无罪释放，重获自由。［来源：北京市人民检察院第一分院京一分检公诉刑不诉〔2020〕7号不起诉决定书］

16　江苏广盛源典当行有限公司股东郭某涉嫌诈骗案

【指控内容】

2014 年 8 月 13 日，郭某因涉嫌诈骗罪被东阳市公安局刑事拘留，同年 9 月 19 日经东阳市人民检察院批准对其执行逮捕。2014 年 12 月 9 日，东阳市公安局侦查终结，以郭某涉嫌诈骗罪移送东阳市人民检察院审查起诉。2014 年 12 月 30 日，东阳市人民检察院以东检公诉刑诉〔2015〕122 号起诉书指控被告人郭某犯诈骗罪，向东阳市人民法院提起公诉，东阳市人民法院审查后于 2015 年 1 月 7 日将案件退回东阳市人民检察院。2015 年 2 月 10 日，东阳市人民检察院以东检公诉刑诉〔2015〕323 号起诉书再次指控被告人郭某犯诈骗罪，向东阳市人民法院提起公诉。

【法律意见】

辩　护　词

尊敬的审判长、人民陪审员：

我是北京金诚同达律师事务所执业律师，受事务所的委派和本案被告人郭某的委托，担任他的辩护人，出庭为他辩护。接受委托后，我多次会见了被告人郭某，也阅读了本案全部卷宗，了解了基本案情，参加了庭前会议；通过三天庭审查明的案件事实，结合相关法律规定，就东阳市人民检察院东检公诉刑诉〔2015〕323 号起诉书对被告人郭某犯有诈骗罪的指控和公诉人发表的公诉意见，辩护人认为，公诉人指控被告人郭某犯有诈骗罪事实不清，证据不足，被告人郭某不构成诈骗罪。现发表如下辩护意见，请予采纳。

一、被告人郭某没有实施起诉书指控的行为

（一）被告人郭某、刘某某设立广盛源典当行的目的是进行典当业务并通过典当业务获取利润，被告人郭某从未与刘某某、陈某某约定过以陈某某向典当行借款的方式进行投资来获益

典当是向抵押私人物品的人提供资金周转的行业，一般按抵押品的实际价值打折扣借钱，并约期赎回，这是典当行的经营模式。本案中，被告人郭某所在的广盛源典当行就是通过这种方式来获取利润。郭某从亲友处以较低的月息借款投入典当行，典当行对外以月息3%左右对外出借资金。典当行在对外出借资金时，借款人提供抵押物或保证人作为债权担保。广盛源典当行赚取的就是其中的息差以及抵押物绝当变卖后的利润。这也是被告人郭某加入广盛源典当行的初衷。

典当行的典当业务所获利润远远高于进行房地产投资的利润，被告人刘某某、郭某当初设立广盛源典当行就是为了通过典当行的方式挣取息差和绝当利润，而非通过房地产投资获利。如果真如公诉人指控所称典当行设立时三人就"约定由被告人陈某某以从典当行'借款'的方式进行投资"的话，被告人郭某、刘某某完全不必大费周章去注册一个很难注册下来的典当行，被告人刘某某、郭某想要通过房地产投资获益，他们以自己的名字自行投资就可以了，根本不用去跑典当行的执照，再通过典当行来投资。之所以本案中有部分房地产登记在被告人郭某名下，那只是作为借款的"抵押"，因未取得房产证无法进行抵押登记，所以陈某某才以这种方式对借款提供担保，被告人郭某已经对此进行了合理解释，而且登记在郭某名下的亚太财富中心被政府收购后所获补偿款1100万元也确实用于冲抵了陈某某所担保的吴某某在典当行的借款，这也从另一个方面说明登记在郭某名下的房产确实是陈某某的财产，而非典当行或被告人郭某的投资。试想，如果这是典当行的投资，那么房产变卖后所获得补偿款应当是典当行的合法收入，被告人郭某、刘某某怎么会把典当行的收入冲抵陈某某为别人担保的借款，这根本说不通。因此公诉人指控被告人郭某等三人商定用陈某某从典当行借出的钱进行投资缺乏证据、于理不通，不能成立。

本案中，除了陈某某的口供，并无其他证据能够证明被告人郭某、刘某

某、陈某某商定过以陈某某名义向典当行借款方式进行投资。被告人刘某某、郭某在侦查阶段的口供和今天的当庭供述中也均否认了这一点，公诉人也未提供其他证据予以佐证陈某某所做的这一口供，很显然公诉人对此的诉称和指控缺乏证据支持。

（二）被告人郭某从未与陈某某、刘某某商定过，陈某某每借一笔钱，均由陈某某出具常州分公司为借款方、海天集团和陈某某为担保人的借款协议，并在协议上加盖常州分公司印影，以此转嫁投资风险做准备。辩护人认为公诉人的这一指控证据不足，与事实不符。

1. 本案中除了被告人陈某某一个人的口供，没有其他证据能够证明被告人郭某实施了公诉人指控的上述行为。

2. 本案的证据已经证明，被告人陈某某系出于自己的原因、自行伪造了海天集团和常州分公司的公章，而非因为典当行的借款业务私刻的公章。

陈某某在 2013 年 12 月 10 日 9 时 25 分到 9 时 51 分的口供中称，他“因为工作上的需要，要经常回浙江东阳公司总部加盖印章，2009 年 5 月、6 月的一天上午，具体时间记不清楚了，我回东阳办事，发现东阳市五洲大酒店附近路边的电线杆上贴有刻印章的广告，想到从常州经常回东阳盖章很不方便，就产生了刻假章使用的念头”。这一供述证明，陈某某是基于自己工作盖章的便利从而自行决定私刻公章，这一行为与本案被告人郭某和刘某某无关，与陈某某向典当行借款无关。

陈某某的口供还证明，其私刻的海天假章不只用于向典当行借款，还用于向别人借款，其不只私刻了海天集团和常州分公司的公章，还私刻了常州市长贸中心厂检建材经营部和常州市长贸中心天福木业经营部两个印章，这说明被告人陈某某通过私刻公章方式对外借款是他为了自己利益和便利所采取的惯常做法，与典当行、与被告人郭某、刘某某毫无关系。

3. 被告人郭某从未与刘某某、陈某某商量过在借款协议上加盖假公章，被告人郭某在公章被鉴定为伪造之前一直都认为借款协议上的公章是真实的。

第一，陈某某从未将私刻公章一事告知过被告人郭某，郭某对借款协议上加盖的公章系伪造一事并不知情，就更不可能和陈某某、刘某某商量在协议上加盖假章，本案中也没有证据能够证明被告人郭某与其他两个被告人就在协议上盖假章一事进行过商量。公诉人控称被告人郭某知道公章是假的，这一指控完全是基于一种推定而非直接基于证据的认定。公诉人认为被告人郭某、根据陈某某当天盖回公章的行为就应当产生出借款合同上的加盖的海天集团和常州分公司公章是伪造的怀疑。但辩护人认为，即使被告人郭某确实有过这种怀疑，这种对公章真实性的怀疑也不等同于明知公章是假的。对真伪的怀疑和对伪造的明知完全是两种不同的主观状态，在陈某某没有告知郭某或者公章没有被鉴定出是伪造的情况下，不能推定郭某明知借款协议上加盖的海天集团和常州分公司公章系伪造。

第二，从典当行的分工职责来看，典当行主要由被告人刘某某负责经营，郭某只负责筹钱和出借一部分资金，对典当行的具体事务并不清楚，也不经手借款协议，借款协议是什么时候签署的、怎么签署的，郭某并不知情。陈某某借款时都是和刘某某沟通联系，并不和郭某联系，因此如果被告人陈某某和刘某某之间私下有任何沟通，在没有证据能够证明被告人郭某对其沟通内容知情的情况下，不能直接认定郭某必然知晓被告人陈某某告知刘某某的所有情况，刘某某知道的情况郭某并不必然知道。

第三，即使公诉人指控的情况存在，即三人商定陈某某每借一笔钱，均由陈某某出具常州分公司为借款方、海天集团和陈某某为担保人的借款协议，这种行为也不等同于三人约定签署虚假的借款协议，这种行为不具有刑事违法性。

陈某某作为常州分公司的总经理，他来向典当行借钱可以是自己借也可以是代表常州分公司来借，典当行要求以常州分公司为借款方这一要求并不违法，典当行作为出借方，自主经营、自负盈亏，其愿意将钱借给谁就借给谁，没有哪一条法律规定典当行的钱不能借给常州分公司。为了保障借款的安全性和债权的可实现性，对典当行来说，当然是将钱借给资质和还款能力更好的人更为安全。因此，典当行要求陈某某来借钱必须以常州分公司为借款方很正常，也丝毫不涉及违法。要求海天集团和陈某某作为担保人这一点更不违法，典当行本来做的就是典当业务，典当和借款的不同就是要提供担保保障债权的实现，典当业务本来就是要预防借款不能到期偿还的风险，在借款人不能偿还借款时，自然要由担保人来承担保证义务，这不是转嫁投资风险，而是典当业务中一种正常的风险管理，我相信任何一家典当行都是这么做的，绝对没有不需要提供任何担保就能借出钱来的典当行。

在典当行向陈某某提出上述借款要求后，如果陈某某征得海天集团和常州分公司的同意，借款协议能够由海天集团和常州分公司签署，那这就是非常正常合法的典当业务。不能说因为典当行对借款方有要求、三人对借款方有约定，被告人就是诈骗了。典当行只和常州分公司签借款协议，至于陈某某和常州分公司怎么协调，常州分公司和海天集团如何协调，那是海天集团内部的事情，与典当行无关。

第四，借款协议的假章是被告人陈某某自行加盖，其返回借款协议后也从未告知被告人郭某借款协议的公章系伪造。既然借款协议上加盖了公章，公章代表公司的认可，被告人郭某自然认为协议就是和海天集团及常州分公司签订的。

现公诉人指控三人约定在借款协议上加盖海天集团和常州分公司的印影，完全是无稽之谈。印影是一个非常模糊的说法，汉语中并无这一概念。什么叫印影，是真章的印影还是假章的印影，“印影”在法律上的定义是什么，公诉人到底指控的是三人约定加盖公章还是约定盖假章，这两种约定在法律上性质完全不同。因为本案中确实没有证据能够证明三人约定过加盖假章，所以公诉人起诉时也采取了一种非常模糊的、看似聪明的所谓“印影”的说法，但如果公诉人连自己指控的犯罪事实都搞不清楚，那么说明本案远没有达到可以起诉的程度。

综上，即使公诉人控称的所谓约定真实存在，该行为也不是违法犯罪。作为资金出借方，典当行有权对借款人的资质提出要求，至于陈某某如何获得海天集团和常州分公司的同意和授权则与典当行无关，被告人陈某某自己在借款协议上盖假公章，这是其为了蒙骗刘某某和郭某进而获得典当行借款所采取的不法手段，典当行也是这一犯罪行为的受害人。在公诉人没有提供证据证明三人就在借款协议上盖假章一事进行过共谋的情况下，将典当行正常的规避风险行为指控或认定为被告人郭某涉嫌刑事犯罪的诈骗行为中的一环，这是非常荒谬的。

（三）被告人郭某并未与刘某某、陈某某共谋策划通过虚假诉讼的手段达到非法占有海天集团财物的目的

1. 本案中根本就不存在所谓虚假诉讼

（1）诉讼请求不是虚假的。

如前所述，被告人郭某、刘某某并不明知借款协议上加盖的海天集团和常州分公司公章系陈某某伪造。在此情况下，典当行起诉海天集团和常州分公司是其行使诉权的正当行为。

陈某某签署的对账单和情况说明并非伪造，本金7100万元的债权金额是典当行的财务人员即本案另一被告人张某某根据借款协议和往来账记录整理得出，并非凭空捏造，何况这只是一个诉讼请求金额，民事诉讼被告方如对此金额有异议，完全可以提供相反的证据予以反驳，真实的债权金额到底是多少是完全可以在民事诉讼中辨明的，在民事诉讼中，债权金额的裁量权属于人民法院而非民事诉讼的原告，原告只是提出一个基本的主张而已。

（2）诉讼当事人不是虚假的。

陈某某返回典当行的借款协议上加盖了常州分公司或海天集团的公章，从合同法的角度，常州分公司和海天集团就是合同一方当事人，根据合同相对性原理，无论实质的借款法律关系当事人是谁，常州分公司和海天集团都是适格民事诉讼被告。典当行在不知道借款协议是伪造的情况下，起诉常州分公司和海天集团是非常正确的诉讼选择，这一点并不违法。即使真如公诉人指控所言，被告人郭某应当推断出借款协议上的公章系伪造，也不妨碍典当行起诉名义上的合同当事人常州分公司和海天集团，协议是否伪造及为何伪造，其中是否存在常州分公司与陈某某恶意串通的情况从而导致故意加盖伪造印章，这都是需要在民事诉讼中解决的问题，被告人郭某、刘某某是否怀疑或者知道借款协议上的公章系伪造并不妨碍典当行起诉常州分公司和海天集团。换言之，即使被告人郭某、刘某某怀疑借款协议上的公章系伪造，其也要通过民事诉讼的途径一探究竟，这是民事诉权的正当行使。公诉人现在的逻辑就是你应当通过陈某某当天返回借款协议的行为推断出公章是伪造的，有了这种推断就不能起诉常州分公司和海天集团了，一起诉就是诈骗了，这种逻辑非常之荒唐，混淆了起诉和胜诉的区别。典当行起诉常州分公司和

海天集团只是提起了民事诉讼，其诉讼请求是否能够得到支持取决于其提供的证据是否能够证明其诉讼主张并被法院认可。

（3）借款事实不是虚假的。

从典当行借出的钱款流向来看，其中确实有一部分进入了常州分公司的账号，即常州分公司和典当行之间确实发生了借款事实，这一借款法律关系不是虚假的。

（4）典当行并未伪造证据、扰乱法庭的审判秩序。

如前所述，陈某某系自行伪造公章，被告人郭某、刘某某对此情况并不知晓。而后在与陈某某对账时，让陈某某签署的对账单系根据借款协议和往来账记录整理得出，并非凭空捏造。之所以要求陈某某签署情况说明，是因借款协议是与常州分公司签订但借款打入了陈某某或其指定的个人账户，而不是因为被告人郭某、刘某某知道借款协议是伪造。对账单和情况说明都是对借款事实的一个补充和还原，而非伪造证据。即使对账单金额有误，也只能说典当行的诉讼请求金额错误了，而不能说被告人郭某、刘某某伪造了7100万元债权，诉讼请求是否准确是由法院依据全案证据来裁量，而非仅仅根据一份对账单来裁量。

2. 被告人郭某没有实施公诉人指控的共谋行为

公诉人指控被告人郭某与刘某某、陈某某共谋策划通过虚假诉讼的手段非法占有海天公司和常州分公司财物，这一指控证据不足。如果说之前的指控主要依据的是被告人陈某某的口供，那么这一指控甚至连陈某某的口供证据都没有。陈某某在2014年1月16日8时40分至14时21分所做的口供中说，“我没有和刘某某、郭某共谋起诉海天集团公司”。

3. 被告人郭某主观上没有非法占有海天集团和常州分公司财物的目的

（1）典当行将与海天集团和常州分公司之间的民事争议提交人民法院诉讼解决，这种方式是合法的。海天集团和常州分公司也因被诉享有全部诉讼权利，包括收集提供证据的权利、辩论的权利等。海天集团和常州分公司是可以通过提供反证等方式驳斥典当行对其提出的诉讼请求的。

（2）典当行确实将钱按陈某某的要求借出去了，借款业务是实际发生的，无论实际借款人是谁，本案中，典当行出借资金的基本事实是存在的。

二、被告人郭某主观上没有诈骗的故意

（一）公诉人未能举证证明被告人郭某、刘某某、陈某某有共同诈骗的犯意联络

从法庭调查过程中公诉人所举的证据来看，公诉人指控被告人郭某犯罪主要依靠的是被告人陈某某的口供，但提请法庭注意，公诉人现指控被告人郭某、刘某某、陈某某共同犯罪，就共同犯罪而言，共同犯意是公诉人必须举证证明的事实。公诉人虽指控被告人郭某、刘某某、陈某某进行共谋，但一直以来，只有被告人陈某某在说他和刘某某、郭某怎么怎么商量，且前后不一致，而郭某、刘某某从未承认过与陈某某进行过共谋，在此情况下，仅仅根据陈某某的个别口供就认定三人有共同诈骗的犯意显然证据不足、不能认定。

（二）公诉人未能举证证明郭某有诈骗的犯罪故意

公诉人关于被告人郭某明知海天集团和常州分公司没有向典当行借款的指控并非建立在证据的基础上，而是公诉人所做的一种推定，但公诉人的这一推定和本案的其他证据是相反的、是不能成立的。首先，本案证据证明，伪造公章系陈某某基于自己的需要自行决定并完成，与被告人郭某、刘某某无关，三人从未对此有过任何商量；其次，陈某某伪造公章后并未将此情况告知郭某、刘某某。

如果真如公诉人所言，被告人郭某、刘某某、陈某某对诈骗海天集团和常州分公司一事进行了共谋，那么对于其中的最重要一环即伪造海天集团公章和常州分公司公章一事，三人为何从没有过商量，如果本案中没有伪造的借款协议，典当行很明显是无法起诉海天集团和常州分公司的，如果三被告人一开始就已经想好了要将风险转嫁给海天集团，怎么可能就伪造借款协议一事不进行商议。因此，本案中无法排除被告人陈某某为了争取立功和宽大处理从而作伪证的嫌疑，也无法排除被告人郭某、刘某某对借款协议系伪造一事不知情的可能性。因此，公诉人所做推定既没有基础事实的支撑也不能排除合理怀疑，该推定不能成立。

三、本案缺乏诈骗罪的受害人，亦未产生诈骗罪的社会危害后果，不符合诈骗罪的犯罪构成

根据我国《刑法》对诈骗罪的规定，诈骗罪与其他也可能使用欺骗手段的盗窃、敲诈勒索等财产性犯罪最关键的区别就是，诈骗是使受害人陷入认识错误从而自愿交出财物，自愿使财物脱离受害人的控制，这是诈骗罪与其他财产犯罪的本质区别，也是诈骗罪的客观要件。

本案中，广盛源典当行如果利用伪造的证据起诉到法院，首先就会遭到海天集团和常州分公司的抵制，海天集团和常州分公司不会因陈某某伪造公章、典当行提起民事诉讼就陷入自己欠典当行钱的认识错误，更不会因此错误认识而自愿向典当行交出财物。海天集团和常州分公司作为公章的使用人和管理人，其对于公章印鉴的真伪及是否签署过借款合同是明知的，根本不可能因为典当行提供了借款协议和陈某某签署的对账单就陷入自己欠典当行钱的错误认识，更不用说向典当行还钱了，海天集团和常州分公司实际上也确实否认了借款合同的真实性。因此，本案中根本不存在诈骗犯罪的受害人。

典当行提起民事诉讼也不是要让海天集团陷入认识错误，而是通过人民法院对借款事实和证据的审理和认定，达到通过人民法院实现债权的目的。典当行提起民事诉讼一开始，就不是要欺骗海天集团和常州分公司，因此本案中海天集团和常州分公司都不是法律规定的诈骗罪受害人。

截至目前，本案所谓受害人海天集团和常州分公司也未被“骗取”财物，海天集团和常州分公司既没有主动自愿地交出财物，也没有被生效法律文书判决向典当行偿还借款，因此并没有发生诈骗罪所要求的社会危害后果。

在此情况下，公诉人指控被告人郭某犯诈骗罪显然是不能成立的。

四、根据相关司法解释，本案中即使存在伪造证据行为，被告人郭某的行为性质也不属于犯罪

最高人民检察院政策研究室2002年10月24日《关于伪造证据骗取法院民事裁判占有他人财物的行为如何适用法律问题的答复》（2002）高检研发第18号载明：

山东省人民检察院研究室：

你院《关于通过伪造证据骗取法院民事裁决占有他人财物的行为能

否构成诈骗罪的请示》（鲁检发研字［2001］第11号）收悉经研究答复如下：

以非法占有为目的，通过伪造证据骗取法院民事裁判占有他人财物的行为所侵害的主要是人民法院正常的审判活动可以由人民法院依照民事诉讼法的有关规定作出处理，不宜以诈骗罪追究行为人的刑事责任。如果行为人伪造证据时，实施了伪造公司、企业、事业单位、人民团体印章的行为，构成犯罪的，应当依照刑法第二百八十条第二款的规定，以伪造公司、企业、事业单位、人民团体印章罪追究刑事责任；如果行为人有指使他人作伪证行为，构成犯罪的应当依照刑法第三百零七条第一款的规定，以妨害作证罪追究刑事责任。

根据上述司法解释，本案被告人郭某即使实施了伪造证据的行为，该行为也不应当按照诈骗罪追究刑事责任。

五、本案在程序方面存在严重违反法律规定的情形

1. 本案办案机关对郭某、刘某某等涉嫌诈骗一案无管辖权。

（1）本案的办理违反地域管辖规定。

《公安机关办理刑事案件程序规定》第15条规定，刑事案件应由犯罪地的公安机关管辖或犯罪嫌疑人居住地的公安机关管辖。即使本案中有诈骗行为，诈骗行为也是发生在江苏省常州市，被告人的居住地也在江苏省常州市，也就是说，犯罪地和犯罪嫌疑人居住地都是江苏省常州市，即使本案确实达到了刑事立案标准，也应当由江苏省常州市有管辖权的公安机关立案侦查，浙江省东阳市公安局对本案无管辖权。相应地，东阳市人民检察院、东阳市人民法院对本案均无管辖权。

（2）本案由东阳市人民法院审理违反级别管辖有关规定。

《刑事诉讼法》第20条规定，中级人民法院管辖下列第一审刑事案件：“……（二）可能判处无期徒刑、死刑的案件。”《刑法》第266条规定，诈骗公私财物，数额特别巨大或者有其他特别严重情节的，处十年以上有期徒刑或者无期徒刑，并处罚金或者没收财产。最高人民法院、最高人民检察院《关于办理诈骗刑事案件具体应用法律若干问题的解释》第1条规定，诈骗公私财物50万元以上的，认定为“数额特别巨大”。

根据上述规定，本案中被告人被指控涉嫌诈骗的金额已经达到数额特别巨大的标准，可能会被判处10年以上有期徒刑或无期徒刑，因此本案应当由中级人民法院管辖而不能由东阳市人民法院管辖。对此，公诉人认为上述规定中“可能判处无期徒刑”指的是宣告刑，这一认识显然违反了无罪推定和未经审判不得定罪的刑事司法原则。是否构成犯罪及是否判处无期徒刑要待法院审理后才能判处，而级别管辖则是在法院受理刑事案件时就必须解决的程序问题，不论被告人最终是否被认定构成犯罪、是否判处无期徒刑，只要法定刑为无期徒刑的，就应当由中级人民法院管辖，否则这一规定毫无意义。在此问题上，金华市人民检察院和公诉人的认识是错误的。

2. 东阳市公安局、东阳市人民检察院、东阳市人民法院在本案中均应回避。

本案控告人海天集团是浙江省东阳市纳税大户，该公司全年缴纳东阳地税达到6531万元，在东阳市上缴地税前50强企业中位居第12名，因此关涉该公司的经济犯罪案件由东阳市司法机关查办，有地方保护的嫌疑，不能保证司法机关公正执法。加之东阳市公安局已经违法管辖本案，我们更有理由怀疑其中有非正常的因素，为保证司法公正，东阳市公安局、东阳市人民检察院、东阳市人民法院在本案中均应回避。

3. 公诉机关存在违反法定程序的行为。

本案中存在两份起诉书，一份是2014年12月30日制作的文号为〔2015〕122号的起诉书，另一份是今天庭上公诉人宣读的2015年2月10日制作的文号为〔2015〕323号起诉书。这意味着，公诉人对同一案件进行了两次起诉，但两次起诉是什么关系，第一次起诉作何处理，本案中并无任何说法。根据《刑事诉讼法》及相关司法解释的规定，在宣告判决前，人民检察院要求撤回起诉的，人民法院应当审查人民检察院撤回起诉的理由，并作出是否准许的裁定。本案中，审理机关要求辩护人归还第一份起诉书，但该公诉行为已经发生，撤回起诉书等于撤回起诉，但公诉机关没有说明撤回的理由，贵院也未作出准许撤诉的裁定，这一撤回起诉书的行为显然违反上述程序规定。

如果公诉机关不是撤诉而只是单纯变更起诉书内容，则根据最高人民检察院《关于公诉案件撤回起诉若干问题的指导意见》第6条的规定，对于人民检察院决定变更起诉、追加起诉的案件，应当书面通知人民法院，并制作变更起诉书或追加起诉书。变更起诉书、追加起诉书文号分别编为：×检刑变诉（××××）×号、×检刑追诉（××××）×号。但本案中，公诉机关显然也未按照上述规定办理起诉书的变更事宜，公诉人在第一份〔2015〕122 号起诉书交至法院未依法撤回起诉的情况下，今天又在本法庭以〔2015〕323 号起诉书指控被告人郭某等人犯罪，公诉机关这种不依法提起公诉的行为就是滥用公诉权且违反法定程序的违法行为，此行为依法应当予以纠正。

4. 〔2015〕122 号起诉书是东阳市人民检察院于 2014 年 12 月 30 日制作出具，但文号却标为未到的 2015 年，这是一种时空穿越，误导人们以为这是一个 2015 年的案件，而这是与事实是不符的。

5. 侦查人员均未在讯问笔录、询问笔录末尾签名，违反了《公安机关办理刑事案件程序规定》的有关规定，相关证据在制作程序上存在瑕疵，应予纠正。

综上，本案无论在实体上还是在程序上均存在很多严重问题，公诉人提供的证据不能证明被告人郭某实施了诈骗行为，也不能证明本案中被告人郭某的行为符合诈骗罪的犯罪构成，公诉人对被告人郭某的指控不能成立，恳请贵院排除干扰，依法对被告人郭某宣告无罪，作出一个对法律负责、对人民负责，经得起历史考验的公正判决。

此致

浙江省东阳市人民法院

辩护人：北京金诚同达律师事务所

原　伟　律师

2015 年 8 月 8 日

补充辩护意见

尊敬的审判长、人民陪审员：

我是北京金诚同达律师事务所执业律师，受事务所指派和本案被告人郭某的委托，担任他的辩护人，出庭为他辩护。

在此，我就东阳市人民法院在本案 2015 年 8 月 6 日、7 日、8 日三日庭审并各被告人最后陈述之后，又于 8 月 10 日退回东阳市人民检察院补充侦查，并延期审理期间，东阳市人民检察院又向法院提交的补充证据，发表如下补充辩护意见：

1. 公诉人提交的东阳市公安局于 2015 年 8 月 24 日制作的证人李某某询问笔录及其该局 2015 年 8 月 25 日出具的《关于海天建设集团有限公司印章刻制、使用的情况说明》不具有证明力也不是新证据，不能证明本案被告人刘某某、郭某、张某某等人犯有诈骗罪。

（1）李某某是“海天建设集团有限公司”的高管（据有关人士称他还是公司股东），两者之间及与本案结果均有重大利害关系，其证言的证明力弱。

（2）李某某的证言所述只是其公司内部的印章刻制、使用的管理制度问题，公司以外的人无从知晓，与本案被告人无关，更与海天建设集团有限公司常州分公司负责人陈某某在与广盛源典当行有限公司借款协议上是如何加盖了公司印章事实无关。

（3）证人李某某也不是本案第一次庭审前无法找到或刚刚出现的，因此，这份证据不是法律规定的新证据，依法不应被采纳。

（4）李某某在笔录中关于公司印章的两次刻制的情况及对印章号码、尾号的叙述显然是为了达到某种目的而刻意作出的，其对印章尾号的记忆更是不合常理，对十几年前的两章尾号记得清清楚楚，对现用印章却不记得，其证言完全不可信。

（5）东阳市公安局《关于海天建设集团有限公司印章刻制、使用的情况说明》，虽称“经我局调查”，但其内容只是对证人李某某证词内容的罗列和照抄，并未调取相关证据证实，并未依法查证核实，没有查明，这份说明根本不是法律上的证据，无任何证明力。

2. 公诉人提交的江苏省常州市中级人民法院关于冻结浙江海天建设集团有限公司常州分公司、海天建设集团有限公司、陈某某银行存款 8800 万元或查封扣押其相应价值的财产的民事裁定及其相应证据，不能证明郭某等各被告犯有诈骗罪并给海天公司造成损失，反而证明江苏广盛源典当行有限公司与浙江海天建设集团有限公司及其常州分公司发生债权债务纠纷后，是循法律途径解决纠纷，依法对海天建设集团有限公司及其常州分公司、陈某某等提起民事诉讼，依法向人民法院申请诉讼保全；正如该民事裁定记载，“本院认为，原告江苏广盛源典当行有限公司的申请符合法律规定”，从而依法作出的裁定，海天建设集团有限公司及常州分公司的账号被冻结的结果是常州市中级人民法院依法行使职权的法律后果，而非本案各被告人非法行为而造成的后果。这组证据不能作为认定郭某等各被告人犯有诈骗罪的证据使用。

恳请法庭以事实为依据，以法律为准绳，排除一切干扰，依法宣告本案被告人郭某无罪，从而作出一个经得起历史考验的、对人民负责的公正判决。

辩护人：北京金诚同达律师事务所

原　伟　律师

2015 年 11 月 13 日

于浙江东阳

【案件结果】

2015 年 12 月 9 日，浙江省东阳市人民法院经审理认为，被告人郭某已经着手实行诈骗犯罪，因意志以外的原因未能得逞，系犯罪未遂，依法可以比照既遂犯减轻处罚。在共同犯罪中，被告人郭某犯罪情节相对较轻，可酌情从轻处罚。最终判决被告人郭某犯诈骗罪，判处有期徒刑 6 年，并处罚金人民币 20 万元。［来源：浙江省东阳市人民法院（2015）东刑初字第 281 号刑事判决书］

宣判后，被告人郭某不服一审判决，向浙江省金华市中级人民法院提出上诉，我继续担任其在二审阶段的辩护人。2016 年 8 月 1 日，浙江省金华市中级人民法院经审理后判决维持原审判决对被告人郭某的定罪部分，撤销量刑部分，判决原审被告人郭某犯诈骗罪，判处有期徒刑 5 年，并处罚金人民币 20 万元。［来源：浙江省金华市中级人民法院（2016）浙 07 刑终 248 号刑事判决书］

17 原乔戈里峰金融信息服务有限公司法定代表人张某翔涉嫌诈骗案

【指控内容】

2018 年 10 月 15 日，张某翔因涉嫌合同诈骗罪被深圳市公安局刑事拘留，于同年 11 月 20 日经广东省深圳市人民检察院批准对其执行逮捕。2019 年 4 月 19 日，深圳市公安局侦查终结，以张某翔涉嫌合同诈骗罪移送广东省深圳市人民检察院审查起诉。2019 年 10 月 15 日，广东省深圳市人民检察院以深检刑诉〔2019〕716 号起诉书指控被告人张某翔犯诈骗罪，向广东省深圳市中级人民法院提起公诉。

【法律意见】

辩 护 词

尊敬的审判长、审判员：

我是中华人民共和国执业律师，根据《刑事诉讼法》和《律师法》的规定，我受本案被告人张某翔的委托和北京金诚同达律师事务所的指派，担任张某翔涉嫌诈骗罪的一审辩护人，出庭为他辩护。在办案过程中，我依法多次会见了本案被告人张某翔，查阅了案卷材料，今天又参加了本案的庭审。在此，我根据本案的案情和《刑法》对诈骗罪的规定，针对深圳市人民检察院深检刑诉〔2019〕716 号起诉书对本案被告人张某翔犯有诈骗罪的指控，依法提出如下辩护意见：

一、赵某某、张某翔未实施欺骗行为

起诉书中称“赵某某虚构自己曾经是国家机关人员、大校级别，是中央办公厅领导的亲戚，与证监会、公安部相关领导熟悉，张某翔虚构自己曾经在海军服役，妻子杨某某是海军现役军人并向朱某某出示杨某某身着海军制服的照片，虚构王某是公安部领导的妹妹，是赵某某公司的股东，并向朱某某出示王某的身份证照片，二人有能力解决康达尔公司的内部股权纠纷事项。4月中旬，赵某某声称已通过相关领导秘书与京基集团有限公司（以下简称京基公司）实际控制人陈某取得联系，可以做通陈某的工作与罗某某和解，需要人民币8000万元的活动费用，朱某某表示同意……朱某某通过程某实际控制的深圳市启晖新能源投资有限公司（以下简称启晖公司）作为甲方，与赵某某实际控制的四川乔戈里峰生命科技有限公司（以下简称四川乔戈里峰公司）作为乙方，先后签订了借款协议、财务顾问协议，书面约定借款人民币8000万元，借期100天”。同时，朱某某与赵某某、张某翔口头约定，“该款项为协调收购京基公司持有康达尔公司股票的好处费和活动费用，事办不成需全额退还”，辩护人认为上述认定缺乏依据。

首先，针对“赵某某虚构自己曾经是国家机关人员、大校级别，是中央办公厅领导的亲戚，与证监会、公安部相关领导熟悉，张某翔虚构自己曾经在海军服役”“虚构二人有能力解决康达尔公司的内部股权纠纷事项”“4月中旬，赵某某声称已通过相关领导秘书与京基公司实际控制人陈某取得联系，可以做通陈某的工作与罗某某和解，需要人民币8000万元的活动费用，朱某某表示同意”“同时，朱某某与赵某某、张某翔口头约定，该款项为协调收购京基公司持有康达尔公司股票的好处费和活动费用，事办不成需全额退还”的认定，辩护人发现这仅仅系基于朱某某一人的口供。虽然张某翔2018年11月8日的口供（卷2第122～130页）中提到过上述的一些内容，但在该次口供中，侦查人员或存在威胁、诱供行为（详见第五大点），如查明属实，这样的口供为非法证据，应当排除。因此，排除张某翔2018年11月8日的口供后，上述认定仅仅系基于朱某某一人的口供。而朱某某的口供可信性非常小。第一，这仅仅是朱某某一个人的口供，无其他证据印证，是孤证。第二，朱某某撒谎成性。例如，朱某某在前几次的口供中均虚假陈述其从深圳市华超投资控股有限公司（以下简称华超公司）借得的 9000 万元中的 1000 万元通过现金的方式支付给了赵某某，而实际上这 1000 万元被她自己用于其他用途；又如，她虚构自己的身世背景谎称自己父母资金实力雄厚，并称其自有资金 15 亿元，而实际上其父母仅是中国人民解放军某医院的退休职工，且其根本没有 15 亿元资金；再如，朱某某为了证明其拥有雄厚的资金实力，向赵某某提供虚假的资金证明。第三，朱某某是华超公司被诈骗一案的犯罪嫌疑人，朱某某很有可能为了逃避责任而说谎。综上，辩护人认为朱某某口供可信性非常小。

其次，朱某某在口供中称张某翔向其介绍自己妻子是海军部门的现役人员，还给她看了其妻子穿海军服的照片。这样的说法漏洞百出，张某翔手机上确有妻子穿海军服的照片，但照片里张某翔妻子穿着军装的方式完全不正式。因为，第一，照片里张某翔妻子戴的帽子是海军男装的大檐帽而非女装的卷檐帽；第二，照片里张某翔妻子未内着军种衬衫而只是穿了一件普通 T 恤；第三，照片里张某翔妻子未佩戴标准领带；第四，照片里张某翔妻子没有佩戴臂章、姓名牌；第五，照片里张某翔妻子军装级别资历章显示为正师级，军龄 45 年，按照这个标准，着装者年龄应在 63 岁以上（如果 18 岁参军），张某翔妻子显然没有 63 岁。另外，照片中显示拍照场景十分平常，一眼能看出这是在家中拍摄的。如果张某翔有心欺骗，为何挑这样一张漏洞百出的照片去欺骗他人？并且，据张某翔妻子介绍，那天之所以拍这样的照片，是因为其父亲（2010 年海军退休军人）在整理衣柜时拿出了一套 2007 年发的海军军装，其儿子看到该军装后好奇便穿上了，她和张某翔觉得穿上军装后的儿子看着很精神，便给儿子拍了照片。随后，她和张某翔也分别穿上该军装并拍了照片。张某翔手机里除了有妻子穿海军军装的照片，还有他及其儿子穿该军装的照片。朱某某与张某翔接触过多次，朱某某有可能在接触过程中听说过张某翔手机中的这张照片。根据张某翔的口供，他绝对未向朱某某出示过这张照片，那么，不能排除系侦查人员为加害张某翔，罗列组织诈骗事实，将该照片信息透露给朱某某，所以朱某某才能说出张某翔手机里有这样一张照片。因此，不能仅仅因为朱某某一个人的口供就认定张某翔有虚构自己曾经在海军服役、妻子杨某某是海军现役军人的行为。

再次，起诉书称，启晖公司与四川乔戈里峰公司除签订《借款协议》外，还签署了一份《财务顾问协议》。这份《财务顾问协议》的真伪仍存疑。因为根据赵某某的口供，他从未见过此份协议，也不知道这份协议上面为何会有四川乔戈里峰公司的公章（卷 2 第 46 页）；而根据张某翔的口供，他曾经见过这份协议，但他看到的协议是没有盖四川乔戈里峰公司印章的协议，至于到底是谁盖的章，他也不清楚（卷 2 第 169 页）。虽然深圳市公安局鉴定意见通知书深公（经）鉴通字［2019］00023 号称，该局对《借款协议》和《财务顾问协议》的印文进行了“四川乔戈里峰生命科技有限公司”印文是否同一印章盖印鉴定，鉴定意见是《借款协议》和《财务顾问协议》上的“四川乔戈里峰生命科技有限公司”印文是同一印章盖印。但赵某某对此份鉴定书不予认可，且案卷中仅有鉴定意见通知书，没有鉴定意见书。

因此，辩护人认为，该份《财务顾问协议》是否为真存在疑问。因为赵某某一直否认其在上面盖过章，且鉴定意见书未在案卷中体现，该鉴定机构是办案机关深圳市公安局的内部机构，不具中立性。故辩护人申请法院对该份《财务顾问协议》上面的印章盖印进行重新鉴定以确认该《财务顾问协议》上“四川乔戈里峰生命科技有限公司”印文的真实性以及盖印时间。即使这份《财务顾问协议》上的印章盖印最终认定是四川乔戈里峰公司的公章盖印且系赵某某盖的，也不能证明赵某某、张某翔具有欺骗行为。《财务顾问协议》第 6.1 条约定：双方一致同意，如果甲方或其指定主体就并购交易与京基公司签署了目标股份的转让文件（应包括转让协议、转让过户申请文件及实际过户完成前其股东投票权委托甲方或其代表行使的授权委托书等），并且京基公司已撤销其提起的任何针对深圳康达尔（集团）股份有限公司和该公司管理层的任何诉讼和行政程序（该等情形以下简称“服务标志性事件”），则乙方为甲方提供财务顾问服务即视为已完成，甲方应就此向乙方支付财务费用，财务顾问费用的具体支付方式按如下第 6.2 条执行。第 6.2 条约定：作为完成并购交易以及支付财务顾问费的保障和方式，甲方应在本协议签署后安排尽快通过广发证券股份有限公司设立两项定向资产管理计划 A 和 B，其中定向资产管理计划 A 用于完成并购交易，定向资产管理计划 A 的计划份额应用于满足收购目标股份的所需资金；定向资产管理计划 B 的计划份额出资额不超过30亿元，并最终通过定向资产管理计划收益转让给乙方的方式支付乙方根据本协议有权收取的财务顾问费用，定向资产管理计划B的计划份额出资额可用于按照市场公允价值投资具备市场流动性的证券产品。第6.3条约定：在本协议服务期限内，若第6.1条所述的服务标志性事件完成，则甲方应启动将定向资产管理计划B的收益权转让给乙方的程序……辩护人认为，即使赵某某、张某翔确实帮忙处理过康达尔公司股权纠纷事宜，但也仅是基于《财务顾问协议》的约定而实施的行为。根据《财务顾问协议》上述条款的约定，甲方（启晖公司）委托乙方（四川乔戈里峰公司）办理康达尔公司股权纠纷事宜，收取服务费的前提是乙方办成此事。赵某某未办理完成康达尔公司股权纠纷事宜，朱某某亦未支付《财务顾问协议》约定的服务费用。因此，根本不存在诈骗问题。赵某某帮忙处理康达尔公司股权纠纷事宜与《借款协议》无关，8000万元借款也仅仅是借款，并非朱某某所说的对京基公司违规收购康达尔公司股票进行立案的费用。并且，如果这8000万元是朱某某所说的对京基公司违规收购康达尔公司股票进行立案的费用，为何不直接将这8000万元约定在《财务顾问协议》中而另签一份《借款协议》？因此，朱某某的上述说法亦不符合逻辑。

另外，起诉书中称“5月下旬，赵某某、张某翔辗转联系到中国证券协会工作人员陈某……”辩护人认为这一表述既不准确也没有依据。根据张某翔的口供（卷2第118页），是赵某某给了他一个叫陈某的人的电话，让张某翔联系陈某，并带上朱某某去见陈某。根据陈某的询问笔录（卷4第7~15页）及张某的询问笔录（卷4第50~54页），是一个叫蒋某某的人通过张某的关系找到陈某的，也是蒋某某将陈某引荐给朱某某的，张某翔在整个事件中所做的事情仅仅是根据赵某某的命令带上朱某某去见陈某。根据蒋某某的询问笔录（补充侦查卷第二次第18页），他和彭某相识多年，2018年3月或5月，彭某联系他并让他找人帮忙解决深圳一家公司的内部矛盾，于是他找到了他的朋友张某帮忙。至于到底是谁联系的彭某，并无其他证据证明。因此，辩护人认为起诉书中“赵某某、张某翔辗转联系到中国证券协会工作人员陈某”是不准确、没有依据的，张某翔并没有通过各种关系辗转联系陈某的行为。

最后，针对“虚构王某是公安部领导的妹妹，是赵某某公司的股东，并向朱某某出示王某的身份证照片”的认定，辩护人认为存在诸多疑点。第一，案卷中朱某某提到过张某翔向其出示过王某的身份证照片，且称王某是公安部部长王某某的亲妹妹，并且是他们公司的股东。但是，如前所述，朱某某的口供并不可信。第二，张某翔在其口供中提到赵某某向朱某某出示过王某的照片，且模糊表示王某是王某某的亲妹妹。但上述口供并未表示这是何时发生的事情。如果这是赵某某收到借款8000万元之后基于《财务顾问协议》而说的谎言，则只能说赵某某存在诚信问题，而与张某翔无关。第三，同样，在王某的询问笔录中亦未明示，其是何时向其哥哥王某某提供身份证照片的，也没有证据证明王某是何时将王某身份证件提供给赵某某的。

综上，基于现有证据，无法证实起诉书中的上述认定和结论。因此，辩护人认为，赵某某、张某翔未实施欺骗行为。

二、朱某某、启晖公司未遭受财产损失

朱某某通过启晖公司与赵某某实际控制的四川乔戈里峰公司于2018年4月15日签订《借款协议》，借款人民币8000万元给四川乔戈里峰公司，用款期限为100天，借款用途为四川乔戈里峰公司业务自用，借款利息为银行同期贷款利率。这是典型的借贷合同。虽然启晖公司将8000万元借给了四川乔戈里峰公司，但启晖公司亦获得对四川乔戈里峰公司的8000万元及相应的利息的债权，如到期四川乔戈里峰公司不归还上述借款，启晖公司可通过法律途径实现债权。虽然四川乔戈里峰公司到期未归还借款，但赵某某一直在与朱某某协商延期返还借款，这在商业生活中十分常见，启晖公司亦一直对四川乔戈里峰公司享有8000万元的债权。根据赵某某的口供，其认为其能够还上这笔8000万元的借款。另外，根据证人李某某的询问笔录，赵某某很有可能通过别的业务（商业承兑汇票方面的业务）获得3.6亿元的服务费（详见补充侦查卷第二次第21～24页）。因此，辩护人认为，赵某某有意愿也有实力还这笔8000万元的借款，朱某某、启晖公司在法律上并未遭受财产损失。

三、赵某某、张某翔无非法占有目的

首先，本案是一个典型的民事纠纷，赵某某、张某翔并不存在非法占有之目的。根据赵某某、张某翔的口供，朱某某之所以将8000万元借给四川乔戈里峰公司，是因为朱某某对四川乔戈里峰公司的中医医疗、保健业务十分感兴趣，而这 8000 万元正是朱某某以债权的形式向四川乔戈里峰公司投入的前期投资款项。朱某某通过启晖公司与四川乔戈里峰公司签订了《借款协议》，这是典型的借贷合同。如到期四川乔戈里峰公司不能偿还，启晖公司可通过法律途径实现其债权。朱某某所称“这 8000 万元的借款实际上是为协调收购京基公司持有康达尔公司股票的好处费和活动经费”不符合逻辑，漏洞百出。任何一个理性的人都应该清楚，签署《借款协议》而得来的钱是必须还的。如果赵某某、朱某某约定这 8000 万元是好处费与经费，那么赵某某为何要与朱某某签订这样一份《借款协议》？根据《借款协议》，只要到期，赵某某就必须向朱某某返还这 8000 万元以及相应的利息，而无论赵某某是否办成协调收购京基公司持有康达尔公司股票的事宜。作为在商界摸爬滚打多年的精明生意人，赵某某不可能会签署这样的《借款协议》，即赵某某不可能会答应为对方提供服务（协调收购京基公司持有康达尔公司股票事宜），不但不收取任何费用，反而与对方签订书面《借款协议》，约定到期除退还本金外，还要向对方支付利息（利息总额为 953, 425 元）。另外，如赵某某、张某翔真有非法占有之目的，就不会选择与启晖公司签订《借款协议》（卷 3 第 148 页中朱某某的口供说“我问他需要通过什么样的形式才能把钱付给他，张某翔说可以通过签订借款的形式把钱付给他们”），使自己处于如不还钱就无法摆脱这一债权的境况，而不以其他更加有利于自己、更加隐秘性的方式收款？这恰恰说明赵某某、张某翔在签订《借款协议》时并无非法占有目的。

其次，赵某某在口供中多次表示有还款的意愿。另外，根据证人李某某的询问笔录，赵某某很有可能通过别的业务（商业承兑汇票方面的业务）获得 3.6 亿元的服务费（详见补充侦查卷第二次第 21 ~ 24 页）。说明赵某某不仅有还款意愿还有还款能力，这正印证了赵某某并无非法占有目的。

再次，起诉书中称“四川乔戈里峰公司收到启晖公司转款 8000 万元后，即全部转款至赵某某实际控制的乐普生石油化工有限公司，随后又在赵某某实际控制的公司流转，其中约 3400 万元转入其个人账户，赵某某用于归还债务、购买股票、购买车辆，并分给张某翔人民币 200 万元”。但不能就此认定赵某某、张某翔具有非法占有目的。第一，《借款协议》并未严格约定借款的用途；第二，虽然赵某某将3400万元转入其个人账户，用于归还债务、购买股票、购买车辆等用途，但大部分金额均用于赵某某公司的投资、运营等；第三，赵某某公司的财务管理本身就存在不正规的现象，将公司款项转入个人账户虽然违反财务管理的相关规定，但这在很多公司也是经常存在的现象，在赵某某的公司也是一样，因此不能仅据此认定赵某某、张某翔具有非法占有目的。

最后，张某翔客观上无法从8000万元中获利，这从侧面反映出作为公司员工的张某翔无非法占有之目的。四川乔戈里峰公司收到8000万元借款后，这8000万元完全由实际控制人赵某某个人决定如何使用。张某翔亦并未从中获得任何好处。起诉书中认定赵某某分200万元给张某翔，但根据赵某某的口供，该笔200万元是借款；根据张某翔的口供，这200万元包含了其2018年三四月的工资、赵某某补给他的2017年奖金、介绍票据贴现业务应得的费用以及赵某某补贴他妻子生病的慰问金以及后续出行花销等费用，因此，辩护人认为这200万元与8000万元无直接关联。另外，虽然赵某某的口供称这200万元是借款，但辩护人认为张某翔的口供更加可信，理由如下：第一，根据赵某某2018年10月14日的口供（卷2第20页），他认为张某翔入职其公司有将近两年的时间。但是，根据北京大宗商品交易有限公司出的证明，张某翔是于2018年3月30日从该公司离职的；根据北京鑫浩源矿产资源开发有限责任公司出的证明，张某翔自2018年5月将个人社保关系由北京大宗商品交易有限公司转入该公司代缴，代缴关系存续至今（张某翔4月的社保由北京大宗商品交易有限公司在其离职后代缴）。因此，辩护人认为张某翔并非如赵某某所说的入职其公司有将近两年的时间，张某翔是2018年3月入职的，张某翔向赵某某介绍海南航空公司的票据贴现业务发生在其入职赵某某公司之前。第二，根据赵某某2019年1月3日的口供（卷2第50页），其在张某翔从北京大宗商品交易有限公司离职时允诺给张某翔补偿。第三，根据赵某某2019年1月3日的口供（卷2第51～52页），张某翔于2017年11月左右向赵某某介绍过海南航空公司的票据贴现业务，且可以从这业务中获得佣金，而这些佣金全部分配给张某翔。根据张某翔2018年10月31日以及

2019年6月17日的口供（卷2第120页、补充侦查卷第一次第6~7页），2017年年底其向赵某某介绍过一笔票据业务，这笔业务赚了200多万元的佣金，且赵某某答应给他110万元，但赵某某一直没有支付这笔佣金。直至2018年4月赵某某给了他200万元，但未明确这200万元具体是什么钱。他自己认为这200万元包含了上述票据业务的佣金以及平时工资及正常花销、报销、家庭慰问金。根据证人于某某2019年6月11日的询问笔录（补充侦查卷第二次第31~32页），2018年1月左右，其经公司领导介绍推荐认识张某翔跟他合作了一单财务公司承兑票据贴现业务，张某翔是中介。根据证人于某某2019年8月1日的询问笔录（补充侦查卷第二次第39页）及其海航集团公文流转系统付款申请单、中国银行国内支付业务付款回单（补充侦查卷第二次第42~48页），海南航空财务公司通过其关联公司海南加霖森贸易有限公司向新疆乔戈里峰能源股份有限公司的兴业银行支付了100万元的财务顾问费。根据海航财务集团职员范某某出具的承诺书，可以得知上述承兑票据贴现业务系发生在2017年11月。因此，根据从上述口供及询问笔录、书证中可以得知，2017年年底张某翔确实向赵某某介绍过一笔海航的票据贴现业务，且赵某某从中获得100万元佣金，且未向张某翔支付费用。第四，根据赵某某公司会计蒙某某2018年12月25日的询问笔录（卷4第77页），以前发工资（2018年5月之前）都是赵某某私下给员工发的，他想给多少就给多少，没有做过账册。这样的说法正好能与张某翔的口供相互印证。综上，辩护人认为，赵某某给张某翔的200万元是张某翔应得的佣金、工资、奖金、报销费用、家庭慰问金的总和，既不是借款，也与8000万元无直接联系。因此，起诉书中认定赵某某分200万元给张某翔是没有充分依据的，而作为公司员工的张某翔根本无非法占有目的。

四、赵某某、张某翔不构成共同犯罪

共同犯罪是指二人以上共同故意犯罪。构成共同犯罪必须具备三个条件：第一，必须是两人以上；第二，必须有共同故意；第三，必须有共同犯罪行为。本案中，“两人以上”这一条件是符合的，但是第二、第三个条件却是不存在的。如前文所述，赵某某、张某翔无虚构事实并施行欺骗之行为，亦无非法占有之目的；而从各份卷宗中，特别是赵某某、张某翔二人的口供中，不能得出二人有共同诈骗的合意。

辩护人认为，整个协商《借款协议》、签署《借款协议》、收取8000万元、收取后支配8000万元以及借款到期后与朱某某协商延期还款的过程始终是由赵某某主导和决定的，作为下属的张某翔仅仅是赵某某、朱某某之间的传声筒，对整个事件的促成并没有因果力。另外，作为打工者的张某翔对老板的命令和要求往往不能拒绝，对于老板的意图究竟为何也无从多问。可以说，张某翔在整个事件中充当的是一个服从者、被动者的角色，从最终8000万元完全由赵某某一个人支配就可以看出这一点。

五、本案存在重大程序违法问题

（一）侦查人员或存在威胁、诱供行为

辩护人通过阅卷发现，张某翔的口供一直很稳定，称8000万元并非为协调收购京基公司持有康达尔公司股票的好处费和活动经费。但仅在2018年11月8日的口供中，张某翔称收取这8000万元是对京基公司违规收购康达尔公司股票进行立案的费用（卷2第124页）。而那之后，在2019年3月28日的口供（卷2第166页）中，张某翔又称"8000万元的借款协议是朱某某给我们公司的投资款"。据此辩护人认为这里面可能存在蹊跷。辩护人会见张某翔时，张某翔称，其2018年11月8日的口供内容实际上是侦查人员事先写好的，然后利用他身陷囹圄的处境和脆弱的心理，威胁逼迫他"如果不配合，你就再也出不去了，到时候我们会把你的家人抓进来"；利诱许诺他"如果你好好配合我们给你办取保候审，你就可以出去了"。经过以上的威胁、利诱，最终他在讯问笔录上签字、捺手印。再者，张某翔在2018年11月8日的口供中所称"收取这8000万元是对京基公司违规收购康达尔公司股票进行立案的费用"也与实际上启晖公司系基于借款协议才将8000万元支付给四川乔戈里峰公司的事实不符。因此，辩护人认为侦查人员在讯问张某翔过程中或存在威胁、诱供行为，为了查明此事，辩护人已向贵院申请调取当时的监控录像，如果监控录像显示证明侦查人员存在威胁行为的，则该证据应为非法证据，应予以排除。

而2020年8月11日，深圳市公安局经济犯罪侦查局针对其在本案中是否存在非法取证行为的复函中称，2018年11月8日在看守所对张某翔进行讯问的同步录音录像资料，因时间久远，现已无法调取；经向办案民警兰某某、徐某某同志了解核实，2018 年 11 月 8 日，该两名办案民警在深圳市第二看守所依法依规对犯罪嫌疑人张某翔进行讯问，不存在刑讯逼供和以威胁、引诱、欺骗以及其他非法方法收集证据的行为。另外，办案民警兰某某、徐某某均在其各自出具的情况说明中自证自己在讯问张某翔过程中不存在刑讯逼供和以威胁、引诱、欺骗以及其他非法方法收集证据的行为。

辩护人认为，上述民警的情况说明没有任何证明力，上述复函的理由是不成立的。

首先，仅凭民警自己的说明是不能证明该民警是否有非法收集证据的行为的。而要证明该民警在讯问过程中是否有非法收集证据的行为，调取当时的讯问录音录像是最为便捷、有效的方法。

其次，根据《刑事诉讼法》第 123 条以及最高人民法院、最高人民检察院、公安部、国家安全部、司法部《关于办理刑事案件严格排除非法证据若干问题的规定》第 10 条的规定，对于可能判处无期徒刑、死刑的案件或者其他重大犯罪案件，应当对讯问过程进行录音或者录像。根据《公安机关讯问犯罪嫌疑人录音录像工作规定》第 4 条，对下列重大犯罪案件，应当对讯问过程进行录音录像："（一）可能判处无期徒刑、死刑的案件……（五）其他故意犯罪案件，可能判处十年以上有期徒刑的。"本条第 1 款规定的"可能判处无期徒刑、死刑的案件"和"可能判处十年以上有期徒刑的案件"，是指应当适用的法定刑或者量刑档次包含无期徒刑、死刑、十年以上有期徒刑的案件。本案属于应当对讯问过程进行录音录像的案件，按照规定，办案机关讯问时应当全程录音录像。另外，《公安机关讯问犯罪嫌疑人录音录像工作规定》第 16 条规定，办案部门应当指定办案人员以外的人员保管讯问录音录像资料，不得由办案人员自行保管。讯问录音录像资料的保管条件应当符合公安声像档案管理有关规定，保密要求应当与本案讯问笔录一致。有条件的地方，可以对讯问录音录像资料实行信息化管理，并与执法办案信息系统关联。第 17 条规定，讯问录音录像资料应当刻录光盘保存或者利用磁盘等存储设备存储。刻录光盘保存的，应当制作一式两份……利用磁盘等存储设备存储的，应当在讯问结束后立即上传到专门的存储设备中，并制作数据备份；

必要时，可以转录为光盘。可见，我国对于讯问录音录像资料的保管是有一套严格的制度规定的，如果办案机关按照《公安机关讯问犯罪嫌疑人录音录像工作规定》对讯问过程进行了全程录音录像并进行了妥善保管，则应当是刻录了光盘或者对制作数据进行了备份，不可能出现深圳市公安局经济犯罪侦查局复函中所称的因时间久远，讯问录音录像资料无法调取的情形。

《刑事诉讼法》《关于办理刑事案件严格排除非法证据若干问题的规定》《公安机关讯问犯罪嫌疑人录音录像工作规定》之所规定对讯问过程录音录像就是为了监督和保障讯问过程的合法性，如果办案机关仅一句因时间久远录音录像资料无法调取就可以成为不提交录音录像的理由，那么上述规定就成了一个摆设，而刑讯逼供以及通过威胁、引诱、欺骗以及其他非法方法收集证据的行为将屡禁不止、更加肆无忌惮，司法程序、司法公正将被严重破坏。

《关于办理刑事案件严格排除非法证据若干问题的规定》第 34 条规定，经法庭审理，确认存在本规定所规定的以非法方法收集证据情形的，对有关证据应当予以排除。法庭根据相关线索或者材料对证据收集的合法性有疑问，而人民检察院未提供证据或者提供的证据不能证明证据收集的合法性，不能排除存在本规定所规定的以非法方法收集证据情形的，对有关证据应当予以排除。对依法予以排除的证据，不得宣读、质证，不得作为判决的根据。辩护人认为，公诉机关提供的证据不能证明其证据收集的合法性，不能排除存在以非法方法收集证据情形，因此，公诉机关应当承担举证不能的法律后果，即法院应当对 2018 年 11 月 8 日张某翔的口供予以排除，该口供不能作为本案判决的根据。

（二）本案存在程序瑕疵且办案机关有关人员涉嫌非法拘禁

卷 1 显示，2018 年 11 月 12 日，深圳市公安局经济犯罪侦查支队在侦办程某、朱某某涉嫌诈骗过程中发现赵某某、张某翔以能够帮助康达尔公司解决股权纠纷为由，骗取康达尔公司股东深圳市华超投资控股集团有限公司 9000 万元人民币，赵某某、张某翔涉嫌诈骗犯罪。当日，深圳市公安局便决定对赵某某、张某翔诈骗深圳市华超投资控股集团有限公司立案侦查（卷 1 第 3 ~ 4 页）。

又，深公（经）拘字［2018］00143号拘留证落款时间为2018年9月27日，赵某某手写确认该证于2018年10月15日9时向其宣布，且接收民警高某手写确认赵某某于2018年10月16日4时送至深圳市第二看守所（卷1第5页）。深公（经）拘字［2018］00142号拘留证落款时间为2018年9月27日，张某翔手写确认该证于2018年10月15日9时向其宣布，且接收民警高某手写确认张某翔于2018年10月16日4时送至深圳市第二看守所（卷1第6页）。深公（经）变字［2018］00177号变更羁押期限通知书显示“涉案犯罪嫌疑人（被告人）赵某某因依法延长拘留时间，根据《中华人民共和国刑事诉讼法》第158条之规定，经深圳市公安局经济犯罪侦查支队批准（决定），延长羁押期限。现羁押期限自2018年10月15日至2018年11月14日”。该通知书落款时间为2018年10月16日。深公（经）变字［2018］00178号变更羁押期限通知书显示“涉案犯罪嫌疑人（被告人）张某翔因依法延长拘留时间，根据《中华人民共和国刑事诉讼法》第158条之规定，经深圳市公安局经济犯罪侦查支队批准（决定），延长羁押期限。现羁押期限自2018年10月15日至2018年11月14日”。该通知书落款时间为2018年10月16日。

以上可以看出，以上立案及拘留、延长羁押期限的时间是矛盾的。因为如果如受案登记表中所述，公安机关是在2018年11月12日才发现赵某某、张某翔涉嫌诈骗并于当日对赵某某、张某翔立案侦查的，而公安机关早在2018年10月15日就拘留了赵某某、张某翔，并对赵某某、张某翔延长羁押期限1个月。这是严重违法的，且办案机关有关人员涉嫌非法拘禁。

另外，两份拘留证上的落款时间均为2018年9月27日，且深公（经）拘通字［2018］00142号拘留通知书及深公（经）拘通字［2018］00143号拘留通知书上的落款时间均是2018年9月27日（卷1第7~8页）。而实际上，赵某某、张某翔是于2018年10月15日被拘留、于2018年10月16日被送至深圳市第二看守所的。拘留证、拘留通知书上的落款时间与实际拘留时间相差如此之大，不符合《刑事诉讼法》的规定，也不符合一般常识，办案机关应当对此作出合理解释。

综上，赵某某、张某翔并未实施欺骗行为，朱某某未遭受财产损失，赵某某、张某翔无非法占有目的，赵某某、张某翔的行为不构成诈骗罪。在此，辩护人重点提醒法庭，诈骗必须是以非法占有为目的，本案中，赵某某（四川乔戈里峰公司）向朱某某（启晖公司）借款8000万元是有书面借款协议的，且作为多家公司的实际控制人（老板），赵某某相信自己能够归还上述借款，亦有证据证明赵某某很有可能通过别的业务（商业承兑汇票方面的业务）获得3.6亿元的服务费，即赵某某有还款能力。另外，虽然赵某某未在规定的期限内还款，但其一直与朱某某积极沟通，并请求延迟还款，且没有拒绝还款的意图和意思表示。基于对赵某某上述行为性质的上述理解（系借款而非诈骗），张某翔作为赵某某公司员工，根据老板的命令和安排行事，亦没有非法占有的目的。

辩护人认为，起诉书指控赵某某、张某翔犯诈骗罪事实不清，证据不足。本案不论在实体还是程序上均存在大量的、严重的错误和问题，本案的证据不能证明被告人张某翔实施了公诉人指控的诈骗行为。相反，现有充分证据证明侦查机关及其办案人员违反法律规定审讯和办案，其行为已经触犯了法律，依法应当追究。在此，我引用在某法庭墙上标示的一句名言“天平之上，法律事实慎权衡；法槌之下，百姓利益多思量”作为结束语。恳请法庭以事实为依据，以法律为准绳，依法宣告张某翔无罪，从而作出对法律负责、对人民负责且经得起历史考验的公正判决。

此致

广东省深圳市中级人民法院

辩护人：北京金诚同达律师事务所

原　伟　律师

2020年11月9日

【案件结果】

2020年12月15日，广东省深圳市中级人民法院经审理认为，公诉机关指控的罪名成立，张某翔的行为已构成诈骗罪，其在共同犯罪中起次要、辅助作用，可认定为从犯，依法予以减轻处罚。最终判决被告人张某翔犯诈骗罪，判处有期徒刑8年，并处罚金人民币20万元。［来源：广东省深圳市中

级人民法院（2019）粤03刑初795号刑事判决书］

宣判后，被告人张某翔不服一审判决，向广东省高级人民法院提出上诉，我继续担任其在二审阶段的辩护人。2021年9月1日，广东省高级人民法院经审理后裁定驳回上诉，维持原判。［来源：广东省高级人民法院（2021）粤刑终255号刑事裁定书］

18　原审计署驻太原特派员办事处企业审计处副处长宋某强涉嫌故意泄露国家秘密案

【指控内容】

2014年8月11日，宋某强因涉嫌故意泄露国家秘密罪被北京市公安局东城分局刑事拘留，同年8月28日被取保候审，同年9月18日经北京市人民检察院第二分院批准被执行逮捕。2014年10月20日，北京市东城区人民检察院侦查终结，以宋某强涉嫌故意泄露国家秘密罪移送审查起诉。2014年12月9日，北京市东城区人民检察院以京东检公诉刑诉〔2014〕1302号起诉书指控被告人宋某强犯故意泄露国家秘密罪，向北京市东城区人民法院提起公诉。

【法律意见】

辩　护　词

尊敬的审判长、审判员、人民陪审员：

我们是中华人民共和国执业律师，根据《刑事诉讼法》《律师法》的规定，受本案被告人宋某强的委托和北京金诚同达律师事务所的指派，担任被告人宋某强的辩护人，出庭为他辩护。

在办理本案过程中，我们依法多次会见了本案被告人宋某强，查阅了本案的案卷材料，今天又听取了本案的法庭调查，对案件事实有了充分的了解。在此，我们根据本案的案情及本案所有证据材料和《刑法》对故意泄露国家秘密罪的规定及《刑事诉讼法》对办案程序的规定，针对北京市东城区人民检察院京东检公诉刑诉〔2014〕1302号起诉书对本案被告人宋某强犯有故意泄露国家秘密罪的指控，发表如下辩护意见：

一、本案对被告人宋某强立案追诉错误

（一）本案被告人宋某强未达到刑事案件追诉标准

最高人民检察院《关于渎职侵权犯罪案件立案标准的规定》（高检发释字〔2006〕2号）第1条第3款故意泄露国家秘密案（《刑法》第398条）规定，故意泄露国家秘密罪是指国家机关工作人员或者非国家机关工作人员违反《保守国家秘密法》，故意使国家秘密被不应知悉者知悉，或者故意使国家秘密超出了限定的接触范围，情节严重的行为。涉嫌下列情形之一的，应予立案：（1）泄露绝密级国家秘密1项（件）以上的；（2）泄露机密级国家秘密2项（件）以上的；（3）泄露秘密级国家秘密3项（件）以上的；（4）向非境外机构、组织、人员泄露国家秘密，造成或者可能造成危害社会稳定、经济发展、国防安全或者其他严重危害后果的；（5）通过口头、书面或者网络等方式向公众散布、传播国家秘密的；（6）利用职权指使或者强迫他人违反《保守国家秘密法》的规定泄露国家秘密的；（7）以牟取私利为目的泄露国家秘密的；（8）其他情节严重的情形。

本案中，被告人宋某强即使实施了起诉书中指控的犯罪行为，其所泄露的也只是1项国家秘密，并未达到上述规定中泄露秘密级国家秘密3项（件）以上的立案追诉标准。被告人宋某强亦不存在上述追诉标准中第5～7项情况，因此对被告人宋某强不应立案追究刑事责任。即使同案其他被告人涉嫌的犯罪行为符合上述追诉标准，被告人宋某强与同案其他被告人也不属于共同犯罪，不能因此入罪。

（二）本案涉案文稿是在被公布在网上之后才经国家保密局鉴定为国家秘密，被告人宋某强在接到涉案审计工作任务及所参与具体工作的过程中及过程稿形成后，该稿从未被确定为秘密级国家秘密，也从未在法律上或行文要求该审计稿需要按秘密级国家秘密来保守

2012年2月29日形成审计署办公厅文件承办单（编号：办件2012年第××号）（宋某强卷相关证据3卷）上，《关于商请对太原H有限公司收购

山西J公司有关资产问题进行审计调查的函》（监办函［2012］××号），在密级处为空白，并未填写“秘密”字样。在太原办接受此项工作任务后，也没有人向宋某强告知这项工作是国家秘密，虽然领导强调过保密，但这也只是作为工作秘密来保守，并无文件确定此项工作是国家秘密，更没有提高到国家秘密这一高度。而且，无论是太原特派办还是审计署相关部门，在H审计项目中，在审计相关文件传输、工作记录的保管等方面，均没有按照审计署相关保密规定执行，均没有上升到国家秘密的高度予以重视，更未依法确定密级。涉案文稿即《审计署关于H公司收购J公司下属3个煤矿等资产的审计调查情况的函》（过程稿）是在2013年8月27日才被国家保密局鉴定为国家秘密的。

因此，即使宋某强实施了起诉书指控的行为，其充其量也只是泄露了工作秘密，其行为性质也只是一种违规违纪行为，而不是泄露国家秘密的犯罪行为。

（三）本案中，国家保密局所做密级鉴定作为鉴定结论不合法，不能作为定案依据

1. 进行密级鉴定的主体不合法

国家保密局2013年8月27日出具的《关于有关材料的密级鉴定》（国保鉴字［2013］××号）（宋某强卷密级鉴定卷）国家秘密鉴定书署名处为“国家保密局秘书行政司”，加盖的公章也不是“国家保密局”的公章，该司不是法律法规规定有权进行密级鉴定的国家机关，鉴定主体不合法。

2. 鉴定结论内容不合法

国家保密局公布的《密级鉴定工作规定》（国保发［2013］5号）第14条规定，密级鉴定书的内容应包含以下几项：密级鉴定书应当包括以下内容：（1）鉴定材料中具体事项的名称；（2）鉴定依据和鉴定结论；（3）需要说明的其他情况；（4）鉴定机关名称和鉴定日期。本案中，上述密级鉴定（国保鉴字［2013］××号）没有列明鉴定依据，只是笼统地说“依据有关保密法律法规”，但依据哪一部、哪一条、哪一项法律法规，没有任何说明，这种笼统的说法不属于列明鉴定依据的情况，因此该鉴定结论内容不合法。

二、被告人宋某强未实施起诉书指控的行为

（一）被告人宋某强没有向朱某泄密的动机

1. 宋某强和朱某关系极为一般，只是普通同事关系

被告人宋某强和朱某虽然同为审计署太原特派办人员，但二人只是普通同事关系，并无任何私交，也无任何利益交换。因为二人分属不同部门，所以工作上的接触几乎没有，加之工作性质原因二人各自都经常出差，在单位见面都很少，平时也没有过任何电话、短信或网络联系。本案证人朱某的妻子徐某、宋某强同事及领导等人证言均证明朱某和宋某强关系非常一般。徐某是朱某的妻子，同时也是宋某强的同事，如果真如朱某所述他和宋某强关系很好，是铁哥们儿，徐某怎么可能不知道。

朱某在法庭调查时一再说自己和宋某强是好朋友、好哥们儿，但当被问及和宋某强的交往细节，比如有没有一起吃过饭、一起喝过酒或者一起打过牌等具体问题时，朱某均回答“记不清了”，试想，如果二人真是好朋友，而且如朱某所言是十几年的好朋友的话，怎么可能连这些简单、平常的情况都记不清。我们并没有问吃饭、喝酒或任何私下活动的时间、地点这些具体问题，对于具体问题可能记不清，但对于有没有这些私交的情况居然也记不清，说他们是好朋友实在匪夷所思！朱某在和宋某强关系这一问题上明显撒了谎，而他撒谎的原因就是为了自圆其说，圆他提出的是宋某强给他的纸质稿这个更大的谎。

2. 宋某强知道 H 公司审计项目是工作秘密，且领导强调了保密纪律，在没有任何私利的情况下，主观上不可能冒险向朱某泄密

虽然接受涉案工作任务时，H 公司审计工作未被定为国家秘密，但被告人宋某强确实被要求保守工作秘密。在此情况下，就算朱某向其打探消息，被告人宋某强在没有任何动因的情况下，为何要冒着被处分的风险将审计工作秘密泄露给朱某，被告人宋某强没有向朱某泄密的动机，更不可能随便将涉案文稿的纸质稿交给朱某。

公诉人提出被告人宋某强知道朱某要调往 H 公司工作，出于对同事的帮助而向朱某泄密，这一论点根本站不住脚，即使被告人宋某强知道朱某要去 H 公司工作这一情况，但这跟宋某强又有什么关系，二人一不是朋友，二没

有利益输送，宋某强为什么要帮助朱某？况且，公诉人所提出的宋某强帮助朱某这是一种行为而不是目的，这一论点还是没能解决宋某强为什么要帮助朱某的犯罪动机问题。在宋某强没有犯罪动机的情况下，再加上本案朱某和宋某强极为普通的同事关系，公诉人根本不能解释被告人宋某强向朱某泄密的行为目的，不能排除朱某诬陷宋某强或为了掩盖有可能接触此文稿的其他人员向其泄露的犯罪事实而转嫁给宋某强从而帮助其他真正向他泄露文稿的犯罪嫌疑人脱罪的可能。况且，朱某在归案后并不是第一时间指证宋某强，朱某于2014年2月19日被拘留，一直到6月19日第21次讯问时才第一次供述是宋某强向其泄密且主动给了他涉案文稿的纸质稿。试想，宋某强和朱某并无其他私交，朱某在被采取刑事强制措施后，已经交代了其向黄某某发短信、发涉案文稿电子版邮件的事情，在此情况下，他根本没有必要再掩盖、包庇宋某强，何以在被拘留4个月之后才供出宋某强。

虽然犯罪动机不是故意泄露国家秘密罪的犯罪构成要件，但鉴于本案中出现的上述极其特殊的情况，在此条件下，如果不能解决被告人宋某强犯罪动机和犯罪目的问题及排除其他人泄密的可能性就对其定罪是极不负责的！

（二）被告人宋某强没有向同案被告人朱某透露对H公司的审计情况，更未向朱某提供《审计署关于H公司收购J公司下属3个煤矿等资产的审计调查的函》，这点辩护人分两部分阐述

1. 关于公诉人指控的口头泄密行为，辩护人认为，被告人宋某强不具备向朱某泄密的时间

本案中朱某第一次编辑泄密短信的时间为2012年4月25日中午14时13分。

朱某与黄某某见面的时间是2012年3月11日晚，朱某编辑上述短信的时间是2012年4月25日14时13分24秒。也就是说，即使朱某真向宋某强打探消息，这个行为也应当发生在3月11日到4月25日。但本案证据朱某和宋某强的出勤记录、朱某通话记录、飞行记录及宋某强工作笔记证明，朱某与宋某强二人在2012年3月、4月几乎没有在太原办碰面的可能，二人也没有任何短信、电话或网络联系。

（1）朱某和宋某强在2012年3月没有同时在太原办的时间交集。

被告人宋某强接到涉案审计工作任务的时间是2012年3月初，本案中的书证证明，在2012年3月，除16日、17日、18日、19日、20日这5天外，其余日期朱某都在外地出差，而3月19日这一天宋某强在北京出差。也就是说，二人只有3月16日、17日、18日、20日这4天都在山西，但这4天里，除去17日、18日周末外，考勤记录证明3月16日、20日这两天被告人宋某强都进驻H公司进点审计了，这4天宋某强都不在太原办办公室，朱某不可能在特派办办公室遇到他，更不可能当面向他打听华润煤业审计消息。况且，太原特派办3月2日接到H公司审计任务，而宋某强此前从未接触过煤矿企业的审计，对相关煤矿生产方面的法律法规、审计内容都不熟悉，接手工作初期都属于学习阶段，到3月20日为止，审计工作并无实质进展，宋某强根本不掌握短信中的信息。

（2）2012年4月25日前，朱某和宋某强在太原办碰面的可能时间只有4月1日、5日、6日这3天。

就2012年4月来说，4月2日至4日是清明节假期，4月7日、8日、14日、15日是周末，被告人宋某强这几天没有上班，不可能在特派办和朱某相遇，4月8日至13日、4月16日至25日中午，朱某均在外地不在山西，此时间段内朱某不可能和被告人宋某强见面，这样一来，2012年4月1日至25日，朱某和被告人宋某强只有4月1日、5日、6日这三天有可能和被告人朱某在太原特派办见面，也只有这三天，朱某才有当面向被告人宋某强打探审计消息的可能。

（3）宋某强在2012年4月6日前并不掌握朱某编辑的短信中的内容。

从朱某在4月25日14时13分编辑的短信内容一、二所描述的事实时间节点来看，4月1日、5日、6日都是4月初，此时审计调查才开始没多久，还未结束更未将结果上报，关于矿业权的价值等问题此时也未查清，宋某强不可能掌握短信中的内容。“结果已报监察部”的内容宋某强更是在4月25日当天早上收到审计署舒某某发来的文稿之后才知道这个报告是要向监察部上报的，而对于是否“已报监察部”宋某强根本不掌握，因为这个稿是审计署上报而非太原办上报。

短信内容三描述的情况被告人宋某强本人根本不知道，从内容来看，也不是太原特派办能掌握的情况，因此宋某强不可能向朱某透露短信内容三所讲的情况。侦查人员显然也注意到了这一点，就此讯问朱某时，朱某称短信三的内容是他分析得出的，但这明显是谎话。短信三的内容是一种对客观情况的转述，不可能仅凭分析得出，而且从语气和内容上看，这明显不是太原办人员掌握的情况，朱某这条短信内容的来源必然是其他人，而非宋某强向其提供。

（4）朱某 2013 年在 4 月 25 日中午不可能和宋某强见面。

根据朱某的飞行记录，朱某 4 月 25 日 10 时从南京禄口机场乘坐 MU2166 次航班于中午 11 时 45 分到达太原武宿机场，假设其航班正点到达，距其编辑涉案短信内容也只有区区两个小时时间，而朱某的通话记录证明，这一天他与宋某强没有任何电话、短信联络。

朱某的航班如正点是当日 11 时 45 分到达太原机场，当时太原市内道路还没改造完成，而且因道路改造工程致使太原市内拥堵，朱某航班落地时正值中午上下班高峰期，即使飞机正点到达，他从飞机落地到回到家也要 1 个多小时，再加上吃饭时间，他不可能中午到太原特派办遇到宋某强并向其打探消息。朱某当日的通话记录也能佐证上述推论，在 12 时 58 分，朱某手机接到 0351 - ××× 来电，通话时间 1 分 8 秒，这个主叫电话是朱某家座机号码，这证明至少在 13 时许，朱某还未能回到家。在此情况下，暂不论当时宋某强是否在办公室，至少朱某和宋某强在办公室聊天是不可能的。而且，朱某的口供也供述，在 4 月 25 日这一天，他印象中没有见到任何人，在庭审中朱某再次确认这一天他没有见过宋某强。因此，短信内容二不可能是宋某强告诉朱某的。

（5）朱某关于短信内容是宋某强告诉他的供述与上述客观情况和书证不符。

朱某的口供称，涉案短信内容不是其一次获知的，短信的内容主要是之前和宋某强聊天时宋某强告诉他的，而且他是在 4 月 16 日之前就掌握了这些信息，再加上他自己的判断，在 4 月 25 日编辑了这条短信。结合上述分析，朱某和宋某强见面的机会很少且二人关系一般，朱某即使能够遇见宋某强，也不可能每次见面都向宋某强打听 H 公司审计的事情，宋某强更不可能每次见面都告诉他 H 公司审计情况，这不符合常理。

而且，朱某当庭供述他主要是在宋某强的办公室和宋某强聊天或在楼道遇到宋某强聊天时打探消息，但朱某却说不出宋某强办公室的布局，甚至连宋某强坐在什么位置他都说记不清，如果他真的多次去过宋某强办公室聊天，怎么可能记不清宋某强坐什么位置、记不清宋某强办公室都有谁，朱某在这一问题上明显又撒了谎。

朱某在庭审中还供述，这条短信的内容除了宋某强主要告诉他的情况，还有他个人的分析推断，但从短信内容来看，显然不是分析推断可以得出的，我们问哪些内容是宋某强告诉他的，哪些内容是他分析的，他的回答仍然是“记不清”了。在这些具体的细节问题上，朱某一律采用了“记不清”这种模糊回答，既然都记不清，怎么就记得主要信息都是宋某强告诉他的。

综上，朱某于 2012 年 4 月 25 日编辑的短信信息并非从宋某强处获取，被告人宋某强亦未向朱某透露有关审计信息。公诉人提供的证明宋某强实施上述行为的证据仅有朱某口供，而朱某指证宋某强的口供明显和本案的书证、鉴定意见等证据不符，与客观事实亦不符，不能证明被告人宋某强实施了口头向朱某透露审计信息的行为。

2. 关于公诉人指控的宋某强将涉案文稿交给朱某的行为，辩护人认为公诉人指控证据不足

在阐述这一部分之前，我们想再次梳理一下本案所涉及的文件及涉案文稿的形成时间、传输过程，因为文件数量较多且内容相似或重叠，容易混淆，为方便表述和帮助法庭查清案件事实，有必要对此进行说明。

根据审计署办公厅出具的《审计署办公厅关于商请查处泄密问题的函》（审办函［2013］×××号）（朱某举报材料卷）和本案其他证据，可以得出涉案文稿的形成过程是：2012 年 3 月 2 日，审计署根据监察部办公厅来函由企业审计司牵头，组织太原特派办对太原 H 公司收购 J 公司下属 3 个煤矿矿业权等资产情况进行审计调查。4 月 16 日，审计署赴太原 H 公司审计组（太原办）初步形成了《关于 H 公司收购 J 公司 3 个煤矿等资产的初步审计调查报告》（以下简称审计报告 416）报审计署企业审计司。4 月 25 日，企业审

计司初步形成了拟送监察部的《审计署关于 H 公司收购 J 公司下属 3 个煤矿等资产的审计调查情况的函》（以下简称审计报告 425）。审计报告 425 是舒某某于 4 月 23 日开始起草，起草完成后分别在 4 月 25 日 8 时 38 分、9 时 39 分、9 时 40 分、9 时 41 分通过腾讯通软件分别发送给审计署茅某某、太原特派办朱某某、卢某某、宋某强，这是该稿第一次发送给太原办相关人员。审计报告 425 经太原办修改发回舒某某后，舒某某分别于 4 月 26 日 8 时 31 分、8 时 42 分发送给朱某某、宋某强再次征求太原特派办意见后形成《审计署关于 H 公司收购 J 公司下属 3 个煤矿等资产的审计调查情况的函》最终稿件（以下简称审计报告 426）。从这一文件形成过程和实际文件内容来看，审计报告 425 和审计报告 426 虽然名称相同，但形成时间不同、文件内容也不同。庭审中，公诉人表明其指控被告人宋某强泄露的是审计报告 426。

对这一指控，我们认为：

（1）公诉人指控宋某强向朱某提供审计报告 425 纸质稿的证据不足，公诉人没有提供能够证明宋某强泄露审计报告 426 纸质稿的来源

庭审中，公诉人指控被告人宋某强实施这一行为的证据有：被告人朱某、宋某强的口供，证人朱某某的证言、书证、舒某某电脑记录等。

辩护人提请法庭注意，上述证据中，能够直接证明被告人朱某是从宋某强处取得纸质稿的证据仅有朱某的口供和宋某强的口供，宋某强的口供还有反复，其在非法证据排除申请中也解释了这种反复产生的原因，庭审中宋某强也表示，其口供以当庭供述为准。在此情况下，能够证明公诉人对宋某强此项指控的唯一直接证据只有被告人朱某的口供。但朱某口供有多处明显不实，比如，在说到和宋某强的关系问题上，朱某明显向侦查机关撒了谎。而且，在侦查机关对其进行的多次讯问中，他起初一再供称所谓纸质稿是他从垃圾桶捡的，一直到 2013 年 6 月 19 日第 21 次讯问时，他才开始指证宋某强，说是宋某强给他的纸质稿，而且就此事他的说法也前后不一，在细节问题上一律回答“记不清”，因此，朱某作为同案犯，他指证宋某强的口供可信度不高。

另外，从常理上讲，宋某强和朱某只是非常一般的同事关系，朱某的品性从他能够为了自己的利益打探审计情报并向他人泄露可见一斑，即使纸质

稿真的是宋某强给朱某的，就朱某此人的品行，他根本不会在侦查机关对其采取刑事强制措施后很长一段时间都不交代宋某强，从而保护一个跟自己毫无私交、对自己利益毫无影响的人。辩护人绝对有理由相信，朱某在获秘来源问题上做了假口供，根本不是宋某强给他的纸质稿。

就公诉人提供的、予以佐证其指控事实的其他证据，主要是证人朱某某的证言、鉴定意见（舒某某电脑打印记录）等，辩护人认为：公诉人提供的证据不能证明朱某某打印了涉案文稿，亦不能证明朱某某将涉案文稿纸质稿交给了宋某强。北京市人民检察院检验鉴定文书（京检技电鉴字［2013］××号）《电子证据检验报告》所附文件证明，在朱某某电脑提取的、朱某某发给“魏某”的有“这是舒某发给我的最后一稿……”字样专函稿的最后打印时间为2012年4月24日11：55。这一书证证明，朱某某打印该稿的时间是2012年4月24日，但腾讯通聊天记录及文件传输记录书证证明，舒某某将审计报告426发送给朱某某的时间是2012年4月26日上午，公诉人提供的证明朱某某打印该稿的时间明显早于朱某某收到该稿的时间，该份书证与证明朱某某接收涉案文稿电子版的文件接收记录书证明显矛盾，且与客观事实明显不符，朱某某不可能在24日打印一份26日收到的文件，因此，上述打印记录证据不具有客观真实性，不能作为本案证据使用，更不能作为定案依据。

公诉人予以证明朱某某打印过涉案文稿的证据还有朱某某的证言，我们再来回顾一下朱某某的证言关于这一细节是怎么说的。2013年12月10日，北京市东城区人民检察院在国家审计署驻太原特派办对朱某某进行询问，在这份询问笔录（宋某强卷证人证言2卷）中，关于打印涉案文稿一事并不是朱某某主动、自觉陈述的，而是经侦查人员问出的，侦查人员问：“根据我们的调查，外泄的这份过程稿在2012年4月24日在你的电脑中打印过一次?”朱某某答：“我记不清楚了，如果当时我打印了这份稿件，那也不是给宋某强就是给汪某了，汪某当时已经到企业审计处任处长了，打印出来是为了让他们就数据进行核对。”问：“这份打印出来的材料后来如何处理的?”答：“应该在宋某强或者汪某手上。”就这些证言而言，侦查机关在询问时是以一件根本不可能发生的事情作为事实前提对证人朱某某发问，这明显是一种误导、诱供。朱某某对此的回答是记不清，对于到底是否打印或是否给了宋某强，朱某某的回答是假设性、选择性的，这种假设性、选择性的陈述不符合法律规定的证人作证的要求，该份笔录不能作为证据采用。而本案中朱某某书写的情况说明也是在侦查人员给出的这种错误的前提下回忆书写的。基于对“客观证据证明我确实打印过”这一错误认识，朱某某所回忆的打印涉案文稿及将涉案文稿交给宋某强的情节根本就不可信，是否打印过该涉案文稿都存疑，何来将打印文稿交给宋某强核对一事。正因如此，朱某某书写的说明亦经不住事实的推敲。其一，朱某某说自己打印文稿的时间是 4 月 25 日，当时宋某强不在线，但腾讯通聊天记录显示，4 月 25 日早，舒某某向朱某某、宋某强等人传输涉案文稿时，宋某强当时就给予回复，不存在朱某某所述的“宋某强不在线”的问题。其二，就算朱某某确因宋某强不在线要把舒某某发来的稿件给宋某强，最简便和通用的方式也是打个电话给宋某强或者把稿件通过腾讯通传输给宋某强，因为宋某强要修改也得在电子版稿件上修改这样才方便传回给舒某某，朱某某怎么会打印一份给宋某强！其三，即使朱某某的证言是真实的，这也只能证明，朱某某在 2012 年 4 月 25 日打印了纸质稿，因为朱某某在 4 月 25 日时尚未收到审计报告 426，因此朱某某 4 月 25 日打印一事与公诉人指控宋某强泄露审计报告 426 纸质稿一事毫无关系。朱某某的证言也不能证明其曾打印过审计报告 426 并将该纸质稿交给了宋某强。

公诉人提出涉案文稿的起草者舒某某在 4 月 25 日打印了审计报告 426，但舒某某远在审计署，他是否打印和宋某强毫无关系，公诉人也没有提供任何能够证明舒某某将其打印的纸质稿交给了宋某强的证据，因此公诉人提供的这份证据和其指控毫无关联。

（2）宋某强向朱某提供涉案文稿纸质稿不合常理

第一，从太原特派办的工作流程和工作习惯来说，朱某某打印涉案文稿不符合常理。太原特派办实施无纸化办公，而且由于工作性质和保密原因，工作人员之间传输文件一般都通过腾讯通专网传输，这在本案的多份证据中均有体现。以往的工作中，朱某某和宋某强之间传输文件也都是通过这种方式。宋某强口供、孙某某等人的证言也证明，一般审计工作中形成的电子文档过程稿都不打印出纸质的，直接网上报领导审批，领导修改后再通过腾讯通发回来进行修改。需要归档的材料，才打印纸质的材料，由领导签字后，再归入档案。因此，公诉人提出的朱某某打印了涉案文稿交给宋某强核对是与太原特派办工作习惯不符的。在此情况下，公诉人证明被告人宋某强将纸质文稿交给朱某的证据链就缺失了重要一环，即缺乏宋某强持有纸质文稿的来源。

第二，被告人宋某强和朱某的关系极为一般，被告人宋某强也明知审计文稿是工作秘密，即使宋某强持有纸质文稿他不会随意将该文稿交给朱某，本案中，甚至连朱某自己都不能解释为何宋某强会将纸质文稿给他。朱某在2012年3月11日与黄某某见面后，先后分别用电话和网络等方式向韩某某、郭某某、孙某某等人打探消息，如果这几个明显和朱某关系更好的、联系更多的人都没有向朱某透漏丝毫消息，宋某强为什么要向朱某透漏和提供！退一步讲，如果这些消息和涉案文稿纸质稿真的是宋某强给朱某的，那宋某强给朱某的可谓一份大礼，朱某在送电脑时给太原办的孙某某、卫某某、吴某某各一台，感谢他们过去或将来可能提供的帮助，他怎么就没想起来感谢一下宋某强，这不合常理。

第三，涉案文稿内容被在网上公布后，宋某强与朱某之间没有任何联系不合常理。假设涉案文稿纸质稿真是宋某强提供给朱某的，宋某强在给朱某时也只是让朱某看看，不会料想到朱某会把该稿件提供给黄某某。在此情况下，当宋某强看到网上公布的涉案文稿后，肯定第一时间就会想起自己曾提供给朱某的纸质稿，肯定第一时间就要找朱某核实、质问，不可能对此事不闻不问。而本案中，朱某和宋某强在涉案文稿在网上公开后没有过任何电话、网络、当面沟通，这一点不合常理。虽然宋某强口供中曾供述在事发后其和朱某见过面，但这些供述和朱某口供不符，而且宋某强在口供中也对这些供述进行了否认，是其在被羁押状态下为了迎合侦查人员而顺着侦查人员的问话进行的回答，这些口供不能作为定案依据。

第四，宋某强第一次被侦查部门传唤是在2014年3月，当时他是以证人身份参与调查，此次询问距其第二次被传唤中间隔了近半年时间，从宋某强供述的招供情况来看，宋某强并不是一个心理素质极佳、心理承受能力很好的人，如果真是宋某强给朱某提供了审计报告，在第一次调查后，宋某强怎么可能不做任何准备工作，既不找律师咨询应对也不和有关人员联系，这不合常理。如果他有所准备，就不会在被拘留后如此狼狈。

第五，如果宋某强在2012年4月底、5月初给了朱某纸质稿，此时正是朱某找工作的关键时期，朱某为什么一直到7月2日才把这份稿子发给黄某某，这一点也不合常理，不能排除朱某是在7月2日左右才获得这份稿子的可能性的合理怀疑。

本案中出现的这些情况，无法用常理和经验法则解释，不能排除被告人朱某在谁向他泄密这一问题上做了假口供。正因为宋某强没有给过他纸质稿，他为了自圆其说才编造出他和宋某强是铁哥们儿的谎言。

我们从公诉人的指控也能看出，起诉书用语含混不清，故意回避宋某强的作案时间、作案地点等案件主要事实。这也说明，公诉人在将本案提起公诉时，对这些问题无法在本案的证据中找到答案，因此采取了模糊的表述。

三、本案公诉人提供的证明被告人宋某强有罪的证据未能达到刑事诉讼的证明标准，认定宋某强向朱某泄密不能排除合理怀疑

《刑事诉讼法》第53条规定，对一切案件的判处都要重证据，重调查研究，不轻信口供。只有被告人供述，没有其他证据的，不能认定被告人有罪和处以刑罚；没有被告人供述，证据确实、充分的，可以认定被告人有罪和处以刑罚。证据确实、充分，应当符合以下条件：（1）定罪量刑的事实都有证据证明；（2）据以定案的证据均经法定程序查证属实；（3）综合全案证据，对所认定事实已排除合理怀疑。

本案证据很多，包含多种证据种类，但就被告人宋某强所涉嫌的犯罪行为，其实公诉人提供的证据链和证明逻辑很简单，就是朱某某打印了涉案文稿交给宋某强，宋某强又将纸质文稿给了朱某，在这样一个证据链条上，根据上述关于证明标准的规定，公诉人所提供的证据必须能够证明以下基本事实：（1）朱某某打印了审计报告426，而且打印时间应当和文件形成及传输时间匹配；（2）朱某某将打印出的审计报告426交给了宋某强，宋某强也确实收到了朱某某给的纸质涉案文稿；（3）宋某强在2012年4月26日之后的某个时间，将纸质涉案文稿给了朱某。但现在的情况是，第 1 项、第 2 项基础事实本案中根本没有证据能够证明；第 3 项事实仅有宋某强的和朱某的口供证据。这组证据里，宋某强口供前后不一且其对这种不一致的供述也作出了合理解释，今天庭审再次陈述其根本没有给过朱某纸质稿。况且，朱某在其获得纸质稿来源这一问题上虽然在 2013 年 6 月以后一直指证是宋某强交给他的，但在关于何时获得的纸质稿及其获得的纸质稿内容（比如有无文头、如何编辑录入）这两个问题上供述不清、前后不一。这就使朱某给黄某某发送的邮件电子版到底是他录入的纸质稿还是根本得到的就是电子版文件都是疑问，不能排除朱某是从他人处直接获得的电子稿的怀疑。

通过法庭调查的询问被告人环节，朱某的口供漏洞颇多，根本经不起推敲，更经不起事实检验。因此，公诉人指控被告人宋某强实施了犯罪行为的三项环环相扣、必须证明的事实，要么没有证据予以证明，要么证据不能查证属实，根本不能达到刑事诉讼法规定的证明标准。更何况，本案中还存在那么多疑点不能合理解释，不能排除被告人宋某强是“替罪羊”。

四、本案不是共同犯罪案件，即使同案其他被告人被追究刑事责任，也不能因此就对被告人宋某强以共同犯罪定罪量刑

本案被告人虽然有三人，但被告人宋某强与朱某、黄某某二人并无犯意联络，被告人宋某强和黄某某没有任何联系，被告人宋某强亦不知朱某将涉案文稿交给黄某某的情况，三人之间不存在共同犯罪的可能。如果经过法庭的审判，认定同案其他被告人有罪，也不能因此一并对被告人宋某强定罪。

我们无意在此揭露人性的自私，也无意祸水东引，但是，本案的证据确实向我们呈现了这样一个法律事实，那就是被告人宋某强根本没有实施过公诉人所指控的泄密行为，公诉人对被告人宋某强的指控含糊其词、事实不清、证据不足，本案被告人宋某强是被冤枉的！

刑事诉讼活动既要惩罚犯罪，同时要保障无罪的人不受刑事追究，这是刑事诉讼法的任务。但我们总是过分强调前者而忘记了后者。我们深知冤假错案的严重后果，虽然本案无关生命，但自由和清白对人来说也是极其重要的价值。在大量事实和证据面前，恳请法庭能够排除干扰，以事实为依据，以法律为准绳，依法宣告被告人宋某强无罪，从而对被告人宋某强作出一份经得起时间检验的公正判决！

此致

北京市东城区人民法院

辩护人：北京金诚同达律师事务所

原　伟　律师

赵　静　律师

2015 年 4 月 9 日

【案件结果】

北京市东城区人民法院受理后，先后经过三次开庭审理。2015 年 8 月 27 日，北京市东城区人民检察院要求撤回对宋某强涉嫌故意泄露国家秘密罪的起诉，北京市东城区人民法院于同年 8 月 28 日裁定准许公诉机关撤回对宋某强的起诉。2015 年 9 月 27 日，北京市东城区人民检察院经审查仍认为本案证据不足，不符合起诉条件，决定对宋某强不起诉。（注：本案另两位被告均被定罪）（来源：北京市东城区人民检察院京东检公诉刑不诉〔2015〕106 号不起诉决定书）

因宋某强被错误逮捕羁押长达 366 天，人身自由受到侵犯，遭受了极大精神痛苦和物质损失，宋某强随后依法向北京市人民检察院第二分院提出国家赔偿申请。2016 年 12 月 20 日，经北京市人民检察院第二分院审查后，决定对宋某强赔偿人民币 88, 681. 8 元，为其消除影响、恢复名誉、赔礼道歉，并支付精神损害抚慰金人民币 10, 000 元。本案至此圆满结束，获得胜诉。（来源：北京市人民检察院第二分院京二分检赔决〔2016〕2 号刑事赔偿决定书）

19 原北京艺泛嗣艺术品咨询有限公司总经理严某克（德籍）涉嫌走私普通货物案

【指控内容】

2012年3月30日，严某克因涉嫌走私普通货物罪被北京海关缉私局刑事拘留，同年5月4日经北京市人民检察院第二分院批准对其执行逮捕，同年8月3日对其变更为取保候审。2012年12月26日，北京海关缉私局侦查终结，以京关缉诉字［2012］36号起诉意见书将严某克涉嫌走私普通货物罪一案移送北京市人民检察院第二分院审查起诉。

【法律意见】

关于中华人民共和国北京海关缉私局京关缉诉字［2012］36号起诉意见书将严某克列为犯罪嫌疑人的初步意见

我是北京金诚同达律师事务所原伟律师，作为严某克授权委托的律师，在此根据事实、法律和在案证据，针对中华人民共和国北京海关缉私局京关缉诉字［2012］36号起诉意见书将严某克列为犯罪嫌疑人，提出以下意见：

1. 对《刑法》第153条关于走私普通货物罪的理解。

走私普通货物罪的犯罪客体是普通货物，其客观方面表现为违反海关法规，逃避海关监督、检查，运输、携带、邮寄普通货物物品进出境、偷逃应缴关税，税款数额较大的行为。本罪的犯罪主体包括自然人和单位，其主观方面只能是故意，过失不构成本罪。如果行为人没有走私的故意，但却有违反海关法规、逃避海关监管的行为，则不属于走私罪的行为，应由海关依照海关法规做行政处理。

2. 对单位犯罪的理解。

单位犯罪，一般是公司、企业、事业单位、机关、团体为本单位牟取非法利益或者以单位名义为本单位全体成员或多数成员谋取非法利益，由单位的决策机构按照单位的决策程序决定，由直接责任人员具体实施的，且《刑法》有明文规定的犯罪。单位犯罪是指单位本身犯罪，而不是单位的各个成员的犯罪之集合。在单位犯罪中，主体实际上可以分为两类：一是单位主体；二是单位内部的自然人主体，包括直接负责的主管人员与其他直接责任人员。直接负责的主管人员，是在单位犯罪中起决定、批准、授意、纵容、指挥等作用的人员，一般是单位的主管负责人，包括法定代表人。其他直接责任人员，是在单位犯罪中具体实施犯罪并起较大作用的人员。但对于受单位领导指派或奉命而参与实施了一定犯罪行为的人员，一般不宜作为直接责任人员对待。如果只是依其职责消极地执行单位的决定，甚至根本就不知道行为的性质，就不应以“直接责任人员”追究其刑事责任。

3. 针对本案的分析。

（1）本案中严某克并不属于犯罪嫌疑单位北京艺泛嗣公司中“直接负责的主管人员”。

严某克虽然在犯罪嫌疑单位北京艺泛嗣公司担任总经理一职，但该职位是授薪制，严某克并非北京艺泛嗣公司的法定代表人，也不持有该公司的股份。从严某克的工作职责来看，其对公司业务并不享有决策权，其工作的主要方面是利用其外国人的身份和语言优势，负责公司与外国客户之间的沟通交流。其工作内容中有关中国国内市场及与政府机关来往的部分，严某克只是按照公司流程执行。本案中，在犯罪嫌疑单位涉嫌走私普通货物物品罪的行为中，严某克并未起到决定、批准、授意、纵容、指挥等作用，不属于该单位中“直接负责的主管人员”。

（2）本案中严某克并不属于犯罪嫌疑单位北京艺泛嗣公司中的“其他直接责任人员”。

本案中相关报关单据中虽然有严某克的签名，但该签名只是严某克依照公司规定进行的流程性签字。严某克不具有任何中文读、写、理解和表达能力，不了解中国相关法律规定，严某克并不知道该等报关单据的实质内容、将会产生的效果及签名这一行为的性质，只是消极地执行公司的决定。因此，严某克不属于犯罪嫌疑单位北京艺泛嗣公司中的“其他直接责任人员”。

（3）本案中严某克不具有走私普通货物物品的故意。

本案中，犯罪嫌疑单位北京艺泛嗣公司的艺术品报关等工作事项并不是严某克的工作职责，其在相关报关单据上签字只是程序上的公司流程行为。严某克未对相关违反海关法规，逃避海关监督、检查的行为起到任何决定、批准、授意、纵容、指挥等作用，不具有任何走私故意。

4. 本案中所有犯罪嫌疑人讯问笔录均是以中文制作记录的，在办案过程中，我与严某克进行会见时，严某克向我反映：讯问笔录所记载的内容与当时严某克用德语进行的回答并不一致，侦查机关所请的翻译只是口头向严某克复述了部分笔录内容，并称该等笔录所记载的内容与严某克的表述是一致的。侦查机关并未出具一份德文记载的笔录供严某克确认，侦查机关所请的翻译也未出具证明该笔录内容与严某克的回答内容一致的书面文件，由于翻译水平的限制，该笔录的真实性和准确性是值得怀疑的。

5. 在案件侦查过程中，严某克态度诚恳，十分配合侦查机关的工作。在取保候审后，严某克曾向我表示，经过本案的一系列调查、取证等过程，他对中国的相关法律法规有了一些了解，认识到自己的行为客观上涉嫌触犯了中国相关法律，造成了中国海关的损失，并诚恳地表示愿意为此承担一些责任。他表示将以此为戒，在以后的工作中，将加强对工作所在国家法律的学习。

综上所述，严某克不属于犯罪嫌疑单位中直接负责的主管人员或其他直接责任人员，不是单位犯罪中应承担责任的自然人主体，严某克也不具有走私普通货物物品的主观故意，不符合走私普通货物罪的构成要件，依法不构成犯罪。请公诉人根据有关法律、事实和在案证据，综合考虑严某克的行为性质、情节和主观态度，依法作出酌定不起诉的决定。

以上意见供参考。

此致

北京市人民检察院第二分院

北京金诚同达律师事务所

原　伟　律师

2014 年 3 月 26 日

【案件结果】

2014 年 6 月 24 日，北京市人民检察院第二分院经审查认为，严某克为单位利益，实施了走私普通货物的行为，但其作为北京艺泛嗣艺术品咨询有限公司聘用人员，在单位犯罪中属于受领导指派的直接责任人员，主观恶性较小。依据《刑事诉讼法》第 173 条第 2 款的规定，决定对严某克不起诉。（来源：北京市人民检察院第二分院京检二分刑不诉［2014］14 号不起诉决定书）

20　陈某明涉嫌容留他人吸毒案

【指控内容】

2014年8月15日，陈某明因涉嫌容留他人吸毒罪被北京市公安局东城分局刑事拘留，于同年9月17日经北京市东城区人民检察院批准对其执行逮捕。2014年11月15日，北京市公安局东城分局侦查终结，以陈某明涉嫌容留他人吸毒罪移送北京市东城区人民检察院审查起诉。2014年12月22日，北京市东城区人民检察院以京东检公诉刑诉〔2014〕1352号起诉书指控被告人陈某明犯容留他人吸毒罪，向北京市东城区人民法院提起公诉。

【法律意见】

辩　护　词

尊敬的法官：

我们是中华人民共和国执业律师，根据《刑事诉讼法》《律师法》的规定，受本案被告人陈某明的委托和北京金诚同达律师事务所的指派，担任被告人陈某明的辩护人，出庭为他辩护。

在办理本案过程中，我们依法多次会见了本案被告人陈某明，查阅了本案的案卷材料，今天又听取了本案的法庭调查，对案件事实有了充分的了解。在此，我们根据本案的案情及本案所有证据材料和《刑法》对容留他人吸毒罪的规定及《刑事诉讼法》对办案程序的规定，针对北京市东城区检察院京东检公诉刑诉〔2014〕1352号起诉书对本案被告人陈某明犯有容留他人吸毒罪的指控，辩护人对公诉方指控被告人陈某明构成容留他人吸毒罪的犯罪性质不持异议，对起诉书中指控的主要犯罪事实不持异议。但是，辩护人认为，在对被告人量刑方面存在从轻处罚的情节，希望法庭能够充分考虑并给予从轻处罚。

一、被告人有自首情节，应当予以从轻处罚

本案证据显示，本案是因群众举报孙某吸毒而发现，民警在抓获涉嫌吸毒的孙某时将其同行另外五人一同抓获，其中包括被告人陈某明，随后民警以涉嫌吸毒将被告人口头传唤至崇文门派出所进行询问查证。这一证据证明，被告人到案时并非现行犯，公安机关在抓获被告人时并不掌握其涉嫌容留他人吸毒的罪行，被告人是在被公安机关对其涉嫌吸毒行为进行询问时，主动交代了公安机关当时尚不掌握的容留他人吸食毒品的行为，并如实供述了容留他人吸毒的具体时间和情节。

根据最高人民法院《关于处理自首和立功具体应用法律若干问题的解释》和最高人民法院《关于处理自首和立功若干具体问题的意见》的规定，"罪行未被有关部门、司法机关发觉，仅因形迹可疑被盘问、教育后，主动交代了犯罪事实的，应当视为自动投案"，本案中被告人陈某明的行为符合上述规定，应当视为自动投案。且其在自动投案后，又如实供述了主要犯罪事实，符合《刑法》及上述司法解释关于自首的认定标准，应当认定为自首，对其从轻处罚。

二、被告人归案后坦白交代犯罪行为，应当从轻处罚

被告人在接受侦查机关讯问时，如实供述其全部犯罪事实，积极配合警方的侦查工作，在警方未掌握其持有大麻的地点和数量等情况时，主动供述藏毒位置，并带警方到自己住处起获毒品大麻，如实供述自己的罪行，具有坦白情节。根据我国一贯的"坦白从宽、抗拒从严"的刑事政策，恳请法院在量刑时予以从轻处罚。

三、被告人自愿认罪，有悔罪表现，可以从轻处罚

从侦查阶段、审查起诉阶段到法院审判阶段，被告人对其罪行供认不讳，从未出现过拒不认罪、翻供等情形。在侦查阶段，就多次向侦查人员承认错误，对自己的行为进行了深刻反省并表示悔改。在我们的会见中，被告人对自己的行为也一直后悔不已，被告人表示会牢牢记住此次的教训，改过自新。在今天的法庭上，被告人的诚恳交代、认罪服法的态度也有目共睹。

根据最高人民法院、最高人民检察院、司法部《关于适用普通程序审理“被告人认罪案件”的若干意见（试行）》第9条的规定以及最高人民法院《人民法院量刑指导意见（试行）》第25条的规定，人民法院对自愿认罪的被告人，应酌情予以从轻处罚。

四、被告人主观恶性较小，可以从轻处罚

被告人容留他人吸毒主观上没有营利或者谋取其他非法利益的犯罪目的，相对于为谋取非法利益而容留他人吸毒的行为，被告人的主观恶性较小。本案中被告人是在自己家中招待朋友而共同吸毒，并非长期专门开设娱乐场所提供吸毒环境。且被告人招待他人吸食的毒品种类为大麻，容留他人吸毒的量也非常少，相对那些容留不特定多数人吸食大量毒品的犯罪行为，其社会危害性显著轻微。

五、被告人没有前科劣迹，可以从轻处罚

在本案中，被告人在此次犯罪之前，没有前科劣迹，因此在量刑时应有别于有前科劣迹的人予以从轻处罚。被告人第一次接触大麻是在荷兰，而吸食大麻在荷兰并不是违法行为，被告人因此在思想上放松了警惕，没能洁身自好、严格要求自己，进而一步步发展到今天这种境地，给自己、给家人都造成了极大的困扰和伤害。这段时间在看守所的羁押生活和今天的庭审，都给被告人上了一堂深刻的法治教育课，我们相信，被告人一定会从中吸取教训，改过自新，远离毒品，不会再犯！

恳请法庭考虑上述量刑情节，根据我国刑法罪责刑相适应的法律适用原则，本着教育为主，惩罚为辅的原则，对被告人予以从轻处罚。

此致

北京市东城区人民法院

辩护人：北京金诚同达律师事务所

原 伟 律师

杨建津 律师

2015年1月9日

【案件结果】

2015 年 1 月 9 日，北京市东城区人民法院经审理认为，被告人陈某明在其居住地容留他人吸食毒品 2 次以上，其行为已构成容留他人吸毒罪。因其自动投案，如实供述犯罪事实，应认定为自首，依法可以从轻处罚，上述控辩双方所提陈某明系自首的意见，被法院采纳。法院当庭宣判，被告人陈某明犯容留他人吸毒罪，判处有期徒刑 6 个月，罚款人民币 2000 元。陈某明已被羁押 149 日，宣判后服刑 35 日被释放，重获自由。［来源：北京市东城区人民法院（2015）东刑初字第 2 号刑事判决书］

21　北京格瑞德投资有限公司董事长王某权涉嫌聚众扰乱公共场所秩序案

【指控内容】

2013 年 9 月 13 日，王某权因涉嫌聚众扰乱公共场所秩序罪被北京市公安局公共交通安全保卫分局刑事拘留，于同年 10 月 20 日经北京市人民检察院第一分院批准对其执行逮捕。2013 年 12 月 4 日，北京市公安局侦查终结，以王某权涉嫌聚众扰乱公共场所秩序罪移送北京市人民检察院第一分院审查起诉。2013 年 12 月 13 日，北京市人民检察院第一分院以京一分检刑诉［2013］307 号起诉书指控被告人王某权犯聚众扰乱公共场所秩序罪，向北京市第一中级人民法院提起公诉。

【法律意见】

辩　护　词

尊敬的审判长、审判员：

我是中华人民共和国执业律师，受本案被告人王某权的委托和北京金诚同达律师事务所的指派，依法担任被告人王某权的辩护人，出席庭审为其辩护。受托后，辩护人认真查阅了本案卷宗材料，多次会见被告人王某权，仔细听取了其陈述。在此辩护人根据法律、事实和在案证据，针对北京市人民检察院第一分院京一分检刑诉［2013］307 号起诉书对被告人王某权犯有聚众扰乱公共场所秩序罪的指控，提出以下辩护意见：

一、对《刑法》第291条关于聚众扰乱公共场所秩序罪的理解

《刑法》第291条规定："聚众扰乱车站、码头、民用航空站、商场、公园、影剧院、展览会、运动场或者其他公共场所秩序，聚众堵塞交通或者破坏交通秩序，抗拒、阻碍国家治安管理工作人员依法执行职务，情节严重的，对首要分子，处五年以下有期徒刑、拘役或者管制。"关于本罪的构成要件，辩护人认为：

第一，本罪的客体是公共场所秩序或者交通秩序。所谓公共场所秩序是指公众安全地顺利出入、正常使用公共场所的状态。所谓交通秩序是指交通工具与行人在交通线路上安全顺利通行的交通正常状态。

第二，本罪在客观方面表现为，聚众扰乱公共场所或交通秩序，情节严重的行为。所谓"聚众"，是指首要分子纠集特定或者不特定之多数人于一定地点，而成为可以从事共同行为的一群人。其特点是除首要分子外，参与活动的人员往往是不确定的，人数可能随时增减。

"扰乱"的方式可以是暴力的，也可以是非暴力的，但只有达到情节严重的程度，才构成本罪。情节严重一般是指以下情况：实施了暴力抗拒、阻碍国家治安管理工作人员依法执行职务的行为；于重要的公共场所聚众闹事，造成恶劣影响的；于交通要道聚众实施扰乱活动，造成重大交通阻塞的；聚集人数多；扰乱范围大；危害时间长；或者造成公私财物损毁、人员受伤等危害结果的，等等。

第三，本罪的主观方面只能是故意。但由于是聚众犯罪，故意的内容极为复杂。首先，要求首要分子具有超越个人意思的集体意思，即众多的共同意思。其次，要求具有形成聚众的意思与作为聚众成员从事活动的意思。形成聚众的意思，是指具有使众人纠集在一起的故意；作为聚众成员从事活动的意思，是指具有作为聚众扰乱公共场所秩序的一员而从事扰乱活动的故意。

第四，本罪主体是一般主体，但构成本罪的只能是聚众扰乱公共场所秩序、交通秩序的首要分子，即在聚众犯罪中起组织、策划、指挥作用的犯罪分子。

二、针对本案的分析

（一）本案相关事实

根据北京市海淀区公安分局治安支队民警杨某某（公诉机关询问笔录2013年11月6日18时11分至35分）的证言及相关证人证言，2013年2月28日，90余名非京籍学生家长聚集在北京市教委南门外，欲就“教育平权”一事向北京市教委请愿。由于北京市教委南门外便道空间有限，而学生家长人数较多，造成了便道上的拥堵。在北三环辅路上的车辆也都减速行驶，看向该处。民警遂对家长们进行劝导、疏散，但家长们不听劝阻，继续停留在北京市教委门前。后来根据现场情况，民警将家长们疏导至北京市教委东侧、学院路的辅路上。当日14时许，家长们仍未离开，根据领导指示，民警将不听劝阻的家长带离现场，并由属地分局接回，进行教育训诫。根据部分参与当日活动的家长的证言，他们得知并参与当日的活动，是因为看到了地铁口发放的传单，并认为和自己孩子的利益密切相关。

从情节和后果上来看，2013年2月28日非京籍家长们的集会只是直接影响了行人便道的通行，并间接地引起北四环辅路行驶缓慢；拥堵仅发生在有限的区域内，整个过程中未发生任何暴力的肢体冲突。辩护人认为，虽然客观上引起了一定的混乱，但其情节与“严重”相去甚远。

（二）被告人王某权在“2·28”事件中的角色和作用

根据被告人王某权的陈述和相关证人证言，2013年1月下旬某日下午，许某某打电话给王某权，说他和几个人在开会，让王某权去参加一下，他要介绍几个人给王某权认识。因为还有其他事情，路也不熟，王某权抵达他们开会的学院路某上岛咖啡厅时，已经迟到了将近一个小时。到场后，许某某等人已经吃完饭并讨论完了一些问题。王某权说“大家好，我是王某权”后，便在靠近门口的一个座位上坐下了。赵某某、孙某某等人因有其他事情，便离场了。随后许某某说到2月28日要动员更多的家长请假一天到教委去请愿的事情。王某权对这种做法的合法性存有疑问，便问许某某这样请假一天是否合法。许某某说：“两年多来学生家长每月最后一个周四都有去教育部门请愿，现场也有警察维持秩序，家长怕被警察抓把柄，也都很理性很有秩序，多去一点人应该没问题。”参会20多分钟后，王某权因为有其他事情，便提前退场了。离开前，许某某说希望王某权用微博发布一下这个消息，扩大一下影响，王某权同意了。2013 年 2 月 2 日 19 时 7 分，王某权在其本人的腾讯微博发布了："向法律专家咨询：有非京籍学生家长搞'2 月 28 日请天假，去国家教委问情况'，如果去的人多，触犯什么法律吗?"的微博。

根据以上事实，在本案中，王某权并未积极参与 2013 年 2 月 28 日事件的组织、策划，只是在得知这一消息后，未主动阻止。2013 年 1 月下旬关于"2·28"事件的会议，会前王某权并不知情，只是临时被通知，出于朋友关系到场露一下面，会中也未发表任何与"组织、策划、煽动"有关的言论。恰恰相反，王某权当即表示了对此事合法性的质疑，提出反对，但未能引起许某某等人的重视。王某权答应替许某某发布微博，是因为许某某自己的微博已被强制注销，作为许某某的朋友，王某权认为应该帮这个小忙。其 2013 年 2 月 2 日的微博也不包含任何"组织、策划、煽动"的色彩，其中"去国家教委问情况"这一表述中包含的地点信息甚至是错误的。虽然此微博被大量转发，客观上产生了一定的影响力，但与"2·28"事件之间并无直接因果关系。假使法院认为王某权有罪，辩护人认为其在本案中所处的地位也绝不是主要位置，仅仅是提供了发布微博的帮助。

三、建议慎重处理王某权案

聚众扰乱公共秩序犯罪是社会群体性事件的严重化表现，其涉及的人数众多、社会影响广泛、背景复杂、敏感性强，是司法处置的难题之一。本案中，近百名非京籍学生家长的行为的实质是寻求实现非京籍学生享有与京籍学生同等的受教育权利的诉求，只是选择了错误的表达自己合理意愿的方式；而非为了不合法的甚至反社会的目的而进行的社会影响恶劣的恶性事件。被告人王某权在商界打拼多年，指导和帮助了大量中小企业的成长，并且长期来热心公益事业，有良好的社会形象，在实业界和思想界有较大的影响力；本案亦引起了国际社会的关注，本案的处理势必对我国的司法形象产生影响。

作为一个接受过专业法律教育且有 30 年刑事办案经验的律师，我相信我对我国《刑法》关于"聚众扰乱公共场所秩序罪"的犯罪构成的理解是准确的，我认为本案被告人王某权在本案中的行为是否构成犯罪是值得充分思考和商榷的。但在本案中，作为接受被告人王某权委托的辩护人，我对被告人王某权在审讯后期所作陈述和亲笔供词、王某权一再要求辩护人不要为其做无罪辩护而只做有罪罪轻辩护，表示充分的理解和尊重；在此，我不做无罪辩护。但司法应准确、充分地反映和实现社会正义，严格遵守罪刑法定原则，做到罪、刑相适应，以真正实现立法的目的。

如果本法庭经过庭审，根据被告人王某权在本案中的行为和目前的证据，认定起诉书指控王某权的罪名能够成立，则恳请法庭综合法律、证据、王某权在本案中的行为和作用以及王某权的行为与“2·28”事件之间的关系，考虑王某权如实向司法机关陈述、配合侦查机关侦查的良好态度、认罪悔罪表现以及其为社会所做的贡献等，依法从轻、减轻对王某权的处罚，从而达到既打击犯罪，又“治病救人”、教育本人和社会；既维护法律的尊严，又能向世界展示我国良好的司法形象的效果。希望法庭能够慎重处理本案，作出合法有据、经得起历史和人民检验的公正判决。

此致

北京市第一中级人民法院

辩护人：北京金诚同达律师事务所

原　伟　律师

2015 年 1 月 25 日

【案件结果】

2014 年 1 月 22 日，北京市第一中级人民法院决定对王某权取保候审，王某权被羁押 39 天后释放。随后，北京市人民检察院第一分院于 2015 年 1 月 20 日向北京市第一中级人民法院申请撤回对王某权的起诉。次日，经北京市第一中级人民法院审理后裁定准许北京市人民检察院第一分院撤回起诉。［来源：北京市第一中级人民法院（2013）一中刑初字第 5267 号刑事裁定书］

结　语

在此，以我曾发表于《北京律师》2015年第8期的一篇文章《做律师如同做医生》作为本书的结语，贡献给大家。

“做律师如同做医生。”

笔者认为，从事律师业务尤其刑事辩护业务，它不是生意，不是商业活动，就如同医生从来就是以救死扶伤为天职，律师也不能以盈利为目的，它同样是一项“救死扶伤”的法律事业。

在现实生活中有不良医生为了多赚钱，不择手段对一个患小病的人故意开出一大堆的检查和化验单据，开出一大堆的高价药，甚至不惜冒着犯罪的风险，收受药托、医托、药品生产销售企业的贿赂，完全忘记了医生的天职，一心只为了一个字“钱”。

这样的医生赚到了钱却丢失了医德、丧失了良心。

同样，在办案过程中，有的律师巧舌如簧，忽悠当事人及其家属，保证这样、保证那样；尤其是刑事案件，有的律师承诺只要给钱多就能把在押的嫌疑人“保出来”“捞出来”，再多给钱就能使嫌疑人不被逮捕，不起诉等，骗取当事人及其家属的信任，在办案过程中完全不谈如何办案，不分析案件，不认真阅卷，不研究嫌疑人所涉罪名的犯罪构成及指控是否成立、证据如何等问题，张口闭口只一个“钱”字，这样的律师违背了律师最基本的职业道德，丧失了法律良心。

上述这种医生和律师都是业内的害群之马。这种把为病人看病当生意做的医生、把办案当生意做的律师迟早会出事。

当然，医生、律师也不是义务劳动者，也是要挣钱养家过生活，也应获得合法合理的报酬。

但是笔者要说，要合法挣钱、合理挣钱、要取之有道，就像到医院看医生一样，不同等级，不同等位的医生挂号费，甚至诊疗费是不一样的，普通号、专家号、特需号费用悬殊，这是有道理的。

同时，医生为患者开药、制订治疗方案，也应以最有利于患者为首选，能少用药就不应多开药，能用便宜药就不应用贵的药。没有必要进行的检查项目就不做，这样做才是一个有良心、有医德的好医生。

律师也是同样。

律师如何收费，一方面有相应的行业规范和指导，另一方面有市场的行情，再有就是你这个律师值哪样的价钱，委托人、当事人心中自有一杆秤。

笔者经常对律师所里的律师说，委托人把律师费交到你手里，并不等于你就挣到这笔钱了，并不等于你就挣得坦然、踏实；而只有当你代理的案件败诉了，你的委托人被定罪了，他和他的亲人并不埋怨你，而是认为你已经尽力了，感谢你提供的帮助，那时才算你挣到钱了，挣得坦然而踏实！

将医生和律师的工作程序做个比对，我们会发现，两个看似风马牛不相及的行业、专业，却有惊人的相似之处。

患者求医和医生诊疗的程序大体是：患者根据所患病种，选择相应的科室或专家，根据需要和自身的承担能力选择相应标准的挂号费，然后前往诊疗室或专家处候诊。

待医生见到患者后，患者向医生陈述病情、伤情、病史等，医生根据该患者所述及观察，作出医学判断，有些还要让患者验血、验尿、做 B 超、做 CT、做核磁共振等。

待这些结果和报告都出来后，医生再运用医学知识和经验，对患者的病情作出准确的医学诊断，并对症下药或制订相应的治疗方案，以使患者得到治疗。

一个刑事案件的当事人（嫌疑人）或其亲属找律师寻求法律帮助和律师的接受委托及至办案的程序是：当事人（嫌疑人）或其亲属到律师所向相应对口专业的律师咨询，决定委托和接受委托后，当事人（嫌疑人）或其亲属与律师所订立代理合同，协商确定由哪位律师办理，办理的授权范围及费用的支付事宜等，并签署授权委托书予律师。

然后，律师根据委托人陈述和提供的证据材料作出适当判断，回答委托人提出的问题。

此后，还要前往看守所会见被羁押的犯罪嫌疑人向他了解核实有关证据和事实，要前往检察院或法院查阅、复制案卷卷宗资料，仔细研读，根据法律、事实和证据，为委托人（嫌疑人）制订无罪或有罪或罪轻的辩护方案，从而为委托人（嫌疑人）提供准确到位的法律帮助，最大限度地维护委托人（嫌疑人）的合法权益。

医生在为患者诊疗的过程中，还有一项重要的环节就是风险提示，如有些药在服用过程中可能出现的不良反应和有何副作用，有些治疗措施或手术可能出现死亡、伤残或是不可预料或难以预料的意外情况出现等，都要事先明确告知病患本人及其亲属。

同样，律师在接受委托后，也应向委托人（嫌疑人）及其亲属进行风险提示，如证据的证明力及证据真伪的后果，能否进行无罪辩护及此种辩护的利弊分析，可能判处最高刑期、刑罚等，都应向委托人（嫌疑人）及其亲属说明。

一方面，这是律师执业规范和职业道德的要求，和保证委托人（嫌疑人）等的知情权；另一方面，也是避免出现状况后，律师受委托人（嫌疑人）及其亲属的埋怨直至投诉，从而最终保证律师自身的利益。

看看，医生和律师的工作是多么的相似，他们都从事的是伟大的“救死扶伤”的事业。所不同的是，医生治的是患者生理上的病，而律师治的是委托人（嫌疑人）法律上的病；医生挽救的是患者医学意义上的身体健康和生命，而律师维护和挽救的是委托人（嫌疑人）法律上的人身自由和生命。

两者有异曲同工之妙！

其实，律师和医生工作的相似之处还不止上述这些。

著名的已故美国医生特鲁多的墓碑上刻着他行医生涯的座右铭：“有时去治愈，常常去帮助，总是去慰藉。”

做律师又何尝不是这样：在笔者30年的执业生涯中，为被告做无罪辩护并成功的有过几例，一审已经被判死刑，二审找到笔者出庭辩护，使之免于一死的亦有之，但这些毕竟是少有的案例，这就是“有时去治愈”。

更多的是被告人已供认所犯罪行（或是自愿如实供认，或是不自愿的），有些是我们这些专业的律师、法律专家看完案卷就已知道被告人肯定会被定罪，被告人及其亲属只是求助律师尽可能去打掉一些犯罪事实和罪名，为他做罪轻的辩护，这也许就是“常常去帮助”。

而最多的是，犯罪嫌疑人一旦被限制人身自由、被羁押于看守所，与亲人、同事、朋友均失去了联系，完全处于孤立无援的无助焦虑之中，而家人呢，因家里的顶梁柱、主要的经济来源提供者、唯一的精神支柱突然被捕而一夜之间陷于混乱焦急之中。

这种情况下，律师是唯一能够合法进入看守所会见嫌疑人，将家人的问候嘱咐带进去，将他的身体状况、生活起居及涉案情况带出来告诉其亲属的人。

所以，我们大量的工作是，经常进入看守所会见嫌疑人，哪怕只是跟他聊聊家常，聊聊外边社会上发生的事情，带给他家人孩子的照片……这些都是对他的一种安慰，从而让他放松，进而能让他将案件情况如实讲清楚，再把他的近况告诉家人，也使其家人有些许安心和放心，我想这就是“总是去慰藉”。

因此，笔者认为，做律师就如同做医生。

做一个好律师不仅要有坚实的法学基础理论、丰富的法律知识和熟悉各项法律规定、司法解释以及司法程序，更重要的是要有一颗对人负责任、坚强而善良的心。否则就不是一名好律师，甚至不是一名合格的律师。

在担任纪律处分与执行调处委员会委员期间，笔者处理过一起某中级人民法院对律师投诉至律师协会的案子。

北京市高级人民法院在审理一起刑事案的上诉时，从上诉人处得知，其在一审庭审之前从未见过他的辩护律师，也就是说他的律师直至开庭审理从未去看守所会见过被告。为此，北京市高级人民法院将此案发回一审法院重审。

这个律师的行为违反了法律、违反了律师的执业规范，严重损害了被告人的依法获得辩护的合法权益；同时也造成了不必要的司法资源的浪费，对律师的声誉也造成了一定的不良影响。

应有的辩护

作为被告人的辩护律师，一次都不去会见被告人，就径直去出席庭审，这不仅是在糊弄被告人，也是在糊弄法庭，这是令人不能容忍的，这样的律师哪有道德底线可谈，哪有法律良知和良心可谈！

作为一名好律师，笔者认为还应为了公平正义在法庭上敢于说“不”，善于说“不”，运用法律武器最大限度地维护被告人的合法权益以及法律和法律程序的尊严。

笔者回望自己办理的陈某明涉嫌容留他人吸毒一案，感触是：律师的言行要对案件负责，对委托人负责，不能为了炒作自己，而不惜牺牲委托人的利益，不能把委托人绑在舆论的战车上；委托人对律师说的案情、细节，甚至家庭情况等，就如同病人把自己的病情、治疗细节告知医生一样，这些都是当事人的隐私和秘密，未经病人同意，医生是不应对他人透露的，同样律师也应做到这点，要做到守口如瓶，律师要在刑事辩护的路上耐得住“寂寞”。

笔者深知，在当下做律师难，做一名能够像医生一样治病救人、救死扶伤、有良知、敢为人民说话的好刑事辩护律师更难。但是，笔者热爱律师事业，虽然笔者已在这条充满泥泞和风险的路上前行了 30 余年，但依然乐此不疲。